»Die Erde gehört nicht den Menschen.
Der Mensch gehört der Erde.
Alles, was der Erde geschieht,
wird auch den Söhnen der Erde geschehen.«

Häuptling Noah Seattle

»Wir, die indigenen Völker, haben nicht vergessen, dass wir alle Teil der Natur sind. Die Natur ist nicht dazu da, um mit ihr Geld zu machen. Ich verstehe nicht, warum Menschen den Wald abbrennen und die Erde umgraben und dies Fortschritt nennen. Warum ist Fortschritt gut, wenn er Verwüstung bringt? Wir wissen, dass wir, wenn wir die Natur verletzen, auch uns verletzen, da alles verbunden und lebendig ist. Ohne die Wälder gibt es keine Zukunft, für niemanden. Wenn der Planet schweigt, wie werden wir lernen? Wohin werden wir gehen, wenn wir unsere Welt zerstört haben?«

Davi Kopenawa, Yanomami, Brasilien

Araiba beim Knüpfen eines Tanzmantels

Inhalt

Vorwort: Eine Kindheit am Amazonas 9

Déjà-vu im Wohnzimmer 17

Mashipurimo – Heimat im Regenwald 25

Von Mutproben und Martermatten 63

Märchen, Mythen und Zahnschmerzen 83

Die Geschichte von Kalijaku 101

Das Drama um Tanshi 115

Eine Apotheke im Urwald 137

Tückische Tropen 175

Piranhas zum Frühstück 195

Der Tanz des Urwaldungeheuers 223

Jesus war kein Faultier 247

Die Geister der Toten 255

Auf der Suche nach den Urwaldmenschen 265

Abschied vom Amazonas 283

Rückkehr nach Jahrzehnten 311

Nachtrag: Zerstörung oder Zukunft? 337

Anhang: Über die Aparai-Wajana 342

Meine große Patenschwester Sylvia und ich

Vorwort

Eine Kindheit am Amazonas

Wenn aus Fremden Freunde werden und irgendwann so viel Vertrauen entstanden ist, dass man auch etwas über seine Kindheit und Herkunft erzählt, dann muss ich immer erst mal tief Luft holen. Wie erklärt man, dass man zwar in Deutschland geboren wurde, aber seine prägenden Lebensjahre in einem Indianerdorf im brasilianischen Urwald verbracht hat? In ein paar Sätzen und ohne dass es danach klingt, als wolle man den anderen auf die Schippe nehmen? Wie erzähle ich jemandem, der wohlbehütet in »zivilisierten Strukturen« aufgewachsen ist, dass meine Eltern mir ganz bewusst eine andere Kindheit ermöglichen wollten – ein Aufwachsen im völligen Einklang mit der Natur?

Mein Vater erforschte bereits seit Anfang der 1950er Jahre im Auftrag verschiedener Institute die Lebensweise der Amazonas-Indianer, ihre Traditionen, ihre Sprachen, ihre Kulturen. Nebenbei testete er technische Geräte auf ihre Tropentauglichkeit, was ihm die nötige finanzielle Unabhängigkeit verschaffte.

Als er Mitte der 1960er Jahre die Chance erhielt, ein mehrjähriges Forschungsprojekt bei den Aparai-Wajana-Indianern durchzuführen, zögerte er nicht lang. Eine junge Frau begleitete ihn als Assistentin in den Urwald. Meine Mutter. Aus dem Arbeitsteam wurde schließlich ein Paar. Die beiden heirateten in Brasilien, sehr zum Verdruss ihrer Familien, die der Vorstellung von einem Leben außerhalb der Zivilisation nicht wirklich etwas abgewinnen konnten. Nach einem Zwischenstopp in Deutschland, bei dem ich geboren wurde, stand für meine Eltern fest, dass sie möglichst bald wieder an den Amazonas zurückkehren wollten. Nicht lange Zeit nach meinem ersten

9

Geburtstag ging es los. Ich kann mir lebhaft vorstellen, welche Diskussionen meine Eltern im Vorfeld über sich ergehen lassen mussten. Verwandte, Bekannte und Freunde, sie alle fühlten sich bemüßigt, ihre Bedenken zu äußern: »Was, wenn die Kleine krank wird?« – »Wie wollt ihr dort überhaupt mit einem kleinen Kind zurande kommen, wo es nicht mal Strom und fließend Wasser gibt, geschweige denn eine anständige medizinische Versorgung?« – »Was, wenn euch etwas zustößt? Dann seid ihr ja meilenweit von jeder Hilfe entfernt!« Doch meine Eltern ließen sich nicht beirren.

Die Skeptiker indes fühlten sich bestätigt, als ich nach unserer Rückkehr nach Deutschland sehr viel besser Aparai als Deutsch sprach. Dabei war es für meine Eltern wichtiger gewesen, dass ich die Sprache der Indianer möglichst perfekt beherrschte. »Deutsch lernt sie noch früh genug, sie soll hier wie alle anderen aufwachsen«, war die Auffassung meines Vaters.

Wenn ich Freunden und Bekannten heute zum ersten Mal von meiner ungewöhnlichen Kindheit erzähle, bin ich auf ihren Blick inzwischen vorbereitet. Auf diese Mischung aus vollkommener Überraschung, Skepsis und der Annahme, dass ich wohl der Spross einer völlig durchgeknallten Hippiefamilie sein müsse. Oder, schlimmer noch, dass meine Eltern einer verrückten Sekte in Südamerika angehört haben könnten. Über so etwas wird schließlich von Zeit zu Zeit in den Medien berichtet. Mit diesem skeptischen Blick ist meist die Erwartung verbunden, dass ich gleich zugeben werde, bloß einen Witz gemacht zu haben. Ein Gesichtsausdruck, der mich zum Lachen bringt. Meine Eltern waren vieles, doch Hippies, Missionare, Gutmenschen oder Sektierer waren sie ganz sicher nicht. Sie waren einfach von der Idee beseelt, die Kultur der indianischen Ureinwohner am Amazonas so gut wie möglich zu erforschen, indem sie selbst genauso lebten wie die Menschen dort. Deshalb passten wir uns dem Lebensrhythmus der Indianer an und nicht etwa umgekehrt. Ihre

Kultur und Lebensweise wurde für die Dauer unseres Aufenthalts zur unsrigen.

Die Kunst- und Gebrauchsgegenstände, die Glaubensvorstellungen, Mythen und Überlieferungen, die mein Vater während seiner Forschungsaufenthalte im Lauf von insgesamt über fünf Jahrzehnten zusammentrug, zeugen von einer einzigartigen Kultur, die es in dieser Form heute kaum noch gibt. Als Kind habe ich natürlich nicht darüber nachgedacht, dass all jenes, was für mich normal war, eines Tages bedroht sein könnte. Dass diese stolzen Völker durch das unaufhaltsame Vordringen der Zivilisation mit ihrer grenzenlosen Gier nach Land und Rohstoffen eines Tages vernichtet würden.

Der Lebensraum dieser Urvölker, die seit Jahrtausenden den südamerikanischen Kontinent bevölkern, wird immer kleiner. Tag für Tag, mit jedem Baum, der gefällt, mit jedem Fluss, der durch Quecksilber vergiftet oder künstlich aufgestaut wird, mit jedem Meter Erde, der auf der Suche nach Bodenschätzen aufgerissen wird. All dies wird noch verstärkt durch gedankenlose christliche Missionare, denen es gleichgültig ist, dass durch ihren religiösen Bekehrungseifer uralte Riten und Stammestraditionen ausgelöscht werden. Und auch die moderne Medizin, in den Augen vieler ein Segen, trägt in gewisser Weise dazu bei. Mit ihrer Fortschrittsfixiertheit hat sie es versäumt, das über Jahrtausende zusammengetragene Wissen der Medizinmänner und Schamanen ernst zu nehmen und entsprechend zu nutzen. Dabei ist die einzigartige Vielfalt der Urwaldpflanzen nicht nur ein ökologischer Schatz, sondern auch ein medizinischer, der nicht annähernd gehoben ist. Es ist ein Wettlauf mit der Zeit, den Forscher und Mediziner zu verlieren drohen. Steckt doch gerade in diesen Pflanzen das Potenzial, so manche Zivilisationskrankheiten zu lindern oder gar zu heilen. Ihr Verschwinden ist ein unwiederbringlicher Verlust für die gesamte Menschheit. Mit jedem Baum, der im Regenwald gefällt wird, legen wir die Axt auch an uns selbst. Und mit jedem

Ureinwohner, der getötet oder aus seiner Heimat vertrieben wird, verlieren wir letztlich ein Stück unseres kulturellen Erbes.

In den 1970er Jahren war freilich noch nicht abzusehen, wie schlimm es einmal kommen würde. Auch wenn sich das Unheil bereits ankündigte. Nicht zuletzt durch das gigantische Straßenbauprojekt Transamazônica: Seit Mitte des vergangenen Jahrhunderts wurde eine Trasse quer durch den gesamten Amazonas-Raum geschlagen, von Brasilien bis nach Peru. Sie sollte eines Tages die Atlantik- und die Pazifikküste Südamerikas ungefähr auf der Höhe des Äquators miteinander verbinden. Bereits fertiggestellte Teilstücke sind heute längst überwuchert, es ist fraglich, ob das Projekt jemals vollendet werden wird. Den Preis für diesen Wahnsinn zahlten indes die Ureinwohner. Sie wurden vertrieben, umgesiedelt oder schlichtweg umgebracht. Ein Völkermord, auf dessen Aufklärung die Regierungen in den meisten Fällen verzichteten.

Von diesen bedrohlichen Entwicklungen bekamen wir in unserem Dorf im Urwald allerdings nur am Rande etwas mit. Als ich viele Jahre später erfuhr, dass zehntausende Indianer allein wegen der Transamazônica ihr Leben lassen mussten, dass viele erschossen, gewaltsam vertrieben und heimtückisch mit arsengetränkten Zuckerwürfeln vergiftet wurden, nur damit eine Straße quer durch ihre Gebiete gebaut werden konnte, überfiel mich tiefe Traurigkeit. Die Wenigen, die überlebten, flohen in die Städte, wo sie meist ein trostloses Dasein fristeten. Ihre Kindeskinder wuchsen entwurzelt auf, ohne eine Vorstellung von der großartigen Kultur, die ihre Vorfahren einst hatten. Sie werden nicht mehr das Glück haben, inmitten der unversehrten Natur Amazoniens aufzuwachsen. So wie ich als Kind.

Es wäre allerdings zu einfach, die Zivilisation pauschal zu verdammen und das ursprüngliche Leben der Indianer zu verklären. Beide Lebensweisen erscheinen mir zu unterschiedlich, als dass man sie wirklich miteinander vergleichen könnte. Auch wenn

12

Meine Badewanne – der Rio Paru

ich die ersten Jahre meiner Kindheit am Amazonas in strahlender Erinnerung bewahre, so ist mir bewusst, dass es während unseres Aufenthalts immer wieder Situationen gab, die meine Eltern an ihre Grenzen brachten. Das Leben im Urwald ist reich und schön, doch manchmal auch voller Entbehrungen und Gefahren. Ein Dasein ohne Rückversicherung und ohne jeglichen Komfort. Für mich aber war die Zeit bei den Aparai-Wajana die außergewöhnlichste Zeit in meinem Leben. Noch heute gibt es mir Kraft, wenn ich in schwierigen oder scheinbar ausweglosen Situationen an die Weisheit und die Zufriedenheit dieser Menschen denke, deren Lebensweise meine frühe Kindheit so entscheidend geprägt hat. Denn bei den Aparai-Wajana erlebten wir, dass Glück und Zufriedenheit nicht von modernen Errungenschaften und Wohlstand abhängen müssen. Vielleicht lohnt es sich gerade deshalb, einmal innezuhalten und zu hinterfragen, ob wir nicht mehr an Lebensqualität und Freude gewinnen, wenn wir uns nicht länger zu Sklaven eines Wachstumsstrebens machen, dessen Auswirkungen unseren Planeten längst an den Rand des Kollaps gebracht haben.

Das Leben in Mashipurimo kannte keine Eile, kaum Hektik, kein Burnout-Syndrom und nur selten schlechte Laune. Und vor allem keine Einsamkeit. Die Gemeinschaft stand über allem – Harmonie als (Über-)Lebensziel. Das Zeitempfinden war ein gänzlich anderes als bei uns. Gäbe es eine indianische Uhr, sie würde doppelt so viele Stunden zählen und zwischendurch, wenn es am schönsten ist, einfach anhalten. Was für ein Gegensatz zu unseren hektischen Tagen, die wir manchmal derart mit Terminen und Verpflichtungen vollpacken, bis nur noch ein kläglicher Rest von ihnen übrig bleibt.

Wir lebten in einem Rhythmus, der nur durch die Tageszeiten bestimmt wurde. Ohne Strom, ohne Autos, ohne Geschäfte, ohne fließendes Wasser und ohne Spiegel, in dem man sein Aussehen hätte überprüfen können. Ein Dasein ohne Telefon, Fernseher, Terminkalender. Ohne die allgegenwärtige Geräuschkulisse einer Großstadt.

Wenn mich meine fünfjährige Tochter Hate fragt, womit ich in ihrem Alter am liebsten gespielt habe, erzähle ich ihr, dass ich nicht wie sie in eine Kita ging und nachmittags auf den Spielplatz, ein kleines, eingezäuntes Fleckchen mit künstlich angehäuftem Sand, einer Schaukel und einem in die Jahre gekommenen Klettergerüst. Ich erzähle ihr, dass mein Spielplatz der Urwald war, mit Millionen von Bäumen und ineinander verschlungenen Pflanzen, durch deren tiefgrünes Blätterdach gelegentlich die tropische Sonne blinzelte. Mit exotischen und nicht immer ungefährlichen Tieren. Mit einem vielstimmigen Konzert aus Vogelgezwitscher, Insektensummen und einem geheimnisvollen Knistern und Knacken im Geäst, untermalt vom entfernten Kreischen der Affen. Dass ich an Lianen geklammert schaukelte und mit Hilfe einer engen Fußschlinge auf Bäume kletterte. Dass ich im lauwarmen, lehmig-holzig duftenden Rio Paru, einem Sei-

Behütete Kindheit

tenarm des Amazonas, schwimmen lernte und nicht im muffigen Chlorwasser des städtischen Freibads. Und dass ich meinem ersten Jaguar nicht im Zoo, sondern in freier Wildbahn begegnet bin. Wenn auch aus sicherer Entfernung. Sein furchterregendes Gebrüll in der Nacht, das mir einen kalten Schauer über den Rücken jagte, werde ich mein Leben lang nicht vergessen.

Bis heute bin ich von großer Dankbarkeit erfüllt, dass ich eine Lebensweise kennengelernt habe, die sich vollkommen von dem unterscheidet, was uns normal erscheint. Deshalb möchte ich von meiner Zeit in Mashipurimo erzählen. Von Menschen, die anders leben, denken und handeln als wir. Von einem Lebensrhythmus, der uns verloren gegangen ist. Von einer Gesellschaft, die nicht von Konkurrenzdenken, Egoismus und Profitstreben geprägt ist, sondern von Gemeinsinn und Menschlichkeit.

Wir können das Rad der Zeit nicht zurückdrehen, doch bringt uns unser rasantes Tempo tatsächlich schneller ans Ziel? Oder haben wir uns selbst und das, worum es im Leben eigentlich geht, auf dem Weg dorthin nicht längst aus den Augen verloren?

Traditioneller Olok-Tanz

Déjà-vu im Wohnzimmer

Als ich eines Nachmittags nach Hause kam, wunderte ich mich über die ungewohnte Stille in unserer Wohnung. Anders als sonst empfing mich nicht das laute Getrappel meiner Tochter im Flur, kaum dass ich den Haustürschlüssel im Schloss herumgedreht hatte. Kein kleines Wesen, das mir mit roséfarbenen Glitzer-Feenflügeln oder sonst einer Verkleidung über den gebohnerten Holzboden entgegengerutscht kam, um mir mit einem lang gezogenen »Maaamiii« um den Hals zu fallen. Auch nach mehrmaligem Sturmklingeln rührte sich nichts. Mir blieb also nichts anderes übrig, als eine gefühlte Ewigkeit lang im zugigen Treppenhaus nach meinem Schlüsselbund zu kramen. Die Tüte mit dem Obst vom Markt war in der Zwischenzeit umgefallen, und ein paar Äpfel kullerten die ersten Stufen des Treppenabsatzes herunter. Tock, tock, tock, tock, tock. Es war vollkommen klar, dass der Schlüssel mal wieder im letzten Winkel der allerletzten Tüte steckte. Leise vor mich hin fluchend, sammelte ich das Obst ein und schloss die schwere Wohnungstür auf.

Im Flur brannte die Lampe. Natürlich! Immer vergisst einer, das Licht auszuschalten. Wo steckten eigentlich alle? Während ich meine Einkäufe in die Küche schleppte, hörte ich ein Knistern und Rascheln aus dem hinteren Teil des Korridors. Vorsichtig öffnete ich die Flügeltür zum Wohnzimmer, wobei die Klinke mit den gewundenen Seerosenranken ein wehmütiges Quietschen von sich gab.

Eine Spur aus Hunderten verstreuter Schwarz-Weiß-Fotos und gerahmter Dias auf dem Boden wies mir den Weg ins Esszimmer. Ein Einbruch, schoss es mir für den Bruchteil einer Sekunde durch den Kopf, bevor ich die Ursache für diese eigentümliche Schnitzeljagd erkannte.

Inmitten eines Haufens aus aufgerissenen Pappkartons, herausgezerrten Ketten aus Jaguarzähnen, Haarkämmen aus Palmblättern und Affenknochen entdeckte ich meine Tochter. Sie kniete auf dem Fischgrätparkett, auf ihrem dunkelblonden Haar thronte majestätisch ein Federkränzchen. Mein Puls beschleunigte sich. Das war *mein* Kopfschmuck! Als kleines Mädchen hatte ich ihn nur zu ganz besonderen Anlässen aufsetzen dürfen. Der dichte Kranz aus den gestutzten Federn des Felsenhähnchens leuchtete genauso strahlend wie in meiner Erinnerung. Ein Wechselspiel aus sattem Rot und leuchtendem Orangegelb. Farben, so sprühend wie die Flammen des Feuers. Die nackten Füße meiner Tochter steckten in Beinrasseln aus hölzernen Samenkapseln, über ihre Arme hatte sie wertvolle Rasseln aus schimmernden Käferflügeln geschoben. *Glapoglappo*-Käferflügel. Nach diesem Käfer hatten wir manchmal wochenlang gesucht. Ihn zu finden war nicht leicht, ihn zu fangen, ohne seine Flügel zu zerbrechen, noch schwieriger. Bei jeder Bewegung gaben die Schmuckrasseln ein metallisch klirrendes Geräusch von sich. Schhhh, schhhh, schhhh …

Glapoglappo-Käferflügel waren eine beliebte Tausch- und Handelsware bei den Aparai. Sie wurden fast so hoch gehandelt wie *Kalakuli,* bares Geld. Aus den dickwandigen Käferflügeln mit dem sanften Wellenmuster wurde der schönste Schmuck gemacht. Die Beinrasseln waren Teil meiner »Aussteuer« gewesen. Meine »Aparai-Verwandten« hatten sie mir zum Abschied in einem kunstvoll geflochtenen Korb überreicht. Zwei Dutzend Umzüge hatten sie unbeschadet überstanden, über dreißig Jahre lang. Zu kleinen Türmen gestapelt, sorgfältig in Seidenpapier gehüllt, anschließend in Schuhkartons verpackt. Nun waren sie durch die Neugier einer Fünfjährigen ihrem Versteck entrissen worden.

Meine Tochter war dermaßen in ihr Spiel versunken, dass sie

mich nicht einmal bemerkte. Sie tappte mit ihren kleinen Füßen rhythmisch auf den Boden und hatte sichtlich Freude an dem ungewöhnlichen Geräusch, das die Beinrasseln machten. Schhhh, schhhh, schhhh …

Vor meinem inneren Auge erscheinen fünf Tänzer in vollem Ornat. Auf ihren schwarz glänzenden Haaren thront der Kopfschmuck für tapfere Krieger. Lange Arafedern in leuchtendem Rot, Grün, Blau und Gelb. Über den Schultern tragen sie Umhänge aus Lianen, mit mannshohen Stöcken klopfen sie den Takt auf die staubige Erde. Die einfachen Tanzschritte, eine Art Stampfen, jeweils ein Schritt nach links und einer nach rechts, werden von einer monotonen Melodie begleitet: Hummmm, hummmm … Dazu das gleichmäßige Rasseln der Käferflügel: Schhhh, schhhh, schhhh … schhhh, schhhh, schhhh … hummmm, hummmm … Diese Aparai-Musik hat mich immer in Trance versetzt. Mich müde und schläfrig werden lassen, wenn wir die Tänzer beim Üben beobachteten. Diese tiefe Müdigkeit, die sich damals wie eine weiche Decke über mich legte, überfiel mich auch jetzt wieder. Nach so langer Zeit.

Aparai in vollem Ornat

Ich weiß nicht, wie lange ich ins Leere starrte, während meine Tochter alles auspackte und ausprobierte, ohne den Hauch eines schlechten Gewissens, als ginge es hier um eine fröhliche Weihnachtsbescherung mit lauter neuen Spielsachen. Selbst als ich mich schließlich durch ein unüberhörbares Räuspern bemerkbar machte, zuckte sie nur kurz zusammen. »Ooooh, du bist ja schon da! Hallo, Mami, guck mal, ich hab diese tollen Sachen

19

hier unten im Schrank gefunden, schön, oder?« Das »schön« zog sie andächtig in die Länge. Behutsam strichen ihre kleinen Finger über die Beinrasseln, über die glatt geschliffenen Zacken eines Kamms aus Palmholz, über das wellige Relief der *Glapoglappo*-Käferflügel.

Einerseits rührte mich der Anblick meines Kindes in dieser Aufmachung. Mich beschlich das merkwürdige Gefühl, meinem Spiegelbild aus der Vergangenheit gegenüberzustehen, während gleichzeitig meine Zukunft im Schneidersitz vor mir hockte. Andererseits spürte ich, wie die Quecksilbersäule meines Gefühlsthermometers höher und höher stieg, bis ich buchstäblich kochte. Tränen schossen mir in die Augen, als ich das Ausmaß der Verwüstung genauer taxierte. Das waren *meine* Schätze! Was, wenn die Dias Kratzer bekamen? Meine sorgsam gehüteten Exponate zu Staub zerfielen? Keiner hatte das Recht, ungefragt in den Erinnerungsstücken meiner Kindheit herumzuwühlen. Einen Moment lang packte mich Verzweiflung, als hätte ihnen die Neugier meiner Tochter den Zauber genommen. So lange hatten sie fest verschlossen in Kisten auf dem Boden meines alten Schrankes geruht. Im letzten Erbstück von meinen Urgroßeltern, einem schlichten großen Biedermeierschrank aus geflammtem Nussholz. Alles, aber auch alles, was mir wichtig erschien, hatte ich in diesem Kleiderschrank deponiert. Sorgfältig verpackt, tief unten versenkt, von etlichen Pullovern bedeckt. Innerhalb von Stunden oder vielleicht nur Minuten war alles entdeckt, herausgerissen und wahllos über die ganze Wohnung verteilt worden. Die Pullover lagen wie kleine Teppichinseln auf dem Parkett verstreut herum. Selbst in der Küche unter dem Tisch fand ich noch einen ausgedienten Mohairpullover, zu dem eine Spur aus rotschwarzen *Anakokó*-Samenkapseln führte. Diese Perlen hatten wir damals tagelang geduldig zu Ketten, Arm- und Fußbändern aufgefädelt. Verzweifelt kniete ich mich auf den Boden, um die Kapseln wieder aufzuklauben. Meine Tochter beobachtete mich verunsichert. Sie konnte sich keinen Reim darauf machen, warum ich ihre Begeisterung über die neuen Schätze nicht teilte. Ich brachte keinen Ton heraus, um es ihr zu erklären.

Mein Mann hatte von dem ganzen Chaos nichts bemerkt. Er war nicht etwa, wie ich angenommen hatte, beim Bäcker nebenan gewesen, beim Bioladen zum Milchholen oder im Hof beim Fahrradreparieren. Er hatte die ganze Zeit über mit Kopfhörern vor dem Computer im Arbeitszimmer gesessen. Als er nun plötzlich zur Küchentür hereinkam, blickte er erst erstaunt zwischen uns hin und her, dann auf den Boden und wieder zurück. »Was ist denn hier passiert?«, entfuhr es ihm. »Ist der Mülleimer umgefallen? Oder feiert ihr gerade Karneval?« Ich konnte nicht anders, ich musste einfach mitlachen.

Nach dem ersten Schock und einer Tasse Tee erfasste mich eine tiefe innere Ruhe. Sie wärmte mich wie die Sonnenstrahlen, die nachmittags gelegentlich durch das dichte Laub der alten Platanen auf der Straße in unsere Wohnung fielen. Die Lichtpunkte, die dabei über den Boden und die Wände entlangtanzten, erzeugten eine eigentümliche Stimmung. Ich schloss meine Augen und dachte an die verschiedenen Schattierungen der Baumkronen im Urwald, wenn die gleißende Tropensonne durch sie hindurchfiel.

Vielleicht hatte meine Tochter ja Recht mit dem, was sie tat, vielleicht war es an der Zeit, diese leblosen Devotionalien aus Holz, Baumwolle, Perlen, Knochen und Federn wieder zum Leben zu erwecken. Indem ich ihre Geschichte erzähle – meine Geschichte.

Noch am selben Abend lösten Erzählungen über meine Kindheit bei den Indianern am Amazonas die Gute-Nacht-Geschichten über schöne Prinzessinnen und mutige Drachentöter ab. Mashipurimo war auf einmal allgegenwärtig. Versunkene Bilder tauchten auf, von Menschen, die mir wichtig gewesen waren, von Erlebnissen, die mich beeindruckt und geprägt hatten. Farben und Gerüche, der Geschmack von geröstetem Affenfleisch, sogar die Geräusche des Urwalds. Intensive Gefühle wie Furcht, Verzweiflung und unbändige Freude – alles war auf einmal wieder da. Die banalsten Situationen reichten in den kommenden Wochen aus, damit im Erinnerungsarchiv in meinem Kopf eine neue Schublade aufgezogen wurde.

Beim Joggen durch den städtischen Park beobachtete ich eine Schwanenmutter am See, die vorbeieilende Passanten durch bedrohliches Fauchen von ihren Küken fernhalten wollte. Es klang beinahe wie das Fauchen der Tejus. Jener bösartig aussehenden Riesenechsen, die in regelmäßigen Abständen unser Dorf überfallen hatten, um Hühnereier und junge Enten aus unserem Stall zu räubern, und dabei sämtliche Eier in unserem Geflügelstall zertrampelten. Den ausfließenden Dotter leckten sie anschließend mit ihren schlangenartigen Zungen auf. Selbst die besten Jäger des Stammes schafften es selten, diese Monsterechsen, von denen manche eine Länge von bis zu anderthalb Metern erreichten, mit ihren Pfeilen zu treffen. Auch meine Mutter, eigentlich eine geschickte Jägerin, schoss mit der Flinte immer daneben. Die Tejus waren nicht nur wendig, sie waren auch schlau. Bevor sie einen Haken schlugen, um innerhalb von Sekunden im undurchdringlichen Unterholz zu verschwinden, warfen sie noch einen kaltblütigen Blick auf ihr Gegenüber und stießen zum Abschied jenes scharfe Fauchen aus, das uns Kinder in Schockstarre verharren ließ. Diesmal reichte ein vergleichsweise harmloses Großstadttier aus, um mich Jahrzehnte zurückzuversetzen.

Selbst der Klang der Sprache, die ich längst vergessen glaubte, war auf einmal wieder da. Meiner ersten Sprache – Aparai. Aus den vielen einzelnen Puzzlestücken meiner eigenen Erinnerung und der Lektüre der Tagebücher und Aufzeichnungen meines Vaters wurde mit der Zeit ein immer engmaschigerer Erinnerungsteppich. Sobald ich ein paar Minuten Zeit hatte, machte ich mir

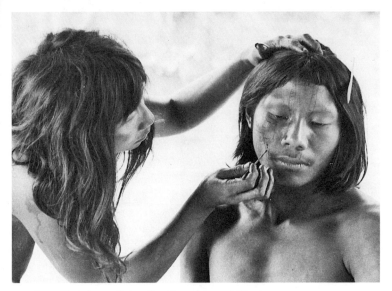

Aparai bei der traditionellen Bemalung mit Kurupo.

Notizen. Und anschließend erzählte ich meiner Tochter die Geschichten aus Mashipurimo.

Es war beinahe so, als würde ich nach vielen Jahrzehnten der Abwesenheit wieder nach Hause kommen. Dabei umarmte ich meine Kindheitserinnerungen wie lang verloren geglaubte Freunde, die man gerne anderen Menschen vorstellen möchte, weil man sie schätzt und für einzigartig befindet. Dass aus diesen vielen Fragmenten eines Tages ein Buch werden könnte, habe ich erst begriffen, als meine Tochter mit ihrer Fragerei auch nach Monaten nicht aufhören wollte. »Wie bist du denn überhaupt in den Urwald gekommen?« – »Weil mich meine Eltern als Kleinkind einfach mitgenommen haben ...« – »Und warum haben dich deine Eltern einfach mitgenommen? Warum wollten sie unbedingt dorthin?« Und warum und warum und warum. Diese Fragen ließen sich kaum in wenigen Sätzen beantworten. Ich musste also weiter ausholen.

23

Meine Mutter und ich in einem Boot, das Palmblätter geladen hat

Mashipurimo – Heimat im Regenwald

Mein Vater hatte sich in seinem Leben mehrmals anhören müssen, er sei ein ewiger Junggeselle, der eigentlich überhaupt nicht zum Familienoberhaupt tauge. Jedenfalls hatten ihm das seine Freundinnen wiederholt attestiert, bevor sie ihn in aller Freundschaft verließen, weil er lieber in den Urwald zurückwollte, um dort zu forschen, als in Deutschland eine bürgerliche Existenz aufzubauen, wie es in seiner Generation gemeinhin üblich war. Und so kam es, dass mein Vater lange Zeit allein durch Südamerika reiste. Erstmals 1951, mit Anfang Zwanzig. Im Grenzgebiet von Französisch-Guayana und Surinam sammelte er zoologisches Material für Naturkundemuseen und verfasste Berichte über die Fauna und Flora der Länder. Bei seiner Reise traf er auf Ureinwohner, die noch nie zuvor einen Weißen zu Gesicht bekommen hatten. Seine Faszination für ihre Sprache und ihre Kultur war augenblicklich geweckt. Von da an hielt ihn nichts mehr in Deutschland. Waren genug Forschungsaufträge für die nächste Reise beisammen, ging es zum Bedauern seiner Eltern und Großeltern wieder zurück in den Regenwald.

Während eines kurzen Aufenthalts in der alten Heimat lernte er schließlich eine junge Fremdsprachenkorrespondentin kennen. Meine Mutter. Begeistert über die Aussicht, ins Ausland zu gehen, heuerte sie als Assistentin bei ihm an. Aus einem Team, das gemeinsam in den Urwald zog, wurde irgendwann ein Paar. Und was als zeitlich begrenztes Projekt begann, entwickelte sich alsbald zum Lebensmodell, das durch meine Geburt in Deutschland zwar unterbrochen, aber keineswegs beendet wurde. Aus Sicht meiner Eltern sprach nichts dagegen, mit einem Kind im

Urwald zu leben. Jedenfalls so lange es noch nicht schulpflichtig war. Dort gab es keine gefährlichen Schnellstraßen, keine Abgase, keine giftige Chemie; dafür war man den ganzen Tag an der frischen Luft, beschützt und umsorgt von einer indianischen Stammesgemeinschaft, die wie eine Großfamilie und nach urzeitlichen Traditionen zusammenlebte. Besser ging es doch kaum.

In meinen Augen haben sich meine Eltern damals richtig entschieden. Ich kann mir jedenfalls keine bessere Kindheit vorstellen als am Amazonas. Und manchmal bedauere ich, dass ich meiner Tochter keine ähnliche Erfahrung bieten kann. Ich bin mir sicher, sie hätte sich dort genauso wohlgefühlt wie ich. Dennoch weiß ich nicht, ob ich in einer ähnlichen Situation den gleichen Mut gehabt hätte wie meine Eltern damals.

Im Dorf des Tapirs

Von unserer ersten Zeit in Mashipurimo ist mir nichts im Gedächtnis haften geblieben. Die weite Reise hatten wir auf einem Frachtschiff zurückgelegt, unsere Route führte von Rotterdam über den Atlantischen Ozean nach Brasilien. Weiter ging es mit einem kleinen Flugzeug Richtung Amazonas. Mit Unmengen Proviant und Gepäck beladen, landeten wir schließlich mitten im Urwald. In einem Indianerdorf, in dem meine Eltern auf ihren vorherigen Reisen bereits für längere Zeit gelebt hatten: Aldeia Bona. Zum Ärger meines Vaters hatte sich dort während ihrer Abwesenheit eine nordamerikanische Missionarsfamilie angesiedelt, die unter den Aparai und Wajana fleißig für ihre Auslegung des christlichen Glaubens warb. Auch aus diesem Grund war die Reise für uns in Bona noch nicht zu Ende. Per Boot ging es flussaufwärts weiter nach Mashipurimo. Das ursprünglich als Sommerresidenz von Bona errichtete Dorf wurde nicht nur für uns zum dauerhaften Domizil. In diesem Refugium hatten die

Unser Dorf mit dem Rundhaus in der Mitte

Aparai-Familien, mit denen wir dort zusammenlebten, ihre Ruhe vor christlichen Bekehrungsversuchen.

Wenn ich meine Augen schließe, sehe ich unser Dorf vor mir. Rund ein Dutzend, zum Teil auf Stelzen gebaute Holzhütten mit silbrigen, von der Sonne gegerbten Palmblattdächern. Aus der Luft betrachtet, muss es wie ein winziges, in den Urwald eingraviertes Oval ausgesehen haben. Mit einem größeren Rundhaus in der Mitte und mehreren lang gestreckten, rechteckigen Hütten, die verstreut um den zentralen Platz lagen. Mashipurimo erstreckte sich über einen weitläufigen Hang, insofern sprachen wir vom Ober- oder vom Unterdorf, je nachdem, an welche Seite des Dorfplatzes die Hütten angrenzten. Der zentrale Platz war das pulsierende Herz einer vitalen Gemeinschaft, in der wir von nun an das gesamte Jahr über lebten, nur hin und wieder unterbrochen von mehrwöchigen Ausflügen zu anderen Dörfern.

Zum Ufer hin wurde der Ort von einer hinter Felsen verborgenen Bucht begrenzt, die man vom Fluss aus leicht übersehen konnte. Das Dorfende, an dem unsere Hütten standen, wurde von kleineren Sträuchern und Bananenstauden gesäumt. Dahinter lagen die Pflanzungen und Gärten der Aparai: verschiedene Sorten von Maniok, Kürbissen, Bananen, Baumwolle, Zuckerrohr, großblättriges Gemüse, das wie eine Mischung aus Kohl und Algen schmeckte, Erdnüsse, Papayas sowie Ananasstauden und Passionsfrüchte. Gleich dahinter standen einige Cashewbäume, deren orangerote Früchte wie Lampions zwischen den Blättern hingen. Hier wuchs der Großteil dessen, was in Mashipurimo gebraucht wurde. Alles andere lieferte der Urwald mit seiner überwältigenden Vielfalt an Pflanzen und Tieren. Oder der Fluss, in dem es vor Fischen, Schildkröten, Schlangen, Krabben und Krokodilen nur so wimmelte und in dessen Sandbänken vergrabene Schildkröten- und Leguaneier ruhten. Man musste nur lange genug vorsichtig mit einem kleinen Stock im warmen Sand herumstochern, bis man auf ihre Schalen stieß. Schildkröteneier waren nämlich eine Delikatesse für uns.

Unser kleines Urwalddorf hatte rund zwanzig ständige Einwohner; an Festtagen und wenn Besuch aus den Nachbardörfern kam, konnte sich die Zahl verdoppeln und manchmal sogar verdreifachen. An solchen Tagen drehte sich alles um das *Poloo-toppo*, das in keinem Aparai-Dorf fehlen darf. Dieser traditionelle Rundbau dient als eine Art Rats- und Gästehaus zugleich. Unter der Decke hing ein prächtiger *Maruana*, ein runder Deckenschild, der mit den mythischen Tierfiguren der Aparai bemalt war. Man kann sich das als Stuckrosette, Fresko und Dorfwappen zugleich vorstellen. Streng genommen durften Kinder und Frauen das Rundhaus nur betreten, wenn wichtige Besucher empfangen wurden. Ansonsten war das *Polootoppo* der Ort, an den sich die Männer zu ernsthaften Unterredungen und für die Vorbereitung von Festen zurückzogen. Dass Kinder dennoch da-

Sandbänke mit Schildkröten- und Leguaneiern (links meine Mutter)

rin spielen durften, hatten wir unserem nachsichtigen Häuptling Kulapalewa zu verdanken. Und der Tatsache, dass es für beinahe jede Regel auch mal eine Ausnahme gab.

In den Hütten der Bewohner, den *Tapöis*, gab es keine Fenster und keine festen Wände. Sie dienten ohnehin nur als überdachte Schlafstätten und als Schutz vor der gleißenden Tropensonne. Möbel gab es keine, lediglich ein paar Hängematten und kleinere Aufbewahrungskörbe, die wabengleich an den Stützpfosten und unter den Dächern hingen. Das eigentliche Leben spielte sich im Freien ab. Der Dorfplatz war unser Wohnzimmer, der Fluss Badezimmer und Freibad, die Pflanzungen, Gärten und der Urwald waren Speisekammer und Supermarkt zugleich. Persönliche Reichtümer anzuhäufen, erschien den Aparai nicht wichtig, weil alle mehr oder weniger gleich viel besaßen. Dennoch gab es ein ausgeprägtes Bewusstsein für Eigentum. Jeder Gegenstand hatte einen Besitzer, eine Cashewfrucht etwa, die zu Boden fiel, wurde nicht einfach aufgehoben; nur der Eigentümer des Baums durfte sie aufheben und, wenn er wollte, einem anderen übergeben. Im Unterschied zu unserem Verständnis hortete man aber nichts für sich. Es war üblich, dass am Ende alles geteilt wurde. Der Jäger mit der reichsten Beute gab seinem glücklosen Jagdgefährten einen guten Teil ab. Wessen Pflanzungen nicht so viel hergaben, der wurde von einem Nachbarn mit reicherer Ernte beschenkt.

Dass hierzulande in ein und derselben Stadt manche Menschen in einem geradezu verschwenderischen Luxus leben, während es andere oftmals nur mit großer Mühe schaffen, ihren Kindern eine warme Mahlzeit am Tag oder ein neues Paar Schuhe zu bieten, dafür hätten die Aparai kein Verständnis. Wer Hunger hat, darf sich sogar an den Pflanzungen seines Nachbarn bedienen, er muss ihm nur anschließend Bescheid geben. Und wer unverschuldeter Weise in Not gerät, der kann sich der Hilfe und der Unterstützung der Dorfgemeinschaft gewiss sein. Ein Spruch wie »Geiz ist geil« oder »Jeder ist sich selbst der Nächste« hätte am Amazonas vermutlich zu Randalen geführt. Weil Eigennutz und blanker Egoismus im Verständnis der Indianer gänzlich verwerfliche Eigenschaften sind.

Laufe ich heute in Gedanken durch Mashipurimo, höre ich das Dauerzirpen der Zikaden in der Nachmittagshitze, ich rieche die vertraute Mischung aus verbranntem Baumharz und Holzkohle, die von den vielen Kochstellen in Schwaden durchs Dorf zieht. Ein Geruch, den auch die eigene Haut annimmt, je länger man im Urwald lebt. Den man irgendwann nicht mehr wahrnimmt, so wie all die überwältigenden Gerüche, Farben und Eindrücke, die am Amazonas auf den Neuankömmling einwirken. Rauch, Holz, Lehm, überreife Früchte, die zahlreiche Insekten anlocken. Der Geruch von ausgenommenem Fisch, dessen Schuppen wie

Perlmutt in der Sonne schimmern. Das rot glänzende Blut von frisch erlegtem Wild, der Duft erdiger Pigmente, die zwischen glatt polierten Steinen fein zerrieben werden. Der bitter-säuerliche Geruch frisch geschälter Maniokknollen, die gerieben und mit Speichel versetzt zu einem alkoholhaltigen, dickflüssigen Brei gären, zu *Kashiri Kononto,* dem indianischen Maniokbier. Der pudrige Hauch erntereifer Baumwolle, die wie Watte aus ihren aufgeplatzten Kapselhüllen quillt.

Ich erinnere mich an das Gefühl von *Ononto* auf meiner Haut. Eine tiefrote Farbpaste, die aus den ölhaltigen Samenkapseln des Annattostrauchs gewonnen wird, hierzulande bekannt unter dem Namen »Orleansstrauch«. Mit dieser bemerkenswerten Farbe, die ganz nebenbei auch noch gegen Sonnenbrand hilft und vor Parasiten und Insektenstichen schützt, bemalen die Aparai ihre Gesichter, die Arme und manchmal auch ihre Rücken. So leuchtend rot und satt glänzend, dass die Bezeichnung »Rothaut« tatsächlich einmal zutrifft. Rot – die Farbe der Aparai. Die Lebensfarbe, meine Lieblingsfarbe.

Die wohlige Zufriedenheit stellt sich wieder ein, die ich empfand, als meine große »Patenschwester« Sylvia meine Wangen behutsam mit *Ononto* bestrich. Das Sonnenlicht strömte warm durch meine geschlossenen Augenlider. Wenn Sylvia nach einer gefühlten Ewigkeit mit der Festtagsbemalung fertig war, durfte ich endlich mein Spiegelbild im Wasser einer Pfütze betrachten. Ich musste immer lachen, weil ich das Gesicht im Wasser kaum erkannte. »Bin ich das wirklich?« Sylvia nickte.

Die Eindrücke, die damals auf mich einströmten, die Umgebung, die Menschen, deren Sprache ich nicht verstand, waren anfangs sicher überwältigend. Was meine Eltern in den ersten Wochen und Monaten nach unserer Ankunft beschäftigte, bekam ich als nicht mal Anderthalbjährige freilich nicht mit. Ich konnte nicht wissen, wie mühsam es war, ein marodes Blätterdach notdürftig mit Plastikplanen abzudichten, bis ein neues

Gebäude errichtet war. Ich wusste nicht, wie anstrengend es für meine Mutter war, unsere gesamte Wäsche im Fluss von Hand zu waschen. Oder wie schweißtreibend, die alten, seit dem letzten Aufenthalt im Urwald inzwischen längst überwucherten Pflanzungen auszuholzen oder durch eine Teilrodung neu anzulegen, damit wir genug Nahrung hatten, wenn unsere mitgebrachten Vorräte aufgebraucht waren. Darunter auch unzählige Paletten mit Babybrei in Gläsern und kanisterweise Speiseöl. Die Maniokstecklinge, Bananenschösslinge und das Saatgut verschiedener Knollenfrüchte bekamen meine Eltern von einigen wohlgesinnten Indianern aus den Nachbardörfern als Willkommensgaben überreicht. Nach einem stundenlangen Begrüßungszeremoniell, das sich von Dorf zu Dorf wiederholte. Alte wie Junge standen dabei um uns herum, während ich als Neuankömmling in der Gemeinschaft ausgiebig gemustert wurde. Die meisten Indianer begrüßten meine Eltern wie heimgekehrte Verwandte. Und während der allabendlichen Runden am Lagerfeuer stellte sich auch rasch wieder die alte Vertrautheit mit den Mashipurianern ein.

Meine Eltern hatten vor ihrer letzten Abreise aus dem Urwald eine Art Notfallausrüstung zurückgelassen, die sie tropenfest verpackt im Erdreich vergraben hatten. Neben Arzneimitteln und Verbandsmaterialien enthielten die Kisten Werkzeug, Jagdwaffen und einige Päckchen hochkonzentrierter Nahrungsmittel – zu Deutsch: Astronautennahrung.

Meine Mutter versuchte, einige Grundzüge des gewohnten europäischen Lebens aufrechtzuerhalten. In diesem Leben aß man nämlich von Tellern mit Messer und Gabel und nicht mit den Händen aus dem Topf. Man saß aufrecht auf einem Stuhl oder einer Bank und nicht mit krummem Rücken auf dem Boden wie die Aparai. Meine Eltern zimmerten sich eine Sitzbank aus rötlichem Hartholz. Und der selbstgebaute Küchentisch wurde anschließend noch mit einem dunkelblauen abwaschbaren Wachstuch versehen, das von den Aparai neugierig und etwas skeptisch beäugt wurde und später auch bei mir Kopfschütteln auslöste. Wann immer ich konnte, entwischte ich aus der Hütte meiner Eltern, um bei meiner Wahlfamilie zu essen. Am liebsten mochte ich das würzige Affenfleisch, das mit den Händen gegessen natürlich am besten schmeckte. Auf dem Boden zu hocken, fand ich außerdem viel bequemer als aufrecht auf einem Stuhl zu sitzen.

Meine ersten bewussten Erinnerungen setzen ein, als wir unsere provisorische Hütte verlassen und unser eigenes *Tapöi* am Rand des Dorfes hatten: ein solides Holzhaus, gebaut auf Stelzen, mit einem Palmholzboden und einer geschlossenen Rückwand zum Schutz vor wilden Tieren und den Wassermassen in der Regenzeit, das unter Anleitung des Dorfchefs Kulapalewa gebaut worden war. Schräg gegenüber lag unsere Kochhütte. Davor stand ein Lehmofen, den meine Eltern nach den Zeichnungen europäischer Dorföfen aus dem Mittelalter gebaut hatten. In Mashipurimo war er anfangs eine kleine Sensation. Meine Mutter buk darin ihr Brot, während die Aparai das übliche *Wöi,* die wagenradgroßen Maniokfladen, auf Brettergestellen oder auf den Dächern ihrer Hütten in der Sonne trockneten; anschließend wurden sie über dem Feuer geröstet.

Mein Vater errichtete sich noch ein weiteres Domizil: seine Arbeitshütte, spaßeshalber »das Gartenhaus« und manchmal auch »das Teehaus« genannt, weil er dort über den Tag verteilt Unmengen Tee trank und diesen auch seinen Besuchern servierte, während er sie über ihre Kultur befragte. Bis zu fünfzehn Besucher passten ins Gartenhaus, in dem zwei große Schreibtische standen. Sessel gab es im Urwald nicht, man befestigte seine Hängematte einfach an den Pfosten der Hütte, wenn man »Platz nehmen« wollte. Die Arbeitshütte lag in sicherer Entfernung zum Zentrum des Dorfes, fernab von Kindergeschrei und dem Tosen der Stromschnelle, die dem Ort seinen Namen gegeben hat. Mashipurimo, das Dorf des Tapirs. Viele Amazonasvölker gaben Stromschnellen oder Wasserfällen vorzugsweise Tiernamen.

Mein Vater bei der Arbeit

Die Arbeitshütte war auf allen Seiten offen und nur notdürftig durch ein Sprossengitter vor wilden Tieren geschützt. Über acht Stunden am Tag brachte mein Vater im Schnitt mit seinen Aufzeichnungen im Gartenhaus zu, wie ich in seinen Notizbüchern gelesen habe. In seinem »Büro« entstanden Tonbandaufnahmen, auf vielen tausend Seiten dokumentierte er die Sprache und die Kultur der Aparai-Wajana. Die seltenen Male, die ich ihn dort besuchte, hämmerte er auf einer Reiseschreibmaschine herum. Seine Finger flogen nur so über die Tasten, er lächelte mich kurz an, wenn er mich – nur mit den obligatorischen, über dem Bauch gekreuzten Perlensträngen geschmückt und dem traditionellen Lendenschurz bekleidet – erblickte. Wie alle anderen Kinder besaß ich ein schlichtes *Wäju* aus rot gefärbtem Baumwollstoff für den Alltag und ein kunstvolles aus kleinen bunten Perlen für die höheren Festtage. Mein orange-rot-blau gemusterter Feiertagslendenschurz mit den mythischen Tierfiguren hängt heute in unserem Hausflur. Schön eingerahmt, versteht sich. Manchmal vergaß mein Vater meine Anwesenheit und wunderte sich dann, wenn ich immer noch da war – neugierig zu erfahren, was er da stapelweise zu Papier brachte. Ich verstand es selbst dann nicht, wenn er es mir erklärte. Was war denn so besonders am Leben der Amazonas-Indianer?

Affeneintopf bei Antonia

Das größte Gefühl der Geborgenheit erlebte ich in den täglichen Mittagsrunden bei meiner indianischen Wahlfamilie, deren Hütte nahe der unseren lag. Zwischen meinem Vater und der Sippe von Araiba, *Kamatuouiko Finuliao de Araiba,* bestand bereits vor meiner Geburt ein besonderes Band. Sie kannten einander seit Jahren, waren gemeinsam gereist und hatten schon in Bona zusammengelebt. Deshalb war auch ich von Anfang an bei ihnen willkommen.

Wir hockten um den Kochkessel herum, und ich lauschte dem sanften Gemurmel der Gespräche zwischen Großvater Araiba, Großmutter Antonia und den Enkelkindern Sylvia und Inaina. Ich sah, wie liebevoll und vor allem humorvoll sie miteinander umgingen, wie vertraut sie sich waren. Eine Nähe, die auch mich einfing und Teil ihrer Familie werden ließ.

Anfangs hatte ich meine spätere Wahlfamilie wohl nur aus der Entfernung beobachtet, neugierig und zugleich schüchtern wie alle Kinder, die in eine fremde Welt hineinkommen. »Erst als Sylvia dich an der Hand genommen hat, bist du mitgekommen«, erzählte mir Araiba rund zwanzig Jahre später. »Aber unser Essen hat dir gleich geschmeckt«, strahlte Antonia. Sylvia musste mich sogar zurückhalten, als ich das erste Mal in ihrer Runde um den Kochkessel saß und gleich zugreifen wollte. Sie legte einen Finger

Araiba beim Flechten eines Korbes

auf die Lippen und bedeutete mir, abzuwarten. Antonia hielt beide Hände in den Dampf, der aus dem Kessel aufstieg, und murmelte monoton klingende Formeln, deren Bedeutung ich nicht verstand. Erst als Antonia geendet hatte, erklärte mir Sylvia, was es damit auf sich hatte. Es war ein uralter Brauch der Aparai, einen Segen über das Essen der Kinder zu sprechen. Er sollte böse Geister, Krankheiten und Unheil aller Art von ihnen abwenden. Fortan wartete ich geduldig wie alle anderen, bis wir endlich zulangen durften. Nacheinander fischten wir mit den Fingern ein Stückchen Fleisch oder Fisch aus dem scharfen Pfeffersud, *Aischi* genannt. Dass man sich die Hände vor dem Essen besser wäscht, habe ich erst in Deutschland gelernt. Jeder nahm sich nur so viel, dass auch noch genug für die anderen übrig blieb. Das verstand sich von selbst, zumal die Kochkessel nicht immer randvoll gefüllt waren. Nach einer erfolgreichen Jagd durften sich alle den

Bauch richtig vollschlagen, an anderen Tagen wurde man kaum satt, und hin und wieder war auch der Hunger zu Gast. Dann gab es nur eine symbolische Mahlzeit, die aus kaum mehr als einem Schluck Suppe bestand.

Dass Araiba beim Essen seine Witze riss, gehörte dazu. Jeder von uns kam einmal an die Reihe. In meinem Fall war mein gesunder Appetit ein Dauerbrenner.

»Wie so ein kleines Mädchen so viel essen kann, ist mir schleierhaft. Du verdrückst mehr als ein Dutzend ausgewachsener Krieger zusammen. Wo steckst du das nur hin?«

»Muss ich von dir haben«, konterte ich.

Araiba konnte nämlich essen für drei und blieb doch ein Leben lang drahtig, um nicht zu sagen spindeldürr. Was wohl auch daran lag, dass er den ganzen Tag auf den Beinen war. Araiba war emsig wie eine Ameise. Nie erlebte ich ihn ohne Beschäftigung. An manchen Tagen fuhr er noch vor Sonnenaufgang mit seinem Kanu zum Schilfrohrschneiden, auf dem Rückweg angelte er. Danach kochte er Kaffee für alle. Nach einer kurzen Pause machte er sich daran, aus den Schilfbündeln Körbe oder Vorratsbehälter zu flechten. Außerdem kümmerte er sich mit Hingabe um die Pflanzungen der Familie, hackte Maniok oder setzte neue Schösslinge. Araiba wuselte ständig irgendwo herum; und wenn es keine Arbeit mehr gab, dann suchte er sich eben eine. Vom Hang der »faulen Jugend« zum Müßiggang hielt er nicht viel, das ließ er sie hin und wieder auch spüren. Kindern gegenüber war er deutlich gnädiger. Sie mussten nur helfen, wenn sie wollten. »Die Kindheit währt nicht lang, der Ernst des Lebens kommt bald genug, geht schön spielen«, pflegte er zu sagen. Ab dem siebten oder achten Lebensjahr galt die Kindheit bei den Aparai als abgeschlossen, danach mussten sie gewisse Pflichten übernehmen. Dass ich schon früh mit Vorliebe den Frauen bei der Küchenarbeit zur Hand ging und mit den anderen Kindern sogar freiwillig Brennholz mit meiner kleinen Rückenkiepe, dem

Mittagessen mit meiner Wahlfamilie

Katauli, holte, während ich zu Hause keinen Finger krümmte, konnte ich später in einem humorvollen Brief meines Vaters an meine Großmutter in Deutschland nachlesen.

Wenn die Männer zur Jagd aufbrachen, gingen die Frauen auf die Pflanzungen. Nachmittags wurde gekocht, der Abend gehörte dem Müßiggang, was nicht hieß, dass die Aparai ihre Hände in den Schoß legten. Im Gegenteil. Es galt als Entspannung, Baumwolle zu weben und sich nebenher zu unterhalten, neue Pfeile oder Paddel zu schnitzen oder schönen Federschmuck für das nächste Fest zu knüpfen. Aber es gab eben auch Pflichten, bei denen die Jugendlichen mit anpacken mussten. Marode Dächer flickten sich nicht von alleine, kaputte Fischernetze auch nicht, ganz zu schweigen von den Booten, die durch die vielen Felsen im Fluss wieder mal ein Leck hatten. Araiba verstand es, all das so beiläufig zu erwähnen, dass kein junger Mann und keine junge Frau es gewagt hätten, sich aus dem Staub zu machen. Auch ich bemühte mich in seiner Gegenwart immer, einen ordentlichen Eindruck zu machen, was er mit einem Augenzwinkern belohnte. So streng, wie er tat, war Araiba nämlich gar nicht. Er konnte auch sehr albern sein, weswegen ihn Antonia regelmäßig aufzog: »So ein alter Junge und kein bisschen weise.«

Antonia hatte mich schon bald nach unserer Ankunft unter ihre Fittiche genommen, um mich zu einer guten Aparai zu erziehen. Geduldig brachte sie mir die verschiedenen Bezeichnungen der traditionellen Muster bei, wobei sie zu jedem Symbol eine kleine Geschichte erzählte. Bei Festen erfuhr ich von ihr, nach welcher Reihenfolge im Protokoll die Würdenträger in unserem Dorf angesprochen und bewirtet wurden. Auch die Sitzordnung bei Besuchen und Zeremonien erklärte sie mir ganz nebenbei. Ich lernte, dass bei traditionellen Essen die Frauen nur in Frauenrunden und die Männer in Männerrunden saßen. Doch im Alltag war es praktischer, wenn die Familien gemeinsam aßen, so wie ich es auch gewohnt war.

Den größten Wert legte Antonia darauf, Geist und Körper rein zu halten. Böse Schimpfwörter gingen zum Beispiel gar nicht, ebenso wenig wie schmutzige Fingernägel. Morgens, mittags und abends ein Bad im Fluss bedeutete für die Aparai das Mindeste an Sauberkeit. Lieber einmal zu viel baden, als einmal zu wenig. Das stundenlange gegenseitige Kämmen und Ölen der Haare beugte zudem einem Befall durch Läuse vor und förderte ganz nebenbei noch das Gemeinschaftsgefühl. Im Gegensatz zur Kindererziehung in Deutschland, die manchmal mehr vorschreibt als erklärt, zeugten der Rat und die Erziehung von Antonia von einer genauso unbestreitbaren wie pragmatischen Lebenserfahrung. Es machte mir Spaß, von ihr unterrichtet zu werden. Sie war liebevoll, geduldig und manchmal auch streng, aber niemals autoritär. Und sie behandelte mich immer auf Augenhöhe, was ich umso bemerkenswerter finde, wenn ich heute miterlebe, wie hierzulande manchmal mit Kindern umgesprungen wird.

Antonias Einfluss und das Leben in der Dorfgemeinschaft führten dazu, dass ich mit der Zeit dachte und fühlte wie eine Aparai. Selbst die Bräuche und das Verhalten meiner Eltern waren mir manchmal fremd. Allein die Art, wie sie aßen, erschien mir unbequem und unnötig kompliziert. Weshalb saßen sie nur in ihrer Urwaldhütte am Küchentisch, und warum machte sich meine Mutter so eine Mühe, selbstgemachten Nudelteig auszurollen und Ravioli zu formen, die mit Hackfleisch gefüllt wurden? Schon der Anblick der Fleischstücke, die meine Mutter durch einen Fleischwolf drehte, war für mich befremdlich. Fleisch schmeckte am besten, wenn man es mit den Zähnen vom Knochen riss. Vom europäischen Essen mit den fremdartigen Gewürzen bekam ich regelmäßig Bauchschmerzen, was für meine Mutter zum Ärgernis wurde. Lustlos stocherte ich in fast allem herum, sogar in Vanillepudding, bei dessen bloßem Geruch sich mir der Magen umdrehte. Einzige Ausnahme waren die Bestände an Corned Beef. Das klein gehäckselte, in Aspik eingelegte und in Büchsen konservierte Fleisch mochte ich sehr gerne. Am besten schmeckte es mit einer ordentlichen Portion Tomatenmark aus der Tube. Nur der metallische Nachgeschmack des Aluminiums war ein wenig gewöhnungsbedürftig.

Meistens gab ich jedoch vor, schon satt zu sein, und wartete nur darauf, von der unbequemen Bank aufspringen zu dürfen. Natürlich erwischte mich mein Vater anschließend in schöner Regelmäßigkeit vor Antonias Kochkessel, in den ich mit Appetit hineinlangte.

Was meine Mutter verständlicherweise kränkte, schien meinem Vater Freude zu bereiten; er dokumentierte meine »Ausreißereien« sogar auf Zelluloid. Wenn ich bemerkte, dass er mich dabei fotografierte, huschte ein verschmitztes Grinsen über sein Gesicht. Ich schloss meine Augen, weil ich davon überzeugt war, dass ich auf diese Weise für ihn unsichtbar wurde. Irgendwann gaben meine Eltern es auf, mir die Genüsse der europäischen Küche vermitteln zu wollen. Ohne großes Tamtam und ohne Ausreden durfte ich bald ganz offiziell bei meinen »Verwandten« mitessen, während meine Eltern endlich ihre Ruhe hatten.

Zu besonderen Anlässen und größeren Festessen tafelten wir alle drei gemeinsam mit den Aparai. Keine Runde, in der meine Eltern nicht ganz selbstverständlich dabei waren. Nur beim Affenfleisch hielt sich meine Mutter dezent zurück …

»Wie die Beine eines Tausendfüßlers«

Unser Leben in Mashipurimo verlief in einem ruhigen und immer gleichen Rhythmus: Wir standen mit dem ersten Sonnenstrahl auf und beendeten unseren Tag nicht lange nach Sonnenuntergang. Dazwischen das gemeinsame Mahl im Kreis der Sippe, die Jagd im Urwald, Beeren und Insekten sammeln, Kochen, Baden, Baumwolle pflücken, Boote flicken, Hängematten knüpfen, Perlenschmuck fädeln, Kanu fahren, wieder Baden, wieder Essen. Nach Sonnenuntergang fand man sich in einer gemeinsamen Runde am Lagerfeuer ein und palaverte so lange, bis einem vor Müdigkeit die Augen zufielen.

Am Amazonas aufzuwachsen hieß für mich, sich in aller Ruhe dem Licht entgegenstrecken zu dürfen. Behütet von den anderen Kindern des Stammes wie vom Blattwerk einer Baumkrone, das vor zu vielen Sonnenstrahlen schützt. Unter den wachsamen Augen der Erwachsenen, umgeben von einem unsichtbaren Sicherheitsnetz, in dem jeder auf jeden aufpasste, ohne dabei die Freiheiten des anderen zu beschneiden. Die eigenen Talente und Fähigkeiten spielerisch zu entdecken, ohne von klein auf in eine bestimmte Form hineingepresst zu werden. Am Amazonas aufzuwachsen, war damit in etwa das Gegenteil dessen, was mich nach unserer Heimkehr nach Deutschland erwartete. Wie oft habe ich Formulierungen gehört wie: »Das muss man« oder »Das macht man so«. Im Urwald musste man gar nichts. Man durfte.

Natürlich bereiten auch die Aparai ihre Kinder auf ihr Leben als Erwachsene vor. Aber hier gab es keinen Zwang, keine starren Regeln oder Vorgaben, die erfüllt werden mussten. Stattdessen wurden die Kinder spielerisch und eher nebenbei auf ihre Aufgaben eingestimmt. Unser Spielzeug bestand zum Großteil aus Miniaturanfertigungen all jener Gegenstände, die von den Erwachsenen im Alltag benutzt wurden: Paddel, Rückenkiepen, Pfeil und Bogen, Baumwollspindeln und was immer wir uns sonst noch wünschten. Alles erfüllte einen Zweck, es reichte nicht, dass ein Gegenstand einfach nur schön aussah. Ich weiß noch, wie glücklich ich war, als Großvater Araiba mir mein erstes Paddel überreichte.

Ich hockte neben Antonia und Sylvia vor der Kochhütte und knabberte genüsslich *Oloschi,* geröstete Cashewkerne. Die Kerne hatten wir zunächst fein säuberlich von ihren süß duftenden birnenförmigen Früchten getrennt und anschließend in einer Schale gesammelt. Erst nachdem Antonia die Schüssel mit den Kernen so lange über dem Feuer geschwenkt hatte, bis sie ganz schwarz waren, durften wir die Nüsse aus ihren verkohlten Hüllen herauspulen. In rohem Zustand sind Cashewkerne hochgiftig. Die mondförmigen Nüsse schmeckten süßlich und ganz anders als die abgepackten, die man bei uns in jedem Supermarkt kaufen kann.

Während Antonia den Saft aus den übrig gebliebenen Früchten presste, um ihn anschließend in einem Aluminiumkessel über dem offenen Feuer zu kochen, bemerkte ich, dass Araiba sich näherte. Er bewegte sich wie auf rohen Eiern und verbarg offensichtlich etwas hinter seinem Rücken. Er tänzelte vor uns hin und her, und ich verrenkte mir schier den Hals, um hinter sein Geheimnis zu kommen. Antonia und Sylvia lachten plötzlich laut los. Auch über das Gesicht von Inaina, Sylvias großem Bruder, der ein wenig abseits saß, um sein Haar in Ruhe mit Pomade auf Hochglanz zu bringen, huschte ein Lächeln. Nur ich wusste immer noch nicht, worum es ging.

Endlich spannte mich Araiba nicht länger auf die Folter: Mit einer kleinen Verbeugung überreichte er mir ein brandneues Stechpaddel. Es war wunderschön, roch intensiv nach frischem Holz und sah genauso aus wie die Paddel der Erwachsenen, nur war das Blatt ein wenig kürzer und schmaler. »Ein eigenes Ruderpaddel für Katarischi«, kommentierte Antonia wohlwollend, während sie mit einem Kochlöffel den siedenden *Oloschi*-Saft umrührte. Abgekühlt war der Cashewsaft aus dem rotgelben Fruchtfleisch eine willkommene Abwechslung für uns. Er schmeckte so viel besser als das muffige Flusswasser, jeder Schluck war ein Genuss.

Antonia beugte sich über das Geschenk von Araiba, um es genauer zu begutachten. »Ah, feinstes Zedernholz. Das ist wirklich eine gelungene Überraschung!« Natürlich war sie längst in Araibas Vorhaben eingeweiht.

»Sylvia hat mich bei jeder Gelegenheit daran erinnert, dass es doch schön wäre, wenn du bei unseren Ausflügen auch mitrudern könntest. Du hast wirklich eine starke Fürsprecherin«, sagte Araiba. Meine große Patenschwester, die sich so rührend um mich kümmerte. Die spürte, wenn ich Hunger und Durst hatte, bevor ich es wusste. Die meine Gedanken buchstäblich lesen konnte, die mir mehr eine Schwester denn eine Freundin war. Sylvia, die ich dankbar anstrahlte, tat, als gelte ihr das Lob in keiner Weise. Sie war bescheiden, und vor anderen gelobt zu werden, war ihr peinlich. Ich jedenfalls konnte mein Glück kaum fassen und platzte beinahe vor Stolz. Vorsichtig fuhr ich mit meinen Fingern über das blank polierte Holz. Es glänzte in der Nachmittagssonne, während uns der Karamellduft der *Oloschis* umwehte.

Noch am selben Tag liefen Sylvia und ich zum Flussufer und hockten uns auf die Basaltfelsen, die das Wasser über Jahrtausende glatt geschliffen hatte. Die mächtigen Felsen strahlten noch weit bis nach Sonnenuntergang Wärme ab. Tropensonnenwärme, die sie im Laufe des Tages in ihren Granitkörpern gespeichert hatten. An manchen Tagen legten wir uns auf das Felsenbett und ließen uns den Rücken wärmen, bis am Horizont die ersten Sterne auftauchten. Das Himmelszelt schien dann zum Greifen nah, nirgendwo sonst sind die Sterne so schön wie am Äquator.

Dort zeigte mir Sylvia auf dem Trockenen, wie man das Paddel führen muss. Mit welchem Griff ich es am besten festhielt, damit es nicht von der Strömung fortgerissen wurde. »Ein Boot ohne Paddel ist so hilflos wie eine Nussschale«, erklärte sie und schnippte zum Beweis eine Cashewschale ins Wasser. Wie eine Feder drehte sie sich mehrmals um die eigene Achse, bevor sie von der Strömung überspült wurde und vor unseren Augen unterging. Ich musste schlucken und krallte meine Finger so fest um das Paddel, dass die Knöchel hervortraten.

Wir machten noch ein paar weitere Luftübungen an Land, bevor wir uns in einen der fest vertäuten Einbäume hockten. Sanfte Wellen platschten gegen die Bootswand. Hin und wieder schnappte ein Fisch nach einer Fliege. Eine Schildkröte glitt beleidigt ins Wasser, ganz offensichtlich hatten wir sie bei ihrer Mittagsruhe gestört. Sylvia erklärte mir, man müsse mit dem Paddel eine Art Kreis beschreiben. Die Hälfte des Kreises zeichne das Paddel in der Luft, vollendet werde er unter Wasser. Dabei dürfe ich mit dem Blatt nicht zu tief ins Wasser geraten, sonst könne es von der Strömung fortgerissen werden. Falls man nicht alleine mit dem Boot unterwegs war, musste man außerdem darauf achten, den anderen Paddeln nicht in die Quere zu kommen. »Du musst immer im gleichen Takt wie die anderen paddeln. Ihr müsst eins werden, so wie die Beine eines Tausendfüßlers«,

Sylvia, meine geduldige Lehrmeisterin

schärfte mir Sylvia mit Nachdruck ein. Ich musste an die Nussschale denken und biss mir vor lauter Konzentration auf die Lippen. Langsam tauchte ich mein Paddel mit einer kreisenden Bewegung ins Wasser. Tong. Und auch bei den nächsten Versuchen ertönte ein dumpfes Tong, immer wieder knallte ich mit dem Paddel gegen die Bootswand. Das war gar nicht so einfach. Sylvia war viel geschickter als ich, bei ihr hörte man nur ein leises gurgelndes Geräusch, wenn das Ruderblatt in die Strömung tauchte. Vor allem aber war Sylvia grenzenlos geduldig, auch nach dem hundertsten »Tong« lächelte sie mich aufmunternd an und korrigierte sanft meine Haltung. Irgendwann schaffte ich es dann, es war, als würde sich das Paddel auf einmal wie ganz von allein bewegen.

Schon einige Tage darauf bekam ich Gelegenheit, es bei einem Bootsausflug auszuprobieren. Mein Platz war direkt hinter

Inaina und Araiba, hinter mir hockten Sylvia und Antonia. Ich bemühte mich, dem Rhythmus der anderen zu folgen. Halbkreis, eintauchen, kreisförmig nach hinten ziehen und hoch ... Nach ein paar kleineren Hakeleien stellte ich erleichtert fest, dass ich mit dem kleinen Stechpaddel genauso gut rudern konnte wie die Großen. Zumindest bildete ich mir das damals ein. Nur musste ich mit meinen kurzen Armen das Paddel ungefähr doppelt so schnell eintauchen, wie die anderen. Nach rund einer halben Stunde war ich vollkommen erschöpft, und meine Schultern brannten.

»Schau mal, ob du nicht zufällig den Rücken eines schwimmenden Tapirs im Fluss entdeckst. Wir brauchen einen Späher – und kleine Mädchen haben besonders gute Augen ...« Antonia und Araiba gaben wirklich Acht, dass ich mich nicht überanstrengte.

Das Kinderpaddel, mit dem ich so viele Erinnerungen verbinde – an gemeinsame Ausflüge, an tanzende Lichtreflexe auf kräuselnden Wellen, an die Schatten der Piranhas, die in Gruppen unter dem Bootsrumpf hindurchhuschten, an den rhythmischen Klang der ins Wasser eintauchenden Ruder –, lehnt heute in meinem Arbeitszimmer an der Wand. Die feinen, eingravierten Linien zeugen davon, wie viel Mühe sich Araiba beim Schnitzen gegeben hat. Die kleinen Einkerbungen an seiner Spitze allerdings sind ein Andenken an die Felsen unter unserer Anlegestelle in Mashipurimo.

Glückliche Kinder

Eine Kindheit am Amazonas währt nur kurz, dafür ist sie umso intensiver. Kinder haben keine wirklichen Pflichten, dafür aber die gleichen Rechte wie die Erwachsenen. Im Grunde haben sie sogar mehr Privilegien. Bei den Aparai werden Kinder geradezu vergöttert. Sie sind der unumstrittene Mittelpunkt der indianischen Gesellschaft, entsprechend hoch ist ihre Wertschätzung. Wenn Kinder von Erwachsenen aufgefordert werden, frisches Flusswasser oder Brennholz zu holen, unterbrechen sie ganz selbstverständlich ihr Spiel. Umgekehrt lässt ein Erwachsener alles stehen und liegen, wenn er von einem Kind um einen Gefallen gebeten wird. Die Anliegen der Kleinen werden genauso ernst genommen wie die der Großen. »*Tam* (großer Vater),

*Mashipurimo –
ein Paradies für Kinder*

kannst du mir einen neuen Bogen machen? Meiner hat einen Riss.« – »Tante, kannst du mir einen Baumwollgürtel knüpfen?« Wenn nicht gerade etwas Dringendes ansteht, unterbrechen die Erwachsenen ihre Arbeit, basteln geduldig einen Bogen, fädeln Perlen zu einer neuen Kette auf und und und. Das Wort eines Kindes hat Gewicht. Entsprechend selbstbewusst treten die Kinder der Aparai-Wajana auf; schon ihre Haltung verrät einen gewissen Stolz. Ungebührliches Verhalten oder Faulheit, was die täglichen Aufgaben angeht, wird von den Erwachsenen gerügt, aber niemals bestraft. Den Amazonasvölkern sind körperliche Züchtigungen wie Prügel oder Ohrfeigen fremd. Gewalt gegenüber Kindern gilt den Indianern bezeichnenderweise als Brauch der Weißen. Dahinter steckt keine tiefere Philosophie, es ist eher eine Selbstverständlichkeit, über die niemand weiter nachdenkt, weil sie sich über Jahrtausende bewährt hat. Wenn ein Stamm nicht genug Nachkommen hat, stirbt er aus. Wenn eine Familie ihre Zöglinge nicht gut behandelt, was auch unter Naturvölkern vorkommt, ist ihre Versorgung im Alter nicht gewährleistet, weil ihre Nachkommen fortziehen oder die Familie wechseln. *Toipä,* so ist das eben.

Wer zum ersten Mal in ein Indianerdorf am Amazonas kommt, wird staunen, wenn er eine Zeit lang die Kinder beobachtet. Kein Geschrei, keine weinenden, nörgeligen, unzufriedenen Babys, nirgendwo trotzige Kleinkinder. Selbst die Jugendlichen wirken seltsam vernünftig und beinahe würdevoll. Die Patzigkeit pickeliger Pubertierender kennt man dort nicht. Zufriedene Säuglinge schaukeln am Busen ihrer Mutter in einer Trageschlinge. Kleinkinder ziehen lachend in Grüppchen durchs Dorf, während die Größeren den Erwachsenen bei leichteren Arbeiten zur Hand gehen. Mädchen wie Sylvia etwa, die spätestens ab dem siebten, achten Lebensjahr spielerisch von ihren Müttern, Großmüttern oder Tanten an die Hausarbeit herangeführt werden. Manchmal durfte ich zuschauen, wenn Sylvia von ihrer Großmutter Antonia in der Kunst des Hängematten- oder Perlenknüpfens unterrichtet wurde. Wie gleichmäßig sie weben und knüpfen konnte, wie kunstvoll die Muster auf ihrem Perlenschmuck aussahen. Ob ich das jemals schaffen würde? Ich durfte sogar vorkosten, wenn sich meine große Freundin im Kochen übte. Ich erinnere mich, dass sie einmal etwas zu viel *Aischi* erwischte, eine Gewürzmischung aus rotem Pfeffer, die derart scharf war, dass mir die Tränen in die Augen schossen. Selbst vor den Schalen mit dem Waschwasser machte ich nicht halt, um den Brand in meinem Rachen zu löschen.

Die größeren Mädchen lernten unzählige nützliche Dinge, die sie auf die Führung eines eigenen Haushalts vorbereiteten, wenn sie einmal heirateten. Mit dreizehn, vierzehn Jahren erwarteten die meisten bereits ihr erstes Kind. Während die Mädchen von den Frauen in Haus- und Handarbeiten unterwiesen wurden, begleiteten die Jungen ihre Väter, Onkel oder Paten auf die Jagd. Schon kleine Dreikäsehochs erlernten die Kunst, *Taipis* herzustellen. Jene Pfeilspitzen mit Widerhaken, mit denen man besonders gut Fische erlegen kann. Oder *Ulali,* die, mit flüssigem Lianengift bestrichen, zu Giftpfeilen werden. Bei manchen kam später auch der Umgang mit Gewehren und Schrotflinten dazu, die über Generationen gepflegt und weitergegeben werden. Mit Blasrohren und Steinschleudern, mit denen die Aparai in alten Zeiten gejagt hatten, konnte eigentlich kaum noch jemand in unserem Dorf umgehen. Nur einige der älteren Männer wie Araiba beherrschten diese Kunst noch. An besonderen Festtagen führte er uns seine stattliche Sammlung hin und wieder vor. Am meisten begeisterten uns natürlich seine Steinschleudern, die wir als Spielzeug nachbauten. Mein Freund Mikulu, der einzige Junge, der regelmäßig mit uns Mädchen spielte, war der Erfolgreichste, wenn es darum ging, kleinere Vögel oder Eidechsen damit zu erlegen.

Auf mich machten vor allem die Knochenflöten von Araiba großen Eindruck. Sie waren nicht nur sehr schön, sie erzeugten auch die unglaublichsten Töne. Wenn wir Araiba nur lange genug anbettelten, erbarmte er sich und spielte uns einige Lieder vor, oder ahmte ein Vogelzwitschern nach, das so echt klang, dass es bald darauf von einem »richtigen« Vogel erwidert wurde. Ein Konzertbesuch ist nichts gegen die Freude, die ich damals bei Araibas Flötenspiel empfunden habe. Dass eine Flöte aus Knochen so seltsam schöne Töne hervorbringen konnte, lag daran, dass sie laut Araiba eine Seele hatte. Ganz im Gegensatz zu den vermeintlich »echten Knochenflöten der Amazonasindianer«, die man heute in brasilianischen Touristenläden kaufen kann.

Familienbande

Auf Aparai gibt es kein Wort für Einsamkeit. Ich kannte das
Gefühl gar nicht, bis ich nach Deutschland kam. Immer war jemand da, der sich um mich kümmerte, der nach mir sah, der mir
half, wenn ich Unterstützung brauchte, der mich aufhob, wenn
ich hinfiel, und zum Lachen brachte, wenn ich traurig war. In
Mashipurimo war niemand allein. Es gab keine überforderten
Mütter oder Väter, weil der ganze Stamm ein Kind miterzog. Ein
eng geflochtenes Netzwerk aus Verwandten, Freunden, Nachbarn und Wahlverwandten, das die Kinder betreute, versorgte
und dadurch die manchmal sehr jungen Eltern entlastete. Es
gab auch keine Terrorkinder, die sich mit aller Macht von den
Eltern abgrenzen wollten oder mussten, weil zu viel Druck und
zu große Erwartungen auf ihren Schultern ruhten. Die Kindererziehung in unserem Dorf lief nebenher, sie war keine Haupt-
aufgabe und schon gar kein pädagogischer Spießrutenlauf wie
hierzulande, wo zahlreiche Erziehungsratgeber den ohnehin
schon verunsicherten Eltern den Blick aufs Wesentliche ver-
stellen. Einzelkinder gab es im Urwald kaum. Und falls doch,
wuchsen sie inmitten einer Horde anderer Kinder auf, wobei
die Älteren ein Auge auf die Jüngeren hatten. Wir fühlten uns
alle als Teil einer großen Familie. Und dieses Empfinden war
unter anderem auch einem ausgeklügelten Patensystem zu verdanken. Kein schöner Begriff, doch ein Wort, das treffender
wäre, finde ich nicht.

Jedes Kind hat Paten, zu denen eine besondere Verbindung be-
steht: im Idealfall ein älteres Kind als Beschützer und Vorbild, ein
gleichaltriges als Spielgefährten und ein jüngeres, um zu lernen,
was Verantwortung heißt. Jeder Aparai weiß, dass eine solche
Bindung mit besonderen Verpflichtungen einhergeht. Es ist eine
Bindung, die man nicht so einfach wieder lösen oder gar durch
einen Streit beenden kann. Sylvia, Koi und später noch Tanshi

waren meine Paten. Dabei waren sie mehr Verwandte als Freundinnen. Seelenverwandte. Schon bald nach unserer Ankunft im Urwald hatte mich Sylvia als ihren Schützling ausgewählt. Eine Kindheit ohne meine »große Schwester« kann ich mir im Nachhinein kaum vorstellen. Neben Großmutter Antonia und Großvater Araiba war sie mein größtes Vorbild. Erst heute ist mir bewusst, dass sie mich in meiner frühen Kindheit wohl stärker prägte als jeder andere Mensch. Viele Jahre später erzählte mir Araiba, dass Sylvia schon nach unserer allerersten Begegnung im Dorf ihre Entscheidung gefällt hatte.

»Dieses *olymo pitiko nümölö*, dieses winzige kleine Mädchen da, will ich unbedingt haben.« Antonia und Araiba, denen ich ein wenig schüchtern erschien, rieten ihr, sich mir vorsichtig zu nähern. So wie einem wilden Tier, von dem man nicht weiß, ob es aus lauter Angst gleich wieder fortlaufen wird.

»Ich werde bestimmt ganz lieb zu ihr sein und sie beschützen und mich um sie kümmern.«

»Versprichst du es?«, fragte Antonia.

Sylvia, damals gerade fünf Jahre alt, war es ernst: »Bei allem, was mir wichtig ist.«

Araiba klopfte sich auf seine dünnen Schenkel und lachte, als er mir das erzählte. »Und ihr Amt als Patin hat sie wirklich sehr ernst genommen!«

Sylvia war Beschützerin, geduldige Freundin und gleichzeitig Lehrerin. Aparai dürfte ich auch deshalb so gut gelernt haben, weil sie so lange und unter viel Gelächter und ermutigenden Worten meine Aussprache korrigierte, bis sie ihrer Ansicht nach perfekt war. Hatte ich einen Stachel im Zeh, lief ich zu Sylvia und bat um Hilfe. Gab es etwas Leckeres zum Essen, legte sie eine Portion für mich beiseite, zur Not halbierte sie ihren eigenen Anteil. Ich bemühte mich nach Kräften, ihr nachzueifern, wobei mir klar war, dass ich sie nie einholen würde. Sie war selbstbewusst und gleichzeitig selbstlos. Humorvoll, aber nicht albern.

All diese Attribute hatten auch bei unserem Wiedersehen nach zwanzig Jahren noch ihre Gültigkeit. Und die Art, wie sie ihre fünf Kinder erzog, erinnerte mich daran, wie sie mich als Kind umsorgt hatte.

Ich weiß noch, wie stolz Sylvia auf ihre neue *Mekku-Mekku-* Kette war. Eine Art kleines Collier, gefertigt aus den Zähnen eines Kapuzineräffchens. Kleine rot-weiße Perlen, abwechselnd aufgefädelt, unterbrochen von jeweils einem Affenzahn. Die Fertigung einer solchen Kette war schwierig, schließlich musste durch jede Zahnwurzel vorsichtig ein Loch gebohrt werden, damit ein dünner Baumwollfaden hindurchpasste. War das Loch zu klein, ging der Faden gar nicht erst hindurch, war es zu groß, konnte die Zahnperle leicht brechen. Ganz sicher habe ich die Kette um Sylvias Hals mit glänzenden Augen bewundert. Nie jedoch hätte ich es gewagt, sie darum zu bitten.

Eines Tages war ich beim Baden unten am Fluss. Meine *Chinelas,* meine brasilianischen Flipflops, hatte ich etwas oberhalb auf einem Felsen deponiert, ebenso mein *Wäju.* Als ich triefend aus dem Wasser stieg, sah ich, dass etwas auf dem Lendenschurz lag. Sylvias Affenzahnkette! Wie um alles in der Welt war die dahin gekommen? Ich blickte mich um, doch Sylvia war nirgends zu sehen. Außerdem hätte sie die Kette zum Schwimmen auch anbehalten können. Wahrscheinlich wieder einer von Mikulus Streichen. Mikulu war für jeden Blödsinn zu haben und nie um einen Einfall verlegen, wenn es darum ging, andere zu foppen. Keiner konnte ihm wirklich lange böse sein, weil er sich auch bestens über sich selbst lustig machen konnte. Eine Gabe, die auf viele Aparai zutrifft. Selbstironie schützt nach ihrer Meinung vor Überheblichkeit.

Hoffentlich hat Sylvia noch nicht bemerkt, dass ihre Kette Beine bekommen hat, dachte ich, als ich mich auf den Weg zu Antonias Hütte machte. Als ich dort ankam, sah ich Sylvia in einen fröhlichen Schwatz mit Antonia vertieft auf dem Boden sitzen,

Antonia und Sylvia vor ihrer Kochhütte

als wäre nichts geschehen. Den *Jolokos*, den Urwaldgeistern sei dank, sie vermisste ihre Kette noch nicht.

»Hier, die hab ich unten am Fluss gefunden«, sagte ich und hielt Sylvia mit ausgestrecktem Arm die Kette vor die Nase. Ich hoffte, sie würde nicht mich verdächtigen. Sylvia nahm die Kette mit einem Lächeln entgegen, stand auf – und legte sie mir um den Hals. Ich war sprachlos.

»Aber das ist doch deine Kette!«

»Jetzt gehört sie dir«, meinte Sylvia nur. Sie selbst hatte die kostbare Kette auf mein *Wäju* gelegt. Antonia kicherte leise.

Für meine Eltern muss es ein beruhigendes Gefühl gewesen sein, dass ich bei den Kindern von Mashipurimo in bester Gesellschaft war. Besonders bei Sylvia, diesem kleinen Aparai-Mädchen mit dem kurz geschnittenen Pony und den gutmütigen Mandel-

53

augen. Einem so vernünftigen Kind konnten sie ohne Bedenken ihr Töchterchen anvertrauen. Zumal Großmutter Antonia aus dem Hintergrund über uns wachte – und deren Adleraugen entging garantiert nie etwas. Für mich war es ein großes Glück, dass ich unter der Obhut meiner Patenschwester auch ohne Erwachsene durchs Dorf und zum Fluss stromern durfte. Dass wir später, als ich etwas größer war, manchmal tief in den Urwald hineingingen, um Kakaobohnen, Lianen oder Maden zu suchen, erzählten wir meinen Eltern besser nicht. Die Abenteuer, die wir dort erlebten, vertraute ich nur Antonia an, die nie schimpfte, solange man die Karten auf den Tisch legte. Die aber ausrasten konnte, wenn einer es wagte, eine grobe Ungerechtigkeit zu begehen, oder sie anlog. Ein Urwaldgewitter war nichts dagegen.

Meine Patenschwestern

Sylvia und ihr großer Bruder Inaina waren als Waisen nach Mashipurimo gekommen. Ihre Eltern waren bei einem tragischen Unfall ums Leben gekommen; über das, was genau passiert war, sprachen sie allerdings nie. Nun wuchsen sie bei ihren Großeltern Antonia und Araiba auf.

Ihren europäischen Namen verdankte Sylvia einem besonderen Umstand. Bei den Aparai war es üblich, dass Eltern für ihre Kinder einen traditionellen Namen aussuchten, der nur im Verborgenen genannt werden durfte. Meist handelte es sich dabei um den Namen eines bereits verstorbenen Vorfahren oder eines mächtigen Zauberers. Manche Kinder wurden auch nach einem Tier oder einer Eigenschaft benannt. Daneben gab es einen Rufnamen, der in der Regel von einem Namenspaten verliehen wurde. Diese Patenschaft gilt als besonders große Ehre, schließlich bleibt der Namensgeber zeitlebens mit der betreffenden Person verbunden. Antonia und Araiba hatten meine Eltern während eines früheren Amazonasaufenthalts zu Namenspaten für ihre Enkelin auserkoren, eine Geste tiefer Verbundenheit. Sylvia wurde nach einer Tante in Deutschland benannt; meine Eltern meinten, das Aparai-Mädchen sehe so ähnlich aus wie besagte Tante in Kindertagen. Ich selbst kannte Sylvia nur unter ihrem »deutschen« Rufnamen, ihr alter Aparai-Name blieb mir verborgen.

Sylvia war für mich der Fels in der Brandung. Stand ein wichtiges Fest bevor, staffierte meine Patenschwester mich aus. Doch so groß ihre Geduld auch sonst mit mir war, bei offiziellen Anlässen konnte sie gnadenlos sein. Es gab kein Entrinnen vor ihrem kritischen Blick. Waren die Beinfransen auch ordentlich angelegt? Stimmte die Bemalung? Die feinen schwarzen Linien des *Kurupo* hatte sie zuvor behutsam mit einem betörend duftenden Rosenholzstäbchen auf mein Gesicht, meine Arme oder Beine aufgetragen. Anfangs noch unsichtbar, verwandelten sich die zarten Linien aus Pflanzensaft rund acht Stunden später in ein tiefes Schwarz, das beinahe eine Woche lang auf der Haut hielt. Eine temporäre Tätowierung. Sylvia zupfte so lange an mir herum, bis auch mein Lendenschurz richtig saß. »Nein, nicht das aus Stoff, Katarischi, hol das mit dem *Kaikuschi*-Muster, das die alte Peputo für dich geknüpft hat.« Dieses charakteristische »Muster des Hundes« ähnelte gleichzeitig dem Symbol des Jaguars, *Kaikuschi-Kapauimano*. Der Hund war seit jeher ein getreuer Weggefährte der Menschen, die Wildkatze stand für Mut und Kraft.

Sylvia wachte streng darüber, dass ich bei Festen oder wenn Besucher da waren, einen guten Eindruck hinterließ. Hätte ich mich danebenbenommen, wäre sie es gewesen, die einen Tadel dafür kassiert hätte, und nicht ich. Da ich Sylvia sehr mochte, hätte ich in ihrer Gegenwart nie etwas Unmögliches getan. Ganz anders verhielt es sich allerdings, wenn ich in die Nähe von Koi geriet.

Womit wir bei meiner zweiten Patenschwester wären: meiner gleichaltrigen Freundin Koi, mit der ich mir mindestens einmal am Tag einen Wettstreit lieferte. Und manchmal auch ein lautes Wortgefecht, nach dem wir beide heiser waren. Einer unserer Wettbewerbe hieß »letztes Wort«. Es begann mit einer Geschichte, die eine von uns erzählte und die von der anderen fortgesetzt wurde. So lange, bis es nicht mehr ging. Während wir Rücken an Rücken gelehnt auf dem Boden saßen, sponnen wir über Stunden unseren Erzählfaden weiter: »Zwei Männer fuhren mit dem Boot flussabwärts zum Fischen …« Wenn eine glaubte, endlich den entscheidenden Punkt gemacht zu haben, weil die Fischer schon mitten in den Weltuntergang hineingeraten waren, zog die andere doch noch ein Ass aus dem Ärmel. Denn nach dem Weltuntergang lebte man eine Weile unter Wasser, und dann ging es schließlich hinauf zu den Göttern und von dort … Natürlich bauten wir in unsere Geschichten allerlei Erlebnisse aus dem Dorf ein, vermischt mit alten Mythen, die wir am Lagerfeuer aufgeschnappt hatten. Da wir beide eine blühende Phantasie hatten und keine zuerst aufgeben wollte, zogen sich manche Geschichten mehrere Tage lang hin.

Koi hatte unbändigen Spaß daran, sich mit mir zu messen. Als gleichaltrige Patin war sie Freundin, Rivalin und Ebenbürtige zugleich. Auf diese Weise sollten Kinder lernen, auch mit Konkurrenzsituationen klarzukommen. Besonders für Aparai-Mädchen war das wichtig, weil sie später vielleicht einmal mit der Zweitfrau ihres Gatten zusammenleben mussten, ohne sich gegenseitig umzubringen. Koi und ich waren wie Pat und Patachon. Wir spielten, wir stritten, und wir vertrugen uns wieder. Kein Streich, der nicht mit einem Gegenstreich beantwortet wurde. Während Koi beim Wasserholen »aus Versehen« mit ihrem Fuß gegen meinen Aluminiumkessel stieß und ich vom Ufer aus zusehen musste, wie er in der Strömung den Fluss hinunterschaukelte, entführte ich bei nächster Gelegenheit Kois Lendenschurz, während sie beim Baden war. Für eine Aparai war es hochpeinlich, ab dem fünften Lebensjahr ohne Lendenschurz herumzulaufen. So etwas schickte sich nicht. Nur bei ganz kleinen Kindern war es egal, wenn sie splitternackt waren. Während Koi jammernd vor mir stand und mit gekreuzten Händen ihre Scham bedeckte, quälte ich sie mit gespielter Vergesslichkeit. Erst als sie ihre Tat aufrichtig bedauerte – ein Aluminiumkessel war schließlich unendlich wertvoll, er zerbrach nicht so schnell wie die Tonschalen und konnte nicht reißen wie die Kalebassen –, erinnerte ich mich plötzlich wieder daran, wo das *Wäju* geblieben war. »Ich mache so was auch nie wieder«, versprach sie. Und gab sogar zu: »Ich hab extra dagegengetreten, weil ich keinen so schönen Kessel habe.«

Koi am Rio Paru

Gemeinsam rannten wir zu Malinas Kochhütte; dort hatte ich Kois Lendenschurz in einen hohen Strauch geworfen. Tante Malina, Kois Mutter, erwartete uns bereits kopfschüttelnd, das *Wäju* in der Hand. »Wie ist das denn da hinaufgekommen?« Unsere Lippen blieben versiegelt. Petzen ging gar nicht. Genauso wenig, wie nachtragend zu sein.

Beim nächsten Aufenthalt in der Kolonialstadt Belém bettelte ich so lange herum, bis meine Eltern auf dem Markt am Hafen zwei kleine Aluminiumkessel kauften. Einen für Koi und einen für mich. Kois Mutter und Antonia waren sich einig: Wir beide gehörten zusammen – und sollten uns schön aneinander abarbeiten.

Sylvia war über unsere Kindereien erhaben. Wenn ich mich

mit Koi und Mikulu zum Baden aufmachte, blieb Sylvia meist winkend zurück und half stattdessen Großmutter Antonia beim Kochen oder fegte den staubigen Erdboden der Hütte mit einem Büschel aus Palmwedeln. Kaum war ich pitschnass wieder zurück, reichte mir Sylvia eine Schale mit scharfer Trinkbrühe, dann drückte mir Antonia ein Stückchen dampfendes Fleisch in die Hand. »Aber nur zum Probieren, das Essen ist noch nicht fertig.« Bis dahin sorgte meine Patenschwester erst mal dafür, dass ich wieder »ordentlich« aussah. Mit gespreizten Fingern fuhr sie mir durchs nasse Haar, das – anders als ihre dicken, schwarz glänzenden Aparai-Haare – leicht verfilzte. Aufgrund der hohen Luftfeuchtigkeit in den Tropen hatte ich hin und wieder sogar Stockflecken im Haar, sehr zum Missfallen meiner Wahlfamilie: »*Schipölö nümölo*, wie hässlich«, rief Araiba einmal aus. Doch als er die giftigen Blicke von Antonia und Sylvia bemerkte, fügte er schnell hinzu: »Aber du bist natürlich trotzdem so schön wie die Sonne!«

Ich schämte mich für die dunklen Flecken auf meinen blonden Haaren und ließ deshalb die Prozedur der Fingerkämmerei klaglos über mich ergehen, auch wenn es ziepte. Um mich abzulenken, erkundigte sich Antonia nach unserem Bad: »War der Fluss schön klar? Keine Piranhas in Sicht?« Ich verneinte und erzählte, dass uns die großen Jungs mal wieder geärgert hatten. Während wir in aller Ruhe wie schwimmende Baumstämme auf dem Rücken liegend die Libellen bei ihren luftigen Tänzen beobachteten, klatschten die anderen plötzlich ohne Vorwarnung und laut johlend mit einer Arschbombe zwischen uns ins Wasser. Das Wort »Arschbombe« kennen die Aparai nicht, aber es würde ihnen gefallen, weil es passt.

»Man darf die Männer überhaupt nie allzu ernst nehmen. Nicht, wenn sie noch jung sind, und erst recht nicht, wenn sie alt sind«, sagte Antonia mit einem Blick auf ihren Mann. Araiba unterbrach seine Arbeit und schaute mit gespielter Empörung zu seiner Frau hinüber, die vorgab, seinen Blick nicht zu bemerken. Dann schabte er mit einem Grinsen im Gesicht weiter an einem rötlichen Holzstück herum. Er arbeitete fieberhaft an seinem neuen Sitzbänkchen. Hocker für den Alltag wurden aus einem einfachen rechteckigen Holzblock gefertigt, der an der Unterseite bogenförmig ausgehöhlt wurde. Sitzbänkchen für hohe Feiertage hatten hingegen die Form eines mythischen Tieres. Manche Bänkchen erinnerten an einen Adler, andere glichen einer Schildkröte oder einem Jaguar. Wenn sie endlich fertig geschnitzt waren, wurden sie noch farbig bemalt. Gemeinsam mit Großvater Araiba gingen wir auf die Suche nach dem Roteisenstein, den er anschließend mit Felsbrocken zerteilte und zwischen zwei gleich großen Steinen zu Pulver zermahlte. Das feine Steinpulver wurde zusammen mit einer Baumrindenart zu einer braunroten Farbe verkocht. Die Farbe Schwarz wiederum wurde aus Ruß hergestellt. Es hatte etwas Magisches, wenn wir Araiba bei der Herstellung der verschiedenen Farben zusehen konnten.

Unvermittelt tauchte Koi hinter Araiba auf. »Was macht ihr?« Araiba strahlte sie an, während Antonia das Gesicht verzog. »Sicher wirst du daheim zum Essen erwartet«, meinte sie mit hochgezogenen Augenbrauen. »Du kannst auch gleich mit uns essen, wenn du magst«, sagte Sylvia versöhnlich. »Heute ist genug für alle da.« Koi trollte sich dankend, nachdem wir uns für den Nachmittag zum Perlenauffädeln verabredet hatten. Antonia war von Kois Auftritt nicht begeistert. Ihrer Meinung nach hätte sie den Alten gegenüber mehr Ehrfurcht zeigen müssen und nicht so hereinplatzen dürfen. Aber Koi war nun einmal ganz anders als Sylvia. Mit ihrem frechen Kurzhaarschnitt, dem spitzbübischen Lächeln und ihrem drahtigen Körper war sie anmutig wie eine junge Raubkatze – und ebenso unberechenbar. In ihren Bewegungen viel schneller als Sylvia und ich, war sie auch an Schlagfertigkeit kaum zu überbieten. Koi strotzte vor Selbstbewusstsein, wohl auch deshalb, weil sie von ihrer Familie vergöttert wurde. Tante Malina wurde nicht müde zu betonen, wie hübsch und gelenkig und schlau ihre Tochter doch sei. Sogar Pulupulu, Großmutter Schildkröte, verwöhnte Koi nach Kräften. Sie war die Erstfrau von Kois Vater Kulapalewa, dem diese ebenfalls auf der Nase herumtanzte. Nur eine Frau am ganzen Fluss war noch schlagfertiger als meine Freundin: Antonia. Vielleicht kamen die beiden deshalb nicht immer so gut zurande. Koi schaffte es, mit einer gezielten witzigen Bemerkung während unserer abendlichen Runden am Lagerfeuer alle zum Lachen zu bringen. Darin war sie kaum zu übertreffen. Selbst große Krieger, die aus den Nachbardörfern nach Mashipurimo zu Besuch kamen, waren von ihrer spitzen Zunge und ihrem Scharfsinn beeindruckt. Kluge Bemerkungen zu machen, war aber eigentlich Antonias Part. Man könnte fast sagen, dass ihr Koi hin und wieder die Schau stahl. Die beiden waren sich, obwohl nur entfernt miteinander verwandt, einfach zu ähnlich. Beide konnten theatralisch werden, wenn es darum ging, den eigenen Willen durchzusetzen, und beide konnten so schnell sprechen und Zusammenhänge erfassen, dass allen anderen schon bald die Argumente ausgingen. Wenn das nicht ausreichte, setzte Koi obendrein gezielt ihren Charme ein. Antonia wäre so etwas nicht im Traum eingefallen. Sosehr ich Antonia liebte und ihren weichen Kern unter der rauen Schale kannte – charmant war sie weniger, dafür direkt, grundehrlich und ungemein klug.

Was Schadenfreude betraf, war Koi ebenfalls nicht zu überbieten. Zum Beispiel dann, wenn ich für etwas verdächtigt wurde, was sie ausgefressen hatte. Koi, die auf Knopfdruck eine heilige Unschuldsmiene aufsetzen konnte, während man mir immer mein schlechtes Gewissen an der Nasenspitze ansah: »Ihhhiiihiii, ich lach mich schief. Die glauben, du hättest das ganze Fladenbrot alleine aufgegessen, dabei habe ich es an die Hunde verfüttert!« Koi hatte heimlich ein fast wagenradgroßes *Wöi* vom Trockengestell gemopst, es an einen dünnen Baumwollfaden gebunden und sich anschließend hinter den Büschen versteckt. Wenn jemand vorbeikam und sich nach dem Brot bückte, hüpfte es wie von Geisterhand weg.

Ein typischer Koi-Streich. Dass sie das schmutzige Brot anschließend an die klapperdürren Dorfhunde, die *Kaikuschis,* verfütterte, war allerdings weniger lustig. Denn frisches *Wöi* war kostbar. Allein seine Zubereitung war ein Heidenaufwand. Und nun hatte Koi mit der beiläufigen Bemerkung: »Wo Katarischi doch sooo gerne frisch gebackenes *Wöi* mag ...«, mir geschickt den Schwarzen Peter zugeschoben. Zwar würde niemand mit mir schimpfen, doch allein der Gedanken, die anderen könnten mich verdächtigen, trieb mir die Tränen in die Augen. Ich beschloss, sie für ein paar Tage wie Luft zu behandeln. Schmollend lief ich zu Antonia. So laut sie manchmal auch zetern mochte, Antonia war die allerbeste Trösterin von ganz Mashipurimo. Ich legte meinen Kopf in ihren Schoß und ließ mir den Nacken kraulen. »Ooooh, Katarischi, nicht traurig sein, morgen vertragt ihr euch wieder.«

»Genau, nimm dir ein Beispiel an uns. Wir sind auch nicht immer einer Meinung, aber wir sind noch nie im Streit auseinandergegangen«, ergänzte Araiba.

Obwohl mich Koi in so manche Sache hineingeritten hat, wusste ich doch, dass sie im Ernstfall für mich durchs Feuer gegangen wäre. Wenn ich mit meinen Eltern ein Lufttaxi bestieg, um für ein paar Tage in die Stadt zu fliegen, war Koi so geknickt, dass sie kaum essen mochte. Während ich mich für kurze Zeit in ein Stadtmädchen verwandelte und ein richtiges Kleid und feste Sandalen überstreifte, stromerte sie missmutig allein durch Mashipurimo. »Sie wäre fast verhungert, wenn du nicht zurückgekommen wärst«, verriet mir Mikulu eines Tages, nachdem Koi und ich uns mal wieder gekabbelt hatten. »Sie hat dich sehr vermisst!« Ohne Koi wäre meine Zeit in Mashipurimo nur halb so erfüllt gewesen.

Inaina spielt auf einer Knochenflöte

Von Mutproben und Martermatten

Bereits in der Morgendämmerung brachen die Männer zur Jagd und zum Fischfang auf. Fast lautlos versammelten sie sich am Flussufer, wo sie ihre Boote mit Schrotflinten, Pfeilen und Netzen beluden. Der Letzte, in der Regel Sylvias großer Bruder Inaina, musste an Land bleiben, um den Einbäumen einen gezielten Stoß zu verpassen, bis sich das Heck schwerfällig und mit kratzendem Geräusch vom Ufersand löste. Bevor die Strömung die Boote erfasste, sprang er in letzter Sekunde an Bord.

Drei, vier, fünf Stechpaddel tauchten synchron in das Dunkel des noch kühlen Wassers ein, während sich die Konturen der dahingleitenden Einbäume für die am Ufer Zurückgebliebenen wie Figuren eines Schattentheaters von dem pastellfarbenen Sonnenaufgang absetzten. Junge Mädchen winkten verstohlen vom Ufer aus ihren künftigen Männern nach und nutzten, nachdem die Boote verschwunden waren, die friedliche Stille für ein Bad im Paru. Altgediente Ehefrauen hatten für so etwas keine Zeit. Auf sie warteten hungrige Kindermägen und Feuerstellen, die für die erste Mahlzeit geschürt werden mussten.

Wenig später bewegten sich sämtliche Dorfbewohner in Richtung Fluss. Die Frauen schöpften frisches Koch- und Trinkwasser in runde Kalebassen oder Aluminiumkessel; erst wenn sie damit fertig waren, durften die Kinder ins Wasser springen. Prustend verrichteten wir unsere Morgentoilette. Gegenseitiges Unterwassertauchen und Wettkraulen gehörten dazu. Die Aparai schwimmen nicht Zug um Zug, sondern paddeln eher in der Art von Hunden. Eine Schwimmtechnik, mit der man es einigermaßen schafft, sich eine Zeit lang über Wasser zu halten, die dafür

Rückkehr von der Jagd – Chico mit reicher Beute

aber auch schon Kinder beherrschen. Die älteren Bewohner von Mashipurimo kamen gemächlich nach. Ein Begrüßungsschwätzchen hier, ein aufmunternder Morgengruß dort, dann hockten sie sich auf die Uferfelsen, wo sie sich in aller Ruhe die Ohren auswuschen, die Zehennägel mit Gräten reinigten oder die Zähne mit spitzen Stöckchen blank polierten. Die meisten besaßen inzwischen sogar eine Zahnbürste. Wer ins Wasser ging, bedeckte sein Geschlecht mit beiden Händen. Die Lendenschurze und Lätze hingen unterdessen wie leuchtende Fahnen im Geäst der Sträucher, während die Sonnenstrahlen unaufhaltsam durch den Frühnebel brachen, bis sie unser Flussdorf in goldgelbes Licht tauchten. Im Hintergrund hörte man das gleichmäßige Tosen der Stromschnelle. Wenn sich Aparai-Wajana oder Tirio aus der Umgebung nach der genauen Lage unseres Dorfes erkundigten, gaben wir ihnen folgende Beschreibung: an der ganz großen Stromschnelle des *Iipömönö* – so heißt der Paru auf Aparai –, oberhalb der zweiten Savanne, einer weitläufigen Lichtung. Anschließend wusste jeder Bescheid.

Am späten Nachmittag oder frühen Abend kehrten die Männer von der Jagd zurück. Manchmal mit reicher Beute beladen, ein anderes Mal reichte es kaum, um alle satt zu bekommen. Erwartungsvoll hockten wir auf den Felsen oberhalb des Naturhafens von Mashipurimo. Von dort aus hatten wir einen grandiosen Blick über die gesamte Bucht. Wer zuerst ein nahendes Boot entdeckte, brach in lautes Rufen aus. Unser Freund Mikulu stand derart unter Spannung, dass er mehrfach Fehlalarm schlug. Er hielt sich für einen besonders guten Späher, worüber Koi und ich unsere Witze machten. Zunächst hielt Adlerauge Mikulu eine schwebende Mücke für ein weit entferntes Boot, danach den Rücken eines Tapirs und am Ende, als er tatsächlich den ersten Einbaum auf dem silbrigen Fluss erspähte, wollten wir ihm nicht mehr glauben. Als das Boot endlich näher kam, erkannten wir Inaina, der uns von Weitem zuwinkte. Er freute sich über das kleine Empfangskomitee. Hinter ihm im Boot stand Chico, Häuptling Kulapalewas erwachsener Sohn und Kois großer Bruder. Er strahlte mit Inaina um die Wette. Sicher hatten die beiden einen guten Fang gemacht.

Nacheinander steuerten die Boote zwischen den Felsen hindurch in unsere Bucht. Bei Niedrigwasser war das eine tückische Angelegenheit, ein Einbaum verzeiht kein Leck. In solchen Fällen behalfen sich die Männer mit Ruderstangen, mit deren Hilfe sie in den Booten stehend den gefährlichen Grund vorsichtig abtasteten.

In schillernden Farben malten wir uns aus, was die Jäger wohl heute an Beute ins Dorf bringen würden. »Einen riesengroßen, fetten Tapir wette ich«, sagte Mikulu. Dabei streckte er die Arme so weit auseinander, wie er konnte. Tatsächlich lag eines der Boote so tief im Wasser, dass er möglicherweise Recht hatte. Doch noch bevor wir sehen konnten, was sich unter der Plane im Bootsrumpf befand, wurden wir wie lästige Fliegen verscheucht. »Schuuuh, schuuh, macht, dass ihr wegkommt«, rief Pulupulu, Großmutter Schildkröte. Wenn sich die Frauen des Dorfes ans Ausweiden der Jagdbeute machten, waren Kinder nicht erwünscht.

Nach einem ausgiebigen Bad im Fluss kümmerten sich die heimgekehrten Jäger um die allerkleinsten Kinder, die ihnen von den Frauen kurzerhand in die Arme gedrückt wurden. Trageschlingen wechselten ihre Besitzer, ein kurzer Schwatz über die Neuigkeiten des Tages, dann zogen sich die Väter mit den Babys ins Dorf zurück. Junge Männer wie Inaina, die noch keine eigenen Kinder hatten, mussten selbstverständlich bleiben, um beim Ausnehmen und Zerlegen der Beute zu helfen.

»Wenn ich endlich mit auf die Jagd darf, werde ich so viel Fleisch zurückbringen, dass uns allen die Bäuche platzen!«, prahlte Mikulu auf dem Rückweg ins Oberdorf.

»Da musst du aber noch viele Mondwechsel warten, bis es so weit ist«, bremste Koi ihn in seiner Euphorie. Die Aparai-Jungen wurden frühestens ab dem achten Lebensjahr von den Männern zur Jagd mitgenommen. Schließlich mussten sie nicht nur gut schießen können, sondern auch weite Strecken durch den Urwald zurücklegen. Ganz zu schweigen von dem beachtlichen Gewicht, das es über Stunden zu schleppen galt. Ein ausgewachsener Tapir, der zwischen 150 und 320 Kilo wiegen kann, brachte selbst gestandene Jäger ins Schwitzen. An Land eher schwerfällig und nur während der Nacht aktiv, verwandeln sich die plumpen Rüsseltiere im Wasser in ausgezeichnete Schwimmer. Und wenn unsere Jäger auf sie zielten, legten sie sogar beeindruckende Tauchfähigkeiten an den Tag.

Dank der Schrotflinten war die Ausbeute der Jagd in den vergangenen Monaten mehr oder weniger konstant gewesen. Nur in der Trockenzeit, wenn die Wälder in der Umgebung arm an Beute und die Flüsse überfischt waren, wurden die Baumwollgürtel in Mashipurimo wieder enger gebunden. Wenn es zum

Frühstück Piranhas gab, war klar, dass die unfreiwillige Fastenzeit ihren Höhepunkt erreicht hatte. In Deutschland gibt es das geflügelte Wort: »In der Not frisst der Teufel Fliegen.« Bei den Aparai hieß es: »In der Not isst man sogar Aasfresser.« Piranhas stürzen sich mit Vorliebe auf das verweste Fleisch kranker oder toter Tiere im Fluss. Bei den Aparai gilt der Fisch deshalb als minderwertig, als »Schwarzbrotkost«.

Doch nach der erfolgreichen Jagd des Tages freuten wir uns erst einmal auf *Alimi*. Das fette Fleisch der Klammeraffen gehörte definitiv zu meinen Leibspeisen. Ein ausgewachsener Affe konnte 10 bis 15 Kilo wiegen und damit mehrere Familien satt machen. Allein beim Gedanken daran lief mir schon das Wasser im Mund zusammen.

Als Antonia zum Affenschmaus rief, hockte der wohlgenährte Inaina bereits auf seinem Sitzbänkchen. Im Gegensatz zu uns, die bequem auf dem Boden saßen, die Beine ausgestreckt, die Füße übereinandergeschlagen, bevorzugte er eine vornehmere Haltung. Araiba war das unumstrittene Oberhaupt der Familie und Chef des Oberdorfs, doch sein Enkel war dabei, in seine Rolle als zukünftiger Ernährer der Familie hineinzuwachsen. Er war geschickt und konnte selbst mit Giftpfeilen umgehen. Wenn Antonia ihn wegen seiner Fähigkeiten lobte, blickte Inaina verlegen zu Boden. Er war zwar ein wenig eitel, worüber wir uns bei jeder Gelegenheit lustig machten, indem wir ihn heimlich »den Schönling« nannten, aber überheblich war er nicht. »So einen fetten Affen habe ich selten gesehen, davon können wir mindestens zwei Tage essen«, freute sich Antonia und fuhr ihrem Enkel anerkennend übers Haar. Araiba war eher auf die truthahnartigen Hokko-Hühner oder Tukane erpicht, da er ihre Federn und Schnäbel sammelte. Daraus stellte er seinen Federschmuck her. Araiba war ein begnadeter Künstler, wenn es um traditionelles Handwerk ging. Er kannte das Geheimnis der besten Bindungen, er kreierte wunderschöne Federkronen, und er war ein Meister der Flechtkunst und Herstellung von Tanzmänteln. Araiba wusste, wo man im Urwald das beste *Äno* (Wildbienenwachs) fand und wie man den perfekten Klebstoff aus verschiedenen Baumharzen kochte. Und er wusste, wie man ganze Kleintiere präparierte, ohne dass sie bei der feuchten Witterung verfaulten. All das hatte er von seinem Großvater gelernt, und der hatte es wiederum von seinem Großvater gelernt und so weiter und so fort.

Auf einmal zog Inaina behutsam ein kleines Vögelchen unter seinem Baumwollgürtel hervor: einen blau-türkis schimmernden Kolibri. Leblos, wie er nun auf Inainas heller Handfläche lag, tat er mir leid. Wie gerne beobachtete ich gemeinsam mit Koi und Sylvia die winzigen Vögel bei ihrer Nektarsuche. Ihre Flügel schlagen derart schnell, dass sie minutenlang in der Luft zu stehen scheinen, während sie mit ihren strohhalmartigen Schnäbeln die süßen Tropfen aus farbenfrohen Blüten saugen. Die Aparai vermochten hunderte Arten von Kolibris zu benennen. Die kleinsten von ihnen messen nicht einmal sechs Zentimeter.

»Der hat aber ein schönes Gefieder!« Araiba strahlte. »Daraus werde ich dir einen Anhänger für dein Federkränzchen machen, mein Junge.« Beim nächsten Tanzfest baumelte das ausgestopfte Vögelchen bereits auf Inainas Rücken. In lebendigem Zustand wäre mir der kleine Kolibri allerdings lieber gewesen.

Über seine Erlebnisse bei der Jagd mussten wir Inaina jedes Wort aus der Nase ziehen. Ganz im Gegensatz zu Kulapalewa übrigens, der nur ein paar Hütten entfernt im Unterdorf wohnte und nie darum verlegen war, seine Taten in den schönsten Farben zu schildern. Besonders am abendlichen Lagerfeuer liefen er und sein Sohn Chico zu Höchstform auf. Kulapalewa hatte offensichtlich das Talent seiner verstorbenen Mutter Oloitö-Ämwani geerbt. Sie war eine der berühmtesten Geschichtenerzählerinnen der Aparai gewesen und hatte noch Sagen aus einer Zeit gekannt, als die *Aparai nönölü*, die Welt der Aparai, ihren Anfang nahm. Flussauf, flussab war ihr Name bekannt, selbst weit über die Grenzen Brasiliens hinaus. Zu ihren Lebzeiten galt Oloitö-Ämwani als »Hüterin des Wissens«, und damit als besonders angesehene Frau. Nach ihrem Tod war sie, die Würdige, die den Schatz der Legenden für die Aparai zusammenhielt, selbst zur Legende geworden.

Kulapalewa und seine Angehörigen hielten mit ihrer Herkunft nicht hinter dem Berg, und ich muss zugeben, sie waren wirklich so gut darin, Geschichten zu erzählen, dass ein ganzes Dorf gebannt an ihren Lippen hing. Während der charismatische Kulapalewa selbstbewusst auftrat, sprach sein Sohn Chico nur mit leiser Stimme und gesenktem Haupt. Chico war von Natur aus eher schüchtern, und es kostete ihn Überwindung, vor einer größeren Gruppe zu sprechen. Diese Schüchternheit behielt er zeitlebens bei, auch, als er nach dem Tod seines Vaters dessen Nachfolge als Häuptling von Mashipurimo antrat.

»Den *Alimi* hier«, wollte Großvater Araiba beim Essen wissen und zeigte auf den Kochkessel, »hast du den mit einem Gewehr oder mit dem Pfeil geschossen?« Inaina war vollauf mit dem Kauen eines zarten Schenkels beschäftigt. Das Fett troff ihm über die Finger und an den Mundwinkeln hinab. Beide Backen prall gefüllt, glich er den Barockengeln, die ich mit meinen Eltern in Belém in einer alten Kirche gesehen hatte. Die *Kräntis*, wie die Aparai die Christen nennen, glaubten an Engel und an Heilige, während die Aparai an Naturgeister und die Geister der Ahnen glaubten. Vielleicht waren diese Engel aber gar nicht so anders als unsere *Jolokos*, überlegte ich, während ich weiter auf Inainas Backen starrte.

»Mit einem Pfeil habe ich den Affen getroffen«, sagte Inaina, als er endlich wieder sprechen konnte. »Aber nur, weil ich Munition sparen wollte, unsere Vorräte sind nämlich fast aufgebraucht.« Araiba tat, als hätte er die letzte Bemerkung überhört. Wohlwollend betrachtete er seinen stattlichen Enkel, dessen kinnlange Haare sich wie ein Rahmen um seine Wangen legten. »Genau wie dein Vater«, sagte Araiba glücklich. »Möge er in Frieden in *Schipatei* jagen. Er konnte sehr gut mit Pfeilen schießen, das können heutzutage nicht mehr viele von uns.« Giftpfeile wurden schon damals nur noch in Ausnahmefällen benutzt, doch bei der Affenjagd hatten sie den Vorteil, dass sie fast lautlos durch die Luft glitten. Während das Donnern eines Schusses sämtliches Wild in die Flucht schlug.

Nach dem Essen bot Araiba seinem Enkel eine selbstgedrehte Zigarre an. Ich staunte. Das hatte er noch nie gemacht. Tagelang flatterten die trockenen Tabakblätter wie Girlanden vor Araibas Hütte im Wind, bis sie verwelkt und schrumpelig waren. Eng zu einer daumendicken Rolle zusammengepresst, ergaben sie eine stattliche Zigarre. Paffend zogen sich die beiden Männer zu einer Unterredung zurück. Als ich hinterherlaufen wollte, hielten Sylvia und Antonia mich mit sanftem, aber bestimmtem Griff an der Schulter zurück. »Pscht, Katarischi«, raunten sie mir zu. »Bleib hier, das ist ein Gespräch unter Männern.«

Inaina hustete ein paar Mal gequält, während ihm Araiba aufmunternd auf die Schulter klopfte. Ein richtiger Mann muss anständig rauchen können. Ohne zu husten. Sylvia schaute mich mit fragendem Blick an und hielt sich die Nase zu. Der Gestank, der zu uns herüberwehte, war wirklich zum Schlechtwerden. Gut, dass Mädchen so etwas nicht machen mussten.

Ungefähr von diesem Tag an veränderte sich Inaina. Es war, als ob er sich auf etwas vorbereitete, wenngleich ich mir nicht vorstellen konnte, was das sein sollte. Er verwandelte sich von einem fröhlichen Teenager zu einem ernsthaften jungen Mann, machte weniger Scherze, sprach seltener mit uns Kindern und verabredete sich stattdessen immer häufiger mit den jungen Männern der anderen Dörfer an der unteren Stromschnelle, um sich »abzuhärten«. Erst später erfuhr ich, was dahintersteckte. Inaina stählte

Junge Aparai-Wajana posieren vor der Kamera

seine Nerven, indem er in einem Boot stehend eine Stromschnelle hinunterfuhr. Der einzige Halt bei dieser waghalsigen Aktion war eine Ruderstange. Es war eine Mutprobe, die die jungen Männer im schlimmsten Fall mit dem Leben bezahlten. Oder mit schweren Verletzungen. Im besten Fall demonstrierten sie durch so eine Fahrt Mut, Ausdauer und Geschicklichkeit. Und das steigerte nicht nur ihr Ansehen, sondern trug auch zu ihrem Wert als künftigem Ehemann bei.

So eine Stromschnellenfahrt mit dem Kanu ist vergleichbar mit dem, was junge Surfer an den besten Stränden der Welt machen, wenn sie sich zum ersten Mal vor den neugierigen Blicken anderer einer Monsterwelle stellen. Entweder sie gehen unter, oder sie schaffen es, einigermaßen heil hindurchzukommen. Inaina wirkte ruhig und konzentriert, und falls er Angst hatte, ließ er sich das nicht anmerken. Was ihm auf der Seele lag, machte er ohnehin meistens mit sich aus.

Als wir eines Tages nach einem Bootsausflug flussaufwärts in Richtung Mashipurimo fuhren, wurden wir Zeugen einer solchen Mutprobe. Jackä, ein Tirio-Indianer, hatte uns begleitet. Er war einer der wenigen seines Stammes, die mit den Aparai eine intensive Freundschaft pflegten. Auch in Mashipurimo war er ein gern gesehener Gast, obwohl die Tirio noch vor gar nicht allzu langer Zeit nicht zu den engsten Freunden der Aparai gezählt hatten. In alter Zeit hatten sie sogar Kriege gegeneinander geführt. Jackä sprach ein ganz passables Niederländisch, da er lange in einem Indianergebiet in Surinam gelebt hatte. Mein Vater und er schwatzten mit Vorliebe auf Holländisch, was sich in meinen Ohren wie eine lustige Halskrankheit anhörte. Mit uns im Boot saßen noch ein paar andere Männer, deren Namen ich nicht kannte. Sie teilten ihre gerösteten Ameisen mit uns, eine beliebte Wegzehrung auf längeren Bootsfahrten. Umgekehrt gaben wir ihnen etwas von unserem Maniokbrot ab, was in Kombination mit den Ameisen sehr lecker schmeckte. Die Chitinpanzer der großen Ameisen knackten schön; wenn man darauf kaute, blieben sie allerdings zwischen den Zähnen hängen.

Bei einer Pause am Flussufer, die man in der Trockenzeit manchmal einlegen musste, um das Boot ein paar Meter über den Landweg zu schleppen, entdeckten wir plötzlich ein kleineres Kanu auf dem Fluss, direkt oberhalb der Stromschnelle. Unentwegt sprudelten die Wassermassen dort zwischen den Steinen hinab, an manchen Stellen gab es gefährliche Strudel, die alles herumwirbelten und nach unten sogen, was in sie hineingeriet. Gespannt blickten wir auf die Stelle, an der ein junger Mann kerzengerade in seinem Boot stand. Ähnlich wie ein Trapezkünstler, hielt er eine lange Ruderstange in den Händen. Im nächsten Augenblick glitt das Boot in halsbrecherischer Geschwindigkeit die Stromschnelle hinab. Das Kanu schlingerte gefährlich hin und her, es war kaum zu glauben, dass der Mann nicht in die Fluten stürzte. Er balancierte alles aus und ging in die Hocke, um die unsanfte Landung abzufedern. Als das Boot ruhigere Gewässer erreichte, schaukelte es zwar noch gewaltig auf und ab und drehte sich einige Male um die eigene Achse, aber es kenterte nicht. Ich war tief beeindruckt, nur die Ruderstange war über Bord gegangen. Unter lautem Gejohle unserer Bootsmänner glitt das Kanu an uns vorbei.

War das nicht Inaina gewesen? Bevor ich mir weitere Gedanken darüber machen konnte, entdeckte Jackä schon den nächsten todesmutigen Kanuten an der Stromschnelle. »Da kommt noch einer«, strahlte er, »schau genau hin!« Das Boot stürzte mit unheimlichem Krachen den Strudel hinab. Durch die Gischt hindurch war zu erkennen, dass der Bootsmann plötzlich verschwand. Ich hielt den Atem an. Endlose Minuten später, das Kanu trieb inzwischen führungslos den Paru entlang, rappelte sich der junge Aparai etwas benommen wieder auf. Offenbar war er während der Schlingerfahrt rückwärts ins Boot gefallen, was ihm möglicherweise das Leben gerettet hat. Wieder Gejohle, diesmal aber etwas verhaltener. Was danach passierte, konnte ich nicht mehr verfolgen, weil die Männer nun unser Boot schulterten, um die gefährliche Passage auf dem Landweg zu umgehen. Ich musste als Einzige nicht aussteigen und blickte von oben auf die starken Schultern der Männer, die unser Boot trugen. Nicht ohne ein paar Witze auf meine Kosten: »Passt nur auf, sie wird sich dran gewöhnen, dass man sie auf Händen trägt.« Einige Male holperte und ruckelte es ganz ordentlich, schließlich war der Weg über Land nicht gerade bequem. Äste und Wurzeln, die zu tückischen Fußschlingen wurden, dazu glitschige Stellen, auf denen man ausrutschen und fallen konnte. Außerdem lauerte allerlei Getier, in das man hineintreten konnte, wenn man nicht aufpasste. Giftschlangen, Skorpione, Spinnen, und im Flachwasser musste man sich sogar vor Stachelrochen und Zitteraalen in Acht nehmen. Letztere teilen unangenehme Stromschläge aus, wenn man ihnen zu nahe kommt. Doch die Aparai waren solche Transporte durchs Wasser und über Land gewohnt, und sie bewegten sich sicher durch das unwegsame Gelände. Dass so ein Einbaumkanu, zumal in beladenem Zustand, tonnenschwer war, schien keinem etwas auszumachen. *Toipä,* so ist das eben. *Kung,* man kann's nicht ändern. *Hock,* wir machen das Beste draus.

Endlich berührte unser Bootsrumpf wieder das Wasser. Mein Vater wischte sich den Schweiß mit einem Stofftaschentuch von der Stirn. Er war heilfroh, dass wir es mit dem schweren Kanu ohne irgendwelche Blessuren über Land geschafft hatten. Auch die anderen Männer lachten erleichtert und klopften sich gegenseitig auf die Schultern. Lautlos glitt unser Boot in Richtung Mashipurimo fort.

»Ich glaube, ich habe Inaina bei einer Mutprobe an der Stromschnelle gesehen«, verkündete ich bei der nächsten passenden Gelegenheit. Großmuter Antonia wurde hellhörig; sie war gerade dabei, frisch geerntete Baumwollflocken zu einem gleichmäßigen Faden zu spinnen. Prüfend betrachtete sie ihren Enkel, doch Inaina sagte kein Wort. Er schien mit den Gedanken ganz woanders, während Sylvia und ich fröhlich weiterplapperten. Die Baumwollspindel aus einer Kalebassenscheibe, die ein Stäbchen aus schwarzem Hartholz umschloss, drehte sich unentwegt in Großmutter Antonias zerfurchten Händen. Die Spindel surrte hoch und runter, hoch und wieder runter, bis ein feiner Faden zwischen Antonias Fingern entstand. War er gleichmäßig und lang genug, wurde er aufgerollt, und der nächste Baumwollbausch kam an die Reihe. Die Prozedur wurde so lange wiederholt, bis so viele Spindeln voll waren, dass man aus den Baumwollschnüren eine Kindertrage, eine Hängematte, einen Gürtel oder was sonst gerade gebraucht wurde, knüpfen konnte.

Inaina klopfte unterdessen mit den Füßen einen Takt auf den Lehmboden. Abwesend spielten seine Finger mit einem Stück des abgerissenen Fadens. Vermutlich ging er in Gedanken noch

Kleinere Stromschnelle in der Nähe von Mashipurimo

einmal die abenteuerliche Fahrt an der Stromschnelle durch. In den kommenden Wochen zog er sich noch mehr zurück, und wir sahen ihn nur selten.

Inainas Reifeprüfung

Eines Tages bemerkte ich eine Ansammlung von Menschen vor Antonias und Araibas Hütte. Darunter entdeckte ich auch Gesichter, die ich nur von Besuchen aus den Nachbardörfern kannte. Was war da los? Ein Fest? Davon hatte mir Antonia gar nichts erzählt. Neugierig kam ich näher. Endlich sah ich Sylvia unter den vielen Menschen. Sie machte ein todernstes Gesicht. So kannte ich sie gar nicht. Sachte schob sie mich in Richtung der Hütte, die mit geflochtenen Palmblättern verhängt, also nicht offen war wie sonst. Sylvia bedeutete mir zu warten und verschwand sogleich wieder zwischen den umherstehenden Menschen. Aus dem Innern der Hütte drang Gemurmel, hin und wieder hörte ich einen spitzen Schrei. »Au, jetzt hat sie mich gestochen!« Und noch mal »Au!« Angestrengt linste ich durch die Löcher in den Palmblättern, und tatsächlich, nachdem sich meine Augen an die Dunkelheit im Innern der Hütte gewöhnt hatten, konnte ich die Umrisse von Antonia, Pulupulu, Malina, Peputo und ein paar anderen Frauen ausmachen. Sie hockten im Kreis auf dem Boden und beugten sich angestrengt über etwas, das ich beim besten Willen nicht erkennen konnte. Wieder ertönte ein schmerzhaftes »Aautsch!« Was immer sie machten, es musste ordentlich wehtun. Zumindest klang es danach.

Endlich nahm mich Sylvia an der Hand und schob mich durch die Menschenmenge, in deren Mitte Inaina hockte. »Hallo, Inaina«, sagte ich leise. Doch er schien mich gar nicht zu bemerken. Das Bänkchen, auf dem Inaina saß, war wunderschön, wenn auch nicht so außergewöhnlich wie die Tierbänkchen mit ihren geschnitzten Köpfen, auf denen nur alte Männer Platz nehmen durften. Es war einfacher gearbeitet, aber mit bunten Mineralfarben bemalt. Die doppelköpfige Raupe *Samarare* setzte sich braunrot vom helleren Holz ab. Diese Riesenraupe war umrandet von schwarzen Linien aus Rußfarbe und eingefasst mit feinen, weißen Pünktchen aus Kalk.

Plötzlich wurde der Palmblättervorhang der Hütte zur Seite geschoben, und Großmutter Antonia trat heraus. Die anderen Frauen folgten. Ihre Gesichter wirkten wie versteinert. In den Händen balancierte Antonia vorsichtig einen Gegenstand, als handelte es sich um etwas Zerbrechliches oder gar Gefährliches. War das ein *Änöpom*, ein Feuerfächer?

Erst jetzt bemerkte ich, wie festlich Inaina gekleidet war. Er trug einen langen, roten Feiertagslatz mit einem prächtigen Perlengürtel darüber. Die feinen Beinfransen an seinen Waden reichten fast bis auf den Boden hinab. Und seine Haut glänzte wie frisch geölt. Auf seinem Kopf thronte das Federkränzchen mit dem Kolibrianhänger. Inaina war herausgeputzt wie ein Felsenhähnchen, und dennoch wirkte er fast demütig und ernst und nicht so vergnügt wie sonst, wenn ein Fest veranstaltet wurde. Inaina saß auf seinem Bänkchen, die Augen gesenkt, die Hände auf den Knien, als würde er meditieren. Auf einmal nickte er leicht. Beinahe unmerklich.

Großmutter Antonia stellte sich hinter ihn und murmelte etwas, das ähnlich klang wie die Schutzformeln, die sie über unser Essen sprach. Dann hielt sie kurz den ominösen Gegenstand in die Höhe: eine geflochtene, mit bunten Federn verzierte Matte, besprenkelt mit unzähligen schwarzen Pünktchen. Die kleinen Federn waren in Streifen und Mustern um das Matteninnere arrangiert. Hellblau, rot und weiß, unterbrochen von schwarzen Streifen. Die gesamte Matte hatte die Form eines Urwaldungeheuers, einer der mythischen Tierfiguren, über die die Alten Geschichten am Lagerfeuer erzählten. »Was für ein schönes Kunstwerk«, dachte ich, ohne dessen Funktion zu erahnen.

»Pssst, da sind *Irako* drauf«, raunte mir Koi zu, die unauffällig zu mir vorgerückt war.

»*Irako?*« Ich zuckte zusammen. *Irako* waren extrem gefährliche Ameisen mit einem Giftstachel. Wer das Pech hatte, von ihnen gestochen zu werden, konnte hohes Fieber bekommen. Im Gegensatz zu den harmlosen *Maikwattos,* diesen kleineren Durchschnittsameisen, die sich mit Vorliebe über unsere Essensreste hermachten, waren die Viecher wirklich bedrohlich. Fanden wir eine größere Ansammlung von ihnen in der Nähe unseres Dorfes, mussten wir das unverzüglich den Erwachsenen melden.

Ich musterte die kunstvoll geschmückte Matte genauer – und tatsächlich: Bei den dunklen Flecken und Pünktchen handelte es sich um eine beachtliche Zahl von Ameisen und Wespen, die die Frauen lebendig in die Martermatte eingewoben hatten. Nach einem Tauchbad in einer Wasserschale waren die Insekten kurz-

Martermatte mit eingewebten Insekten

zeitig betäubt. In dieser Zeit galt es, sie rasch einzuweben, da sie bald umso aggressiver zustechen würden.

Auf einmal ging alles ganz schnell. Sanft drückte Antonia die Matte mit den eingewebten Insekten auf den Rücken ihres Enkelsohns und zog sie gleich wieder zurück. Beim zweiten Mal drückte sie fester. Und fester. Und länger. Ich meinte zu bemerken, dass Inaina zwischenzeitlich die Luft anhielt. Gespannt beobachtete ich jede Regung in seinem Gesicht, doch es war beim besten Willen nicht auszumachen, was er empfand. Kein Laut. Nicht mal ein kurzes Zucken. Nach wie vor ruhten seine Hände vollkommen entspannt auf den Knien. Vermutlich biss er die Zähne zusammen, um nicht loszuschreien. Wie schaffte er das nur, so gelassen zu wirken?

Aufmerksam verfolgten die Zuschauer die schmerzhafte Prozedur. Es war so still, dass man eine Stecknadel hätte fallen hören können. Eine weitere Matte wurde Antonia von den Frauen gereicht. Sie enthielt, das erzählte mir Sylvia später, zappelnde gestreifte Wespenkörper und hatte ebenfalls einen bunten Rahmen aus flauschigen Federn. In ihrer Form glich sie einem doppelköpfigen *Kaikuschi,* einem mythischen Hund oder Jaguar, wenn man es genau nehmen möchte. Diese Matte stand also für Mut und Kraft.

Erst im Nachhinein wurde mir bewusst, welche Qualen Inaina durchlitt, als er von Dutzenden Feuerameisen und Wespen gleichzeitig in den Rücken gestochen wurde. Verzweifelte Insekten im Kampf gegen den Erstickungstod auf menschlicher Haut. Wer weiß, wie schmerzhaft ein einziger Wespenstich ist, kann sich vorstellen, was der arme Inaina, damals nicht älter als dreizehn, vielleicht vierzehn Jahre, bei seiner Initiationsmarter aushalten musste. Bis zum Schluss verzog er keine Miene. Nur ein einziges Mal musste er tief durchatmen.

Antonia trat ein paar Schritte zurück, und nach einer kurzen Pause drückte nun eine Frau nach der anderen eine Martermatte auf Inainas Rücken. Einige pressten ihre Matten nur kurz und vorsichtig auf seine Schultern. Die alte Peputo drückte dafür umso länger und machte damit vermutlich auch das letzte zappelnde und stechwütige Insekt auf dem Rücken des jungen Mannes platt. Ich beschloss, Inaina nie wieder einen »Schönling« zu nennen. Fortan war er für mich Inaina, der Tapfere.

Die Wespen- und Ameisenmarter wurde nur wenige Male und zu besonderen Anlässen im Leben eines Aparai wiederholt, um den jeweils nächsten Lebensabschnitt einzuleiten. Das erste Mal ungefähr im Alter von sechs bis sieben Jahren, das letzte oder vorletzte Mal mit etwa 45 Jahren, dem Eintritt ins Alter. In Ausnahmefällen und auf besonderen Wunsch gab es noch eine letzte Marter danach. Die Abschlussmarter. Bei ihr wurde eine ganz besondere Matte eingesetzt: *Okoimomano,* die schlangenförmige Martermatte. Anstelle der vielen einzelnen Matten wurde ein beinahe zwei Meter langes Geflecht in Form einer Schlange

Schlangenmatte für die letzte Marter

Abschnitt für Abschnitt auf den Rücken des Alten gedrückt. Diese Art der Marter kenne ich aber nur aus den Erzählungen der alten Peputo, deren inzwischen verstorbene Mutter die Letzte im Dorf gewesen war, die eine solche Marter über sich hatte ergehen lassen.

Bei der Kleinkindmarter hingegen wurden nur ungefährliche Ameisen auf Miniaturmatten verwendet. Ganz winzige gelbe Tierchen, die mehr kitzelten, als dass sie ernsthaft zubissen. Nachdem ich gesehen hatte, wie heftig die Marter war, die den Schritt vom Jugendlichen zum Mann markierte, mochte ich mir gar nicht ausmalen, wie die nächste Stufe aussah. Heute weiß ich, dass die traditionelle Initiation in die Welt der Erwachsenen die heftigste aller freiwilligen Folterarten war. Die Quälerei sollte die jungen Männer für zukünftige Aufgaben rüsten. Weichlinge wurden durch die Marter zu guten Jägern und Fischern gemacht, zu mutigen Männern. Bei den Aparai wurden auch Mädchen gemartert, allerdings bei Weitem nicht so schlimm und schmerzhaft wie die Männer. In ihrem Fall diente die Marter dazu, aus ihnen vorbildliche und fleißige Frauen zu machen. Es war eine Prozedur, die kräftigen und abhärten sollte, um Schmerzen zu ertragen und um mit Entbehrungen und Verletzungen besser zurande zu kommen.

Der Überlieferung nach wurde das Marterfest zu Ehren der Webervogelmenschen abgehalten. So erzählte es uns Großmutter Antonia später. Ich mochte die langgestreckten Nester der Webervögel, die wir aus den Zweigen pflückten, wenn sie verlassen in den Bäumen hingen. Und ich versuchte mir vorzustellen, wie die Webervogelmenschen vor langer Zeit den Aparai den Auftrag zur Ameisen- und Wespenmarter überbracht hatten. Kois Vater Kulapalewa hatte schon einmal eine Geschichte darüber erzählt. Und ich beschloss, beim nächsten Mal genauer hinzuhören.

Als sich die Menschenmenge auflöste, blieb Inaina noch eine Weile sitzen. Regungslos. Bis Antonia, Araiba und Sylvia ihm schließlich aufhalfen. Araiba streichelte seinem Enkel kurz über den dichten Haarschopf und tätschelte ihm liebevoll die Wangen: »Jetzt bist du gegen alles gefeit.«

Nach der Marter bekam Inaina hohes Fieber und verbrachte einige Tage in seiner Hängematte. Abgeschirmt von Antonia, die nur Sylvia zu ihrem Bruder durchließ, damit sie ihn mit ausreichend Wasser versorgte. Essen durfte er, soviel ich weiß, in dieser Zeit nicht. Auch zuvor hatte Inaina bereits gefastet, sein Körper war also an Entbehrung gewöhnt gewesen, was die Marter offenbar erträglicher machen sollte.

Als Inaina endlich wieder zur gemeinsamen Runde am Feuerplatz seiner Großeltern erschien, war sein Rücken eine einzige Mondlandschaft. Überall Pickel, Beulen, Kratzer und eitrige Krater. Schnell schaute ich wieder weg. Der Appetit auf die duftende Schildkrötensuppe im Kochkessel von Antonia war mir gründlich vergangen.

Ich wunderte mich im Nachhinein ein bisschen darüber, dass die meisten Aparai und Wajana meine Eltern bei ganz gewöhnlichen Insektenstichen um Wundsalbe oder Ballistol baten; das Waffenöl half nämlich wunderbar bei Sonnenbränden und Insektenbissen. Bei einer Marter hingegen wurden hunderte von Wespen- und Ameisenstichen klaglos in Kauf genommen. War es so anders, wenn man sich freiwillig seinem Leid aussetzte? Als ich mit Koi Blutsbrüderschaft schloss, bekam ich die Antwort darauf. Es war etwas vollkommen anderes, wenn sich der Geist über den Körper erhob.

Majestätischer Regenwald

Märchen, Mythen und Zahnschmerzen

Wenn die Sonne hinter den Baumwipfeln des Urwalds verschwunden war und das Abendrot erst einem tiefen Blau und schließlich dem unausweichlichen Schwarz der bevorstehenden Nacht wich, kehrte Ruhe auf dem Dorfplatz von Mashipurimo ein. Nur ein paar klapperdürre Hunde streiften noch auf der Suche nach Nahrungsresten umher. Hier und da erklang der leise Singsang von Kinderstimmen, vermischt mit dem Klappern der Topfdeckel und dem Prasseln der Feuerstellen. Grillenzirpen und Froschquaken lieferten den Grundton des frühen Abends, unterbrochen vom Krächzen der Aras, die als Haustiere in den Hütten gehalten wurden. Das alles im immer gleichen Rhythmus, im Sommer wie in der Regenzeit.

Im Schein der lodernden Kochfeuer saßen nun alle Familien vor ihren Hütten beisammen. Die Flammen spendeten nicht nur wohlige Wärme an kühleren Abenden, ihr Rauch vertrieb auch die lästigen Moskitos und hielt größeres Getier fern. Während wir vor Antonias Kochstelle hockten, kreiste eine Kalebasse mit Trinkwasser von Hand zu Hand. Jeder nahm einen Schluck daraus, bis sie leer war. Antonia füllte so lange nach, bis der Letzte seinen Durst gestillt oder auch nur seinen Mund ausgespült hatte. Erst dann fischte sie das Fleisch aus dem Kessel, um es reihum zu verteilen.

Mein Abendessen nahm ich genauso ein wie die anderen: Die linke Hand war mein Teller, die rechte das Besteck. Nur ganz alte Aparai-Damen wie Peputo legten großen Wert darauf, ihre Portion aus einer Tonschale mit traditionellem Muster zu essen. Mit spitzen Fingern zermatschte sie das Fleisch und das Maniokbrot

Mein Freund Charly

zu einem undefinierbaren Brei, bevor sie ihn sich in den Mund schob. Urgroßmutter Peputo hatte nämlich empfindliche Zähne.

Wer fertig war, musste warten, bis die Köchin unaufgefordert nachlegte. Nach einem Nachschlag zu fragen, wäre niemandem eingefallen. Während alle noch in Ruhe zu Ende aßen, lachten und palaverten, zogen sich die Eltern mit den kleineren Kindern bereits in ihre Hängematten zurück. Bald erklangen aus den Hütten Schlaflieder, die in sanften Klangwellen zu uns herüberwehten. »*Eimo, eimo pitiko*, kleiner, kleiner Junge ... ich singe dir die Geschichte vom heutigen Fischfang, wo der riesengroße Fisch mitsamt dem Angelhaken fortgeschwommen ist, während wir mit der leeren Angelschnur am Ufer standen und das Nachsehen hatten ...«

Mir gefielen solche Lieder sehr, gesungene Gutenachtgeschichten, die von den Müttern, Vätern oder Großeltern spontan erfunden wurden. Sie waren spannender als die uns vertrauten traditionellen Lieder, weil jede Ballade eine Überraschung versprach. Meist eine, die uns Kinder zum Lachen brachte. Die monotone Melodie und die Wiederholungen der Refrains machten auf angenehme Weise schläfrig. Wenn ein Kind dennoch partout nicht schlafen wollte, kamen die Eltern mit ihrem nimmermüden Schützling wieder in die Runde zurück. Irgendwann würde selbst der wacheste Geist in der Trageschlinge seiner Eltern einschlummern. Kämpfe mit Kindern, die nicht einschlafen wollten, gab es bei den Aparai nicht. Wozu etwas erzwingen, das doch irgendwann von ganz allein passierte?

Nachdem die Letzten mit dem Essen fertig waren, machte man sich auf den Weg zum großen Abendfeuer. Araiba klemmte sein *Merere,* sein Sitzbänkchen, unter den Arm. Malina stapelte ein paar Holzscheite in ihre Rückenkiepe, und Großmutter Antonia legte die Arme stützend um die Hüften der alten Peputo, um sie sachte Richtung Dorfplatz zu schieben.

Gesättigt und mit einem wohligen Gefühl im Bauch schlenderten Sylvia, Koi und ich den Erwachsenen hinterher. Am großen Lagerfeuer hockte bereits Anakalena, der uns mit einem freundlichen Winken begrüßte. Sein Sohn Charly war auch schon da. Emsig schnitzte er an fingerdicken Holzstäben herum, bis sie annähernd so aussahen wie Speere. Um seinen Sitzplatz herum hatte sich ein Kranz aus feinen Holzspänen gebildet. Mikulu musterte Charly mit glänzenden Augen, es war ihm anzusehen, wie sehr er den Älteren bewunderte. War ein Speer fertig, brannte Charly mit glühenden Holzspänen Muster in die Stäbe. Zickzacklinien zogen sich über das runde Holz, unterbrochen von kleinen Punkten. Er war ein richtiger Künstler, was das betraf. Vermutlich wollte er mit den neuen Speeren auf Leguanjagd gehen. So ein dicker, grün schillernder Leguan war eine willkommene Abwechslung auf unserem Speiseplan. Reptilienfleisch schmeckt ein wenig wie Huhn, nur etwas zarter. Vor allem aber war so ein Leguan eine gute Beute für Jungen, die ihre Technik verbessern wollten, bevor sie zur richtigen Jagd in den Urwald mitgenommen wurden.

Charly pustete die Holzspäne fort und rückte mit seinem Tunnelbänkchen ein wenig nach hinten. Dankbar über diese freundliche Geste, hockten wir uns neben ihn. Wer Glück hatte, bekam ein Stück Baumstamm als Sitz ab, andere machten es sich auf geflochtenen Palmblättermatten bequem. Zur Not setzte man sich direkt auf den blank gefegten Lehmboden.

Langsam füllte sich der Dorfplatz wieder mit Leben. Der Kreis um das Lagerfeuer erweiterte sich zusehends. Alte Damen und

Herren saßen neben kleinen Kindern, junge Frauen hockten neben Besuchern aus den Nachbardörfern, und die Jugendlichen rückten enger zusammen, um ungestört tuscheln zu können. In regelmäßigen Abständen brachen sie in hysterisches Kichern aus, über das die Erwachsenen mit leicht verwundertem Kopfschütteln hinwegsahen. Teenager benehmen sich, ungeachtet ihrer Herkunft, anscheinend überall auf der Welt ähnlich. Auch meine Eltern gesellten sich nach ihrem Abendbrot zu uns. Nicht selten begrüßte mich mein Vater mit einer Bemerkung wie dieser: »Ach, Cathrinchen, gibt es dich auch noch? Ich habe dich ja schon so lange nicht mehr gesehen, dass ich dachte, die Piranhas hätten dich aufgefressen.« Allgemeines Gelächter.

»Tja, wenn ihr auch mal so lecker kocht wie wir, dann kommt sie vielleicht wieder öfter zu euch. Sie mag nämlich am liebsten Affenfleisch. Sie weiß halt, was gut schmeckt.« Wieder schallendes Gelächter.

Im Hochsommer, wenn die Zikaden am lautesten zirpten und es langsam Zeit wurde, die überreife Baumwolle auf den Feldern zu pflücken, verlegten wir das große Lagerfeuer an manchen Abenden auf die mächtigen Felsbänke am Fluss. Das war natürlich nicht ganz so traditionell wie unser Feuer in der Dorfmitte, aber umso schöner, weil wir es uns auf den Felsen so richtig bequem machen konnten. Von hier aus hatten wir einen sagenhaften Blick über die gesamte Bucht. Der steinige Grund, auf dem wir saßen, strahlte noch lange Wärme ab. Wenn man so möchte, eine indianische Fußbodenheizung. Das Rauschen der großen Stromschnelle lieferte die Hintergrundmusik für die Geschichten, die nun erzählt wurden. Manchmal ersetzte allerdings auch die Musik eines Plattenspielers das Gutenachtpalaver. Zumindest so lange, bis die Platte einen Sprung hatte oder die Technik ihren Geist aufgab, was aufgrund des Klimas in der Regel nicht sehr lange auf sich warten ließ. Die Plattenspieler waren billige Mitbringsel, die reisende Urwaldhändler oder *Kaboklos* den

Aparai als Handelsware gegen Felle oder eine Bootsladung Wild aufschwatzten; ein gutes Geschäft für die Aparai war das selten. Doch wer einen Plattenspieler oder ein Transistorradio besaß, war zumindest für kurze Zeit ein Held. Araiba war heilfroh, wenn die Dudelei endlich vorbei war und wieder Geschichten erzählt wurden. Mit diesen modernen Errungenschaften konnte er – von Ausnahmen abgesehen – nämlich nur wenig anfangen. Dass die kaputten Geräte samt Batterien anschließend im Urwald landeten, ist eine andere Geschichte.

Kino für die Ohren

Eines Abends schloss Anakalena die Augen, legte seine Hände in den Schoß und begann mit ruhiger Stimme von den Anfängen der Welt zu erzählen. Wir wagten kaum zu atmen, und bis auf das Knacken und Prasseln des Feuers in unserer Mitte war kein anderer Laut zu vernehmen.

»Vor langer, langer Zeit war der Himmel ein großer runder Kreis, der von Himmelsträgern gehalten wurde. Gigantische Männer und Frauen, die den Himmel gemeinsam über ihren Köpfen trugen. In der Mitte des Himmels befand sich ein großer See, in dem gefährliche und mächtige Wasserungeheuer lebten. Diese Ungeheuer waren für Menschen nicht weiter bedrohlich, da sie sich ausschließlich von Pflanzen ernährten. Unter den Füßen der mächtigen Himmelsträger befand sich ein weiterer Kreis, die Erdscheibe, auf der die Aparai der alten Zeit lebten. Unsere Vorfahren. Damals lebten die Aparai noch in großer Zahl auf der Erde.«

Anakalena legte eine Kunstpause ein. Wir ahnten, weshalb. Alle hatten schon einmal von der Zeit der großen Kriege gehört, in der die Stämme einander überfielen, die Menschen sich gegenseitig erschlugen oder mit Pfeilen beschossen, bloß weil sie der Sprache der anderen nicht kundig waren. Auch hatte uns Peputo schon einmal von der Zeit der großen Wanderungen erzählt, in der viele Völker unterwegs Naturgewalten, Krankheiten und Entbehrungen zum Opfer gefallen waren. Wir hatten auch von den Morden an unseren Brüdern und Schwestern in jüngerer Zeit gehört. Holzfäller, Straßenbauer, Goldsucher, Großgrundbesitzer, Tagelöhner und Missionare, die ganze Dörfer mit ihren Krankheiten ansteckten, was für die Aparai und deren Nachbarvölker nicht selten tödlich endete. Dies waren Bedrohungen, in deren Bewusstsein auch wir lebten.

Anakalena beschrieb mit seinem Zeigefinger einen Kreis in der Luft, um seiner Erzählung ein wenig Nachdruck zu verleihen, dann fuhr er fort: »Um den Erdkreis, auf dem unsere Vorfahren lebten, zog sich ein gewaltiger Kranz aus Feuer. Seine mächtigen Flammen loderten Tag und Nacht. Sie waren unauslöschbar und schlugen so hoch, dass niemand sie überwinden konnte. Das war der große Feuerkranz der alten Zeit.«

Ein Holzscheit unseres Lagerfeuers knackte plötzlich so laut, dass wir alle erschrocken zusammenfuhren. Über Anakalenas Gesicht huschte ein Lächeln. Er genoss die Aufmerksamkeit, die wir ihm und seinen Geschichten entgegenbrachten. Flüsternd fuhr er fort: »Vom Osten bis zum Westen erstreckte sich der Lauf der Sonne, in Form des mythischen *Jakare*-Kanus. Und genau so verhielt es sich mit dem Lauf des Mondes.« Anakalena ritzte mit einem Stöckchen ein lang gezogenes Kanu in den Boden. In meinen Augen hatte seine Zeichnung eine gewisse Ähnlichkeit mit einem Krokodil. Koi und ich spitzten die Ohren. Jenseits des Himmels- und des Erdkreises gab es noch eine weitere Welt, die für die Lebenden jedoch tabu war: *Schipatei*. Die Schattenwelt oder das Reich der Toten. Jener Ort, an dem die Verstorbenen als Schatten weiterlebten. In einigen Geschichten wurde *Schipatei* als die Stadt der Toten bezeichnet, in anderen Erzählungen befand sich *Schipatei* auf einer Insel. Der Insel der Ahnen. In jedem Fall aber lag dieses Schattenreich jenseits des Kreises der Himmelsträger. Ich versuchte, mir bildlich vorzustellen, wie es wohl wäre, wenn die Menschen, die nicht mehr unter uns weilten, in die Schattenwelt hinüberglitten. Den Gedanken, dass wir nach unserem Tod als Schatten weiterlebten, fand ich als Kind beruhigend. Bei den Aparai hatte keiner Probleme mit dem Altern und dem Tod. Für sie waren die Geburt und der Abschied nur Stationen eines ewigen Kreislaufs. Anakalena malte uns in den schönsten Farben aus, wie das Schattenleben für die Verstorbenen in *Schipatei* weiterging. Dort wurde niemand älter, auch gab es weder Krankheiten noch Hunger. Und die Schattenmenschen, deren Hütten von immergrünen Palmblattdächern bedeckt waren, hatten genug Zeit, um auf ihren Flöten zu spielen und sich den schönen Dingen des Lebens zu widmen. Was für ein friedliches Dasein. Aber bevor wir in Träumereien versinken konnten, nahm die Geschichte eine dramatische Wendung.

Die Stimme unseres Erzählers wurde auf einmal schneidend: »Neben unserer Welt und der schönen Schattenwelt im Jenseits gab es nämlich noch einen weiteren Ort, an den jene Menschen gelangten, die zu Lebzeiten schlecht waren. Böse und durchtriebene Menschen, die anderen übel mitgespielt hatten, kamen an den Ort des schlechten Manioks, ob sie wollten oder nicht. Niemand konnte sich dagegen wehren. *Sänoto nümölö*«, betonte Anakalena mit Nachdruck, sehr böse und hinterhältige Menschen. Mahnend erhob er seinen Zeigefinger und schüttelte den Kopf. Es lohnte sich also nicht, schlecht zu sein, denn schlechten Maniok mochte niemand. Das leuchtete auch uns Kindern ein.

Anakalena deutete nun auf die Erde unter unseren Füßen. Er fragte, ob einer von uns wisse, was sich vor langer Zeit dort unter der Erdkruste befunden habe. Alle schüttelten den Kopf, auch die größeren Kinder, die diese Geschichte ganz sicher schon auswendig kannten. »Würmer?«, fragte Mikulu verhalten. Alle lachten. Anakalena schüttelte den Kopf, nein, nein, er meinte ganz unten, wo keine Würmer, keine Käfer und keine Wurzeln mehr

hinkamen. Ratloses Schweigen. Und dann erzählte uns Anakalena von den Wassermenschen, die dort vor langer Zeit gelebt
hatten. Die Wassermenschen ähnelten den Aparai, nur dass sie
eine viel hellere Haut hatten und ganz lange Haare. Manche
Aparai und Wajana nahmen sogar auf deren Herkunft Bezug,
indem sie sich als Nachfahren der »aus dem Wasser Gekommenen« bezeichneten.

Die verschiedenen Scheiben, das Wasserreich, die Erdscheibe,
die Welt und das Himmelszelt waren durch einen gewaltigen Urbaum miteinander verbunden, den *Kumaka*-Baum der Aparai
der alten Zeit. Er wuchs am Rande des Erdkreises empor, und
seine Äste reichten bis in den Himmel. Dazwischen herrschten
die Urkräfte des Feuers und des Windes. Beide konnten sich vollkommen frei zwischen den verschiedenen Ebenen bewegen und
großes Unheil anrichten, wenn die Menschen einmal nicht Acht
gaben. Die Erdscheibe, auf der die Menschen lebten, war von einem großen, nicht enden wollenden Wasser umgeben. Ich kam
ins Grübeln. War das vielleicht der Ozean, von dem mir meine
Eltern erzählt hatten? Über den wir von Europa nach Südamerika gefahren waren?

Bevor ich Gelegenheit hatte nachzufragen, fuhr unser Ge-
schichtenerzähler fort. Über all dem waltete eine allmächtige
Schöpferkraft. Sie war Teil des Universums und wurde nur indi-
rekt erwähnt. Der »Liebe Gott« wurde also ursprünglich weder
personifiziert noch namentlich benannt, wie etwa bei den Christen. Und dennoch gab es im uralten Verständnis der Aparai eine
Macht, die über alle Geister und Gewalten herrschte, innerhalb
wie außerhalb des Kreises. Die ein wachsames Auge auf alles hatte, was sie in grauer Vorzeit geschaffen hatte, wie uns Anakalena
wortreich versicherte.

Vielleicht sind es solche Parallelen zwischen den indianischen
Ursprungsmythologien und dem Christentum, die es Missionaren jeglicher Couleur so einfach machten, die Indianer am

Das »Tonstudio« meines Vaters

Amazonas zu bekehren. Beide glauben an eine Schöpferkraft, eine Art Paradies, Himmel und Hölle. Den Unterschied zwischen Gut und Böse, Recht und Unrecht, Versöhnung und Vergebung. Ich werde manchmal gefragt, weshalb sich die Indianer nicht gegen das fremde Gedankengut wehrten, um ihr eigenes zu erhalten, das sie sich über Jahrhunderte, wenn nicht sogar Jahrtausende hinweg bewahrt hatten. Einige Missionare lockten mit materiellen Dingen, wenn man nur regelmäßig das Wort Gottes hörte, andere bauten regelrechte Drohkulissen auf und bedienten sich dabei alter Mythen der Aparai, die sie für ihre Zwecke umdeuteten.

Weshalb mich die Geschichten am Lagerfeuer als Kind dermaßen in ihren Bann zogen, so dass ich noch lange Zeit an sie denken musste, war die Art und Weise, wie Anakalena sie vortrug.

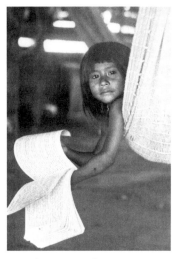

Besuch im Gartenhaus

Natürlich deklamierte er sie viel wortreicher und blumiger, als ich das heute wiederzugeben vermag. Und seine sparsam dosierten, aber überaus wirkungsvollen Gesten taten ein Übriges, damit wir ihm bei seinen Schilderungen vom ersten bis zum letzten Wort an den Lippen hingen. Das Problem an den wenigen indianischen Geschichten, die es heute zu lesen gibt, manche davon sogar von Reformtheologen aufgeschrieben, ist ihr Mangel an Gesten. Im Grunde genommen müsste man sie als Film oder Theaterstück vorführen, wollte man ihre besondere Stimmung auch nur annähernd wiedergeben.

Mein Vater nahm solche Mythen regelmäßig auf Tonband auf. Er verglich diese Geschichten mit jenen, die er bei früheren Besuchen aufgezeichnet hatte. Um sie anschließend Seite für Seite mit einer mechanischen Schreibmaschine abzutippen und in Lautschrift auf Papier zu bringen, damit sie für die Nachwelt erhalten blieben. Das metallische Klappern der Tastatur hallte mitunter bis tief in die Nacht aus seiner Arbeitshütte am Rande der Pflanzungen.

Neben Anakalena war auch Kois Vater Kulapalewa häufig zu Gast im »Teehaus«. Auch er vermochte beeindruckende Geschichten von der alten Welt wiederzugeben. Natürlich hatte jeder Erzähler die Eigenart, seine Geschichten ein wenig anders auszuschmücken. Und je nach Herkunft der Vorfahren variierten sie. Im Himmel von Kois Vater lebten zum Beispiel auch Geier. So hatte er es von seiner Mutter Oloitö-Ämwani gelernt, der berühmten Geschichtenerzählerin. Und als der mächtige Urbaum zur Erde fiel, kamen mit ihm auch die fliegenden Aasfresser herab.

Mit ihren Geschichten hielten es die Aparai in etwa so wie etliche andere Kulturen mit ihren Glaubensüberlieferungen. Ganz gleich ob Christentum, Judentum, Islam, Hinduismus oder Buddhismus – jede Glaubens- oder Kulturgemeinschaft blickt auf einen gemeinsamen Kern zurück, doch jeder interpretiert ihn ein wenig anders.

In dieser Nacht kam ich kaum zur Ruhe. In meinen Träumen wimmelte es nur so von Riesen, die den Himmel über ihren Köpfen trugen, und hellhäutigen, langhaarigen Wassermenschen, die unter unserer Erdscheibe lebten. Anstelle von Nasenlöchern hatten sie Kiemen, und ihre Haut war von perlmuttfarbenen Schuppen überzogen. Bei der nächsten Gelegenheit mussten Koi und ich uns unbedingt auf die Suche nach ihnen begeben …

Den gemeinsamen Runden am prasselnden Großfeuer fieberte ich fortan entgegen. Nach so einem Abend am Lagerfeuer ging man beschwingt wie nach dem Besuch eines guten Theaterstücks nach Hause. Während meine Tochter mir noch nach Wochen vorschwärmt, wie gut ihr »Der Zauberer von Oz« gefällt oder das Märchen vom gestiefelten Kater, waren es jene Aparai-Mythen aus der alten Zeit, die mich in ihren Bann zogen. Sie hießen »Die Geschichte von den Wassermenschen«, »Die Rache des Urwaldungeheuers Tamoko« oder »Das Märchen von den Himmelskletterern«. Sie steckten voller Überraschungen und unvorhersehbarer Wendungen und vermittelten uns ganz nebenbei den uralten Glauben der Aparai. Es waren Geschichten voller Magie und Poesie, die mündlich von Generation zu Generation weitergegeben wurden. Eine eigene Schriftsprache hatten die Aparai nämlich nicht.

Die Vertreibung aus dem Paradies

Koi und ich waren begeistert, als wenige Wochen später eine weitere Geschichte aus der alten Zeit zum Besten gegeben wurde. Für uns war das in etwa so, als würde die nächste Folge einer spannenden Serie im Fernsehen laufen. Oder als würde der lange erwartete zweite Band eines Romans endlich in die Buchläden kommen.

Wir erfuhren in diesen neuen Geschichten, dass die Aparai-Männer in der alten Zeit an einer Liane den *Kumaka*-Baum in Richtung Himmel emporkletterten, um dort auf die Jagd zu gehen. Es gab so viele Vögel und Wild, dass die Jagd ein reines Kinderspiel war. Kaum dort angekommen, hatten sie schon reichlich Beute erlegt. Schwer beladen kehrten sie wieder auf die Erde zurück, wo sie von ihren Familien sehnlich erwartet wurden. Das ging eine ganze Weile lang gut, kein Aparai musste Hunger leiden, und alle wurden satt. Das Leben in jener Zeit war leicht und schön. Eines Tages aber stürzte der Urbaum um. Mit einem gewaltigen Krachen donnerte er zu Boden, und fortan waren Himmel und Erde voneinander getrennt. Über die Ursache des Baumsturzes gab es verschiedene Theorien, die Geschichte wurde an dieser Stelle von jedem Erzähler ein wenig anders interpretiert.

Eine Variante, die in meinen kindlichen Ohren sehr überzeugend klang, ging so: Vor langer, langer Zeit lebte einmal ein Jäger, der zwei Frauen hatte. Wenn er mit reichlich Jagdbeute beladen an der Liane vom Himmel auf die Erde hinabkletterte, bedachte er seine junge Zweitfrau mit den schmackhaften Vögeln, während seine ältere Erstfrau höchstens ein zähes Rebhuhn abbekam. Die Ältere ertrug diesen ungerechten Zustand eine Zeit lang klaglos, doch sie grämte sich jeden Tag mehr. Irgendwann kochte sie über vor Zorn. Da nahm sie sich ein Steinbeil und schlug den Baumstamm einfach mittendurch.

Der Sturz des riesigen Baumes löste eine gewaltige Katastrophe aus. Es folgten eine lange, tiefdunkle Nacht und ein eiskalter Sturm, der Menschen und Tieren gleichermaßen zu schaffen machte und viele von ihnen tötete. Mit dem Baum fiel auch die große Schlange zur Erde hinab, die bis dahin friedlich in seiner Krone gelebt hatte und fortan zur Bedrohung für die Menschen wurde.

Ich hatte schon eine richtige Gänsehaut, aber die Geschichte war noch lange nicht zu Ende: Als der Himmel nicht mehr mit der Erde verbunden war, begann

Gehäuteter Mekku-Mekku-*Affe*

er emporzusteigen, so hoch, bis er unerreichbar für die Menschen wurde. Die *Mekku-Mekkus,* die kleinen Affen, gerieten in helle Panik, als sie bemerkten, wie der Himmel entschwand. Ihr Affen-Häuptling befahl ihnen, umgehend ein hohes Gerüst zu bauen, um den Himmel festzuhalten. Doch sämtliche Mühen sollten vergeblich sein. Als die *Mekku-Mekkus* endlich oben ankamen, zog ein gewaltiger Sturm auf, der das Gerüst mit Leichtigkeit hinfortfegte, so dass alle Affen zu Boden fielen. Dabei zogen sie sich zahlreiche blaue Flecken zu. Man kann sie bis heute an den Bäuchen der Affen sehen, wenn man sie vor dem Kochen mit heißem Wasser überbrüht, um sie besser häuten zu können.

Die Menschen waren verzweifelt, als sie begriffen, dass von nun an keiner mehr in den Himmel hinaufklettern konnte. Anstelle der beutereichen Jagdgründe dort oben mussten sie von nun an auf die mühsame Jagd in den Urwald gehen.

Als Anakalena seine Erzählung beendet hatte, nahm er ein paar Holzscheite und legte sie in die Glut. Es dauerte eine Weile, bis das Schweigen durchbrochen wurde, jeder schien seinen Ge-

danken nachzuhängen. Den Kopf voller Eindrücke, schlenderten wir in unsere Hütten zurück. Das große Lagerfeuer in der
Dorfmitte wurde kleiner und kleiner, am Morgen war nur noch
ein Häuflein Asche übrig, das sorgfältig weggefegt wurde. Da
meine Beine zu müde zum Laufen waren, trug mich Sylvia auf
dem Heimweg Huckepack. Als wir die Schlafhütte von Antonia
und Araiba passierten, flackerte dort bereits das kleine Nacht-
feuer. Sylvias Bruder Inaina hatte es entfacht. Die Frauen standen mehrmals in der Nacht auf, um frisches Holz nachzulegen.
Mit etwas Glück hielt sich die Glut bis zum Morgengrauen. Der
harzige Holzrauch vertrieb die Moskitos, dafür wurde die ganze Nacht gehustet. Aber das war das kleinere Übel.

Die Tapferkeit der Jaguare

Im Pfahlbau meiner Eltern brannte in den Nächten hingegen
kein Feuer, keiner hustete, und als Lichtquelle am Abend diente
einzig unsere bauchige Petroleumlampe, die zwar keinen Rauch,
dafür aber einen penetranten Gestank verbreitete. Unsere Hängematten waren wegen der Stechmücken von luftigen Moskito-
netzen umhüllt. Am Morgen wurden sie zu einem Knoten ge-
dreht in die Balken gehängt, damit sich keiner darin verfing.
Zum Schutz vor wilden Tieren und feindlichen Eindringlingen
hielt mein Vater in der Nacht seinen Revolver griffbereit. Im
Gebälk unseres Dachs knisterte und knackte es leise, wenn sich
die Fledermäuse zu ihrem Nachtflug aufmachten und mit kaum
merklichem Flattern aus unserer Hütte entschwanden. Fette Ta-
ranteln krabbelten lautlos über unseren Köpfen an den Dachbalken entlang. Dort lauerten sie auf kleinere Insekten, doch das
störte nicht weiter, wenn man sich erst einmal an ihren Anblick
gewöhnt hatte. Einige davon waren tellergroß und schwarz behaart. Ein Meer aus Kröten bedeckte die Erde unter unserem

Pfahlbau, was ebenfalls nicht weiter schlimm war, wenn man nachts nicht in die Büsche musste. In so einem Fall war es ratsam, ordentlich mit den Füßen auf die Erde zu stampfen, damit die Kröten forthüpften. Half das nicht, fegte man sie wie kleine Fußbälle beiseite. Wenn man Pech hatte, ahnten die Kröten, was ihnen bevorstand. Wenn sich die warzigen kleinen Ungeheuer bedroht fühlten, bespritzten sie ihr Gegenüber mit einem giftigen Sekret. Und das juckte ganz fürchterlich und war eine durch und durch ekelige Angelegenheit. Um das zu vermeiden, standen in unserer Hütte Nachttöpfe unter den Hängematten. In den Augen der Aparai eine völlig unnötige Erfindung. Keiner von ihnen fand es tragisch, mitten in der Nacht vor die Hütte zu müssen, wenn die Blase drückte. Und wenn man dabei zufällig auf eine Kröte oder eine Schlange trat, dann war das eben so. *Toipä.*

Vor dem ersten Hahnenschrei war Großvater Araiba schon wieder mit dem Schüren des Kochfeuers beschäftigt. Er trug die Glut des Nachtfeuers zu Antonias Kochhütte hinüber und streute ein Häufchen aus leicht entzündbarem Material darauf – Rindenstücke, Baumwollflocken und Holzspäne, die in den vergangenen Tagen bei der Hausarbeit angefallen waren. Neugierig hockte ich mich neben ihn, um zu lernen, wie man einen Holzstapel zum Brennen brachte. Es war noch frisch draußen, und der Frühnebel umgab uns wie ein kalter Mantel. Heute waren wir die Ersten, die so früh auf den Beinen waren.

Anstelle eines Guten-Morgen-Grußes stupste ich Araiba mit der Schulter an. Geduldig zeigte er mir, wie man mit etwas Geschick die Holzscheite um die Glut herum zu einer perfekten Pyramide stapelte. Er machte den Anfang, ich vollendete den Rest. Dickere Holzscheite bildeten das Gerüst, während der Bauch der Konstruktion nach und nach mit Rindenstückchen aufgefüllt wurde, die, von der Glut angesteckt, schon bald zu qualmen begannen. Behutsam wedelte Araiba nun mit seinem Feuerfächer von unten etwas Luft in den Pyramidenbauch. Nahrung für die

Geister der Flammen, wie er mir mit einem verschwörerischen Lächeln verriet. Araiba konnte sogar mit einer Art Holzquirl Funken erzeugen, während meine Eltern dafür Streichhölzer benötigten. Als ich ihn bat, mir zu zeigen, wie man das machte, drehte er mit Hilfe eines Fadens ein feines Stöckchen zwischen seinen beiden Handflächen so lange hin und her, bis sich an dessen Spitze schließlich feiner Qualm nach oben kräuselte. Wie von Geisterhand flackerte kurz darauf ein winziges Flämmchen auf. Zufrieden betrachtete Araiba sein Werk.

Zwanzig Jahre später, kurz nach meiner Rückkehr an den Paru, begab ich mich nach einer schlaflosen Nacht in aller Frühe auf den Weg zum Fluss. Alle schliefen, einzig Araiba war schon auf den Beinen. Mit einer vertrauten Geste winkte er mich zu sich, während er flink ein paar Holzscheite aufschichtete. Voller Stolz zog er etwas aus seinem Gürtel: ein neongrünes Plastikfeuerzeug. So haben sich die Zeiten inzwischen geändert.

»Erzählst du mir eine Geschichte?«, bettelte ich, als wir es uns beide am Frühstücksfeuer bequem gemacht hatten. Antonia hatte einen Kessel mit frischem Wasser auf das Kochgerüst gestellt und war noch einmal zum Fluss gegangen, um in Ruhe zu baden, bevor alle anderen aufwachten. Zuvor hatte sie mir einen Schmatzer auf die Stirn gedrückt und mich aufmunternd in die Rippen geknufft. Araiba hatte beiläufig erwähnt, dass ich heute zum ersten Mal Feuer gemacht hatte. »Ganz allein hat sie das geschafft!«, was natürlich ein wenig geflunkert war. Antonia lächelte mir anerkennend zu und machte sich dann auf zum Baden. Sylvia lag noch in ihrer Hängematte, Araiba und ich hatten wieder unsere Ruhe. Großvater Araiba begann, ein paar am Vortag geerntete Erdnüsse zu schälen, die anschließend fürs Frühstück geröstet wurden. Und währenddessen erzählte er mir die Geschichte von den Erdnusszähnen: »Vor langer, langer Zeit setzte der große Schöpfer den Jaguaren und den Menschen schöne starke Zähne aus Bergkristall in die Kiefer ein. Das tat natürlich furchtbar weh, doch die mutigen Jaguare hielten diesen Schmerz ohne Wehleidigkeit aus. Ihre neuen Zähne funkelten in der Sonne und waren so hart wie Stein. Ganz anders die Menschen. Sie jammerten und beklagten sich die ganze Zeit über die furchtbaren Schmerzen, die das Einsetzen der Kristalle verursacht hatte. Und so kam es, dass der große Schöpfer sich diese Wehklagen eine Weile anhörte und ihnen schließlich die Bergkristalle wieder aus dem Mund nahm. Anstelle der steinharten Kristalle setzte er den Menschen nun weiche Erdnüsse ein. Das tat nicht weh, und die Menschen freuten sich. Doch der große Schöpfer, erbost über die Weinerlichkeit der Menschen, sagte zu ihnen: ›Noch eure Kinder, Enkel und Urenkel werden weiche Zähne haben, während sich die Nachfahren der Jaguare harter und starker Zähne erfreuen werden.‹«

Araiba reichte mir eine Handvoll frisch gerösteter Erdnüsse. »So ist es nicht weiter verwunderlich, dass viele Aparai Löcher in ihren Zähnen haben und ihnen die Zähne ausfallen, abbrechen oder verfaulen.«

Sylvia reckte gerade ihren Kopf aus der Hängematte, als ich aufsprang und an ihr vorbeirannte. Die Erdnusszahngeschichte musste ich unbedingt bei Koi loswerden. Bestimmt würde sie ihr gefallen. Falls sie sie nicht schon kannte. Auf mich hatte Araibas Geschichte jedenfalls großen Eindruck gemacht. Jedes Mal, wenn ich nun jemandem mit einer Zahnlücke begegnete oder alte Leute mit verfaulten oder abgebrochenen Zähnen sah, musste ich an die Wehleidigkeit unserer Vorfahren denken. Wie viel besser wäre es gewesen, wenn die Menschen ihren Schmerz klaglos ausgehalten hätten, so wie die tapferen Jaguare! Und obwohl ich beschloss, künftig besser auf meine Zähne Acht zu geben und sie gründlich mit einer Zahnbürste zu putzen statt nur mit einem Kratzstöckchen, mussten mir nach unserer Rückkehr nach Deutschland sämtliche Backenzähne plombiert werden.

Puppenstube im Urwald – Sylvia mit Alicechen und ich mit Kalijaku

Die Geschichte von Kalijaku

Die Parabel von den tapferen Jaguaren und den wehleidigen Menschen spukte noch eine Weile in meinem Kopf herum, als mich nicht lange darauf eine neue Geschichte in ihren Bann zog: das Märchen »Bambi« von Felix Salten, mit Zeichnungen von Walt Disney. Für mich machte es als Kind keinen Unterschied, ob ich traditionelle Mythen aus dem Urwald hörte oder Märchen, wie sie die Kinder in Europa und Amerika kannten. Beide fand ich gleichermaßen spannend, zumal, wenn es sich um Erzählungen aus dem Tierreich handelte. Besonders Rehe – *Kapaus*, wie sie im Urwald hießen – hatten es mir angetan.

Meine Mutter hatte eine Reh-Brosche, die ihr heilig war, obwohl sie eigentlich nur aus einem briefmarkengroßen Stückchen versilbertem Blech bestand. Dieser Anstecker gehörte zu den wenigen Habseligkeiten aus Deutschland, die meine Mutter als Erinnerung an ihre eigene Kindheit mitgenommen hatte. Das versilberte Schmuckstück war ein Geschenk ihres Vaters gewesen. Eine der ganz wenigen Kostbarkeiten, die er sich in der Nachkriegszeit überhaupt hatte leisten können. Ich hielt die kleine, inzwischen etwas verbeulte Brosche eines Morgens ehrfürchtig in der Hand, das Sonnenlicht, das auf das Relief fiel, ließ das kleine Reh beinahe lebendig erscheinen. Vom ersten Moment an war ich fasziniert von dem kleinen Tier und wollte unbedingt mehr über das Kitz erfahren, das ich kurzerhand *Kalijaku* taufte – das war die Aparai-Bezeichnung für ein zwergwüchsiges Reh. Meine Mutter erklärte mir zwar, sein richtiger Name sei »Bambi«, doch zu jenem Zeitpunkt kannte ich die Walt-Disney-Geschichte noch gar nicht und fand *Kalijaku* daher viel passender. Erst Monate später zeigten mir die Kinder der Missionarsfamilie, die im Nachbarort Aldeia Bona lebte, das weltberühmte Buch.

Unser Leben in Mashipurimo spielte sich fernab der Zivilisation ab. Und selbst wenn gelegentlich Aluminium-Kochkessel, ein Campingstuhl oder ein paar Ballen Stoff ihren Weg in den Urwald fanden, so wurden sie einfach integriert, ohne dass sie die Kultur und die ursprüngliche Lebensweise der Aparai groß verändert hätten. Dennoch gab es immer wieder und mit der Zeit mehr Berührungspunkte mit sogenannten Zivilisationserscheinungen. Die nordamerikanischen Missionare, die eifrig ihre Sprachforschungen betrieben, um die Bibel auf Aparai zu übersetzen, lehrten die Indianer unter anderem den Gebrauch von *Kalakuli*, Geld.

Seit Urzeiten hatte ein reger Tauschhandel das Leben der Amazonasvölker bestimmt, der Wert einer Ware wurde gemeinsam festgelegt. Wer gut Körbe flechten konnte, tauschte sein Flechtwerk gegen Fisch, Tonwaren oder Federn ein. Ein guter Jäger hatte im Zweifelsfall genug Beute gemacht, um ein paar Felle gegen ein stabiles Paddel oder ein Bänkchen einzutauschen. Wer ein neues Haus benötigte, lud seine Nachbarn ein, beim Bau zu helfen, und verwöhnte sie im Gegenzug mit köstlichen Speisen und Getränken. Und ganz nebenbei wurde – nach getaner Arbeit, versteht sich – auch noch ordentlich gefeiert. Auf diese Weise wurden Neuigkeiten ausgetauscht, Freundschaften gepflegt und Ehen arrangiert. Die einzige fremde Währung, die sich seit Ankunft der ersten Portugiesen etabliert hatte, waren Glasperlen. Nicht wirklich verwunderlich, dass *Kalakuli* ursprünglich die Bezeichnung für Perlen war. Perlen aus Samenkapseln, aus in Stücke geschnittenen Stachelschweinborsten, aus Nüssen und seit ein paar hundert Jahren eben auch aus Glas.

Das neue, richtige Geld machte sich anfangs kaum bemerkbar,

Sylvia und Araiba in festlicher Aufmachung – dazu gehört auch ein Spiegel meiner Mutter

doch langsam und stetig in Umlauf gebracht, gerieten die Menschen am Amazonas erstmals in Abhängigkeit. Es weckte Begehrlichkeiten nach immer mehr Gütern aus der Zivilisation, die es vorher nicht gegeben hatte. Es schuf ein diffuses Gefühl von Ungleichheit. Wie schleichendes Gift sickerte es in die Dorfgemeinschaft ein und ließ bei jenen Menschen, die bislang so friedlich und gleichberechtigt miteinander gelebt hatten, erste Anzeichen von Neid und Habgier aufkeimen. Zumindest bei einigen.

Auf einmal gab es Unterschiede: Der eine konnte mehr kaufen als der andere, der ein weniger guter Geschäftsmann war. Einige verdingten sich bei den Weißen und fertigten ihr Kunsthandwerk von nun an nur noch im Auftrag und gegen Bares an, und nicht, weil es Kultur oder Alltag erfordert hätten. Etwa Pfeile, die nur noch zum Verkauf an reiche Amerikaner taugen mussten, schön anzuschauen, aber vollkommen unbrauchbar für die Jagd. Mit dem frisch verdienten *Kalakuli* kauften sich die Indianer dann bei fliegenden Händlern – meist zum christlichen Glauben übergetretene Aparai oder Wajana –, was ihnen an »Zivilisationsartikeln« gefiel. Diese wurden so im gesamten Amazonasgebiet verbreitet. Manche tauschten ihr Kunsthandwerk auch direkt gegen die begehrten Waren ein. Billigster Tand im Tausch gegen mühevoll gefertigte Kunst, was letztendlich zur Folge hatte, dass das traditionelle Leben mehr und mehr in Vergessenheit geriet.

Als Kind bekam ich nicht allzu viel davon mit, dass der Konsum auch im Regenwald Einzug hielt, weil sich zumindest die Mashipurianer und die Dörfer am oberen Flusslauf weitgehend vom Tauschhandel in größerem Umfang fernhielten. Man tauschte ein paar Angelhaken ein oder mal einen Topf, mehr nicht, und selbst das blieb die Ausnahme. Bei uns im Dorf war man sehr vorsichtig, wenn sich die geschäftstüchtigen Christenhändler aus dem Nachbardorf ankündigten. Zeitweise wurden sogar Federschmuck und Tanzmäntel fortgepackt, sobald sich die »Abordnung« aus Bona näherte.

Bei unseren wenigen Anstandsbesuchen bei den Missionaren in Bona prallten folglich zwei Welten aufeinander: Auf der einen Seite die Menschen, die unbedingt ein paar »Heiden« zu frommen Christen bekehren wollten, in allerbester Absicht, versteht sich. Und auf der anderen Seite diejenigen, die eine ursprüngliche Kultur ergründen wollten, um sie nach Möglichkeit zu erhalten. Ebenfalls in allerbester Absicht. Das Anliegen der einen Seite schloss das der anderen Seite allerdings aus. Wir lebten genau wie alle anderen Aparai-Wajana im Urwald. Und wir respektierten ihren Glauben und ihre Kultur. Dass wir damit in etwa das Gegenteil von dem taten, was die Sprachforschermissionare so machten, erfuhr ich erst viel später. Natürlich war mir das als Kind nicht so bewusst. Ich merkte nur, dass die Stimmung bei unseren Besuchen in Bona irgendwie getrübt war. Dass niemand aussprach, was er wirklich dachte. Immer wenn ich meine Eltern nach den Missionaren fragte, wichen sie mir aus. Und wenn sie merkten, dass ich meine Ohren spitzte, wechselten sie das Thema. Heute weiß ich, dass die Missionare meinem Vater bereits bei einer seiner Reisen vor meiner Geburt bis nach Aldeia Bona gefolgt waren, weshalb er nun – so gut er konnte – die Aparai in Mashipurimo vor ihrem Einfluss zu schützen versuchte.

Als meine Eltern später am Tag in Aldeia Bona von Aparai-Wajana-Familie zu Aparai-Wajana-Familie herumgereicht wurden, folgte ich einer kleinen Gruppe von Aparai-Kindern zu einer Bucht etwas weiter flussabwärts. Sie war kleiner als die vertraute Badestelle von Bona und lag nur unweit vom Haus der Missionarsfamilie entfernt. Nie zuvor war ich an einer Stelle gewesen, die derart weit vom Dorfkern entfernt war. Die Kinder duckten sich hinter dem Ufergestrüpp, und ich tat es ihnen nach. Ein größerer Junge bedeutete uns, keinen Mucks zu machen. Endlich erspähten wir die Missionare in einiger Entfernung. Vorsichtig liefen sie den Hang hinab, ihre Handtücher hatten sie wie Schals um ihre Hälse gelegt.

Die Missionarsfrau trug ein blassgelbes, beinahe knöchellanges Kleid, das sehr elegant aussah, doch im Urwald eine recht ungewöhnliche Aufmachung war. Zumal es sich nicht etwa um einen Sonntagsausflug handelte, sondern sozusagen um einen Besuch im Schwimmbad. Als sie endlich den Fluss erreichten und die beiden Jungs ungestüm ins Wasser spurteten, zog die Missionarsfrau das Kleid nicht etwa aus, sondern stieg damit ins Wasser. Nur ihre Sandalen blieben am Uferrand zurück. Der gelbe Stoff schwebte wie eine Schwefelwolke im Wasser hinter ihr her. Auf einmal wurde mir klar, weshalb ich sie noch nie an der Badestelle der Aparai angetroffen hatte. Wer ganz und gar bekleidet baden ging, dem war die Nacktheit der Menschen am Amazonas offenbar unangenehm. Später erfuhr ich, dass fromme Christen die Barbusigkeit der Indianerinnen als sündhaft geißelten, was mich auch heute noch maßlos ärgert. Denn die sündigen Gedanken beim Anblick der Aparai dürften wohl eher in den Köpfen der westlichen Betrachter herumgespukt haben. Kein Indianer hätte sich je etwas dabei gedacht.

Als die Missionarsfrau wieder aus dem Wasser stieg, klebte das gelbe Kleid durchsichtig an ihrem blassen Körper. Wie eine zweite Haut, die nur wenig verhüllte. Wir konnten uns ein Kichern nicht verkneifen, einer der Jungen hielt sich sogar seine Hand vor den Mund, doch das half nichts, er prustete laut los. So laut, dass sämtliche Köpfe der Missionarsfamilie herumfuhren. Minutenlang blickten sie unsicher umher, doch zum Glück entdeckten sie uns nicht. Die Frau scheuchte ihre Kinder nun eilig vor sich her zurück zu ihrer Hütte. Wir waren uns einig: Die benahmen sich wirklich merkwürdig, diese *Kräntis*, wie die Aparai Christen nannten.

Als ich Antonia und Araiba einige Tage später von dem seltsamen Bad der Missionarsfrau im Fluss erzählte, schüttelten sie verwundert den Kopf. Diese Art von Prüderie ging selbst toleranten Menschen wie ihnen zu weit. Und natürlich ahnten wir damals noch nicht, dass jene verklemmte Moralvorstellung eines Tages auch das Leben der Aparai maßgeblich mitbestimmen würde. Vor Einflüssen wie diesen hatte mein Vater sie immer beschützen wollen.

Offiziell pflegten meine Eltern mit den Missionaren höflichen Kontakt, sie tauschten sich sogar über den Gebrauch von Medikamenten aus. Schließlich saßen beim Thema medizinische Versorgung alle in einem Boot. Das waren aber auch schon die einzigen Gemeinsamkeiten. Hinter den als Sprachforscher getarnten Missionaren stand eine mächtige Organisation aus Amerika. Und hinter uns stand im Zweifelsfall niemand, falls es in der politisch ganz und gar instabilen Lage Probleme gegeben hätte. Allerdings bemühten sich meine Eltern, das Ganze von mir fernzuhalten. Insofern begegnete ich auch den Kindern der Missionare ohne Vorbehalte und hätte sie gerne zu einem Gegenbesuch in Mashipurimo eingeladen. Aber davon wollten meine Eltern nichts hören.

Während sich unsere Eltern unterhielten, zeigten mir die beiden Söhne der Missionare ihre Bilderbücher und Spielsachen. Vor allem von einem Buch konnte ich meine Augen kaum abwenden. Denn was ich da sah, ließ mein Herz höher hüpfen. Eine bunt bebilderte Geschichte über ein kleines Reh. Das war ja *Kalijaku!*

Gebannt betrachtete ich die prächtigen Zeichnungen. Das Kitz mit den großen Augen und den wackeligen Streichholzbeinchen war wirklich süß. Vorsichtig blätterte ich Seite für Seite weiter, während ich Bambis traurige Geschichte erfuhr: Wie das Kitz ohne Mutter im Wald aufwachsen musste, weil skrupellose Jäger sie erschossen hatten. Die Aparai-Jäger hätten niemals ein Muttertier in Begleitung ihres Kitzes erlegt! Selbst in ärgsten Hungertagen wurde die Schonzeit für Mutter- und Jungtiere eingehalten. Und so brannte sich diese Geschichte in mein kindliches Gedächtnis ein, und ich schwor mir, nie wieder *Kalijaku* zu essen, obwohl ich Rehfleisch eigentlich mochte.

Schon bald darauf sollte mein Vorsatz auf eine harte Probe gestellt werden.

Wer essen will, muss auch töten können

Normalerweise wurden Kinder nicht auf die Jagd mitgenommen, schon gar nicht so kleine Mädchen wie ich. Erst wenn die Jungen von ihren Vätern und den anderen Männern im Stamm für reif genug befunden wurden, durften sie ungefähr ab dem achten Lebensjahr mit in den Urwald. Anfangs zum Fährtenlesen und später zur Jagd mit Pfeil und Bogen, wobei sie die Kunst der Tierstimmenimitation lernten. Darin waren die Aparai wahrhaftige Meister. Tapire, Vögel oder Affen wurden durch das Nachahmen ihrer Rufe gezielt vor die Flinte gelockt. Manche Jäger konnten sogar mithilfe eines Bambusrohrs den Schrei

Aufbruch zur Jagd

eines Jaguars nachmachen! Erst wer diese Fähigkeiten einigermaßen beherrschte, wurde an den Umgang mit einem Gewehr herangeführt. Vorausgesetzt, es gab eins. Denn Gewehre waren kostbar. Ganze Bootsladungen voller Federschmuck, Wildfleisch oder Tierfelle wurden gegen die ältesten Flinten eingetauscht – beim Handel mit den Waren aus der Zivilisation schnitten die Indianer nur selten gut ab. Manchmal lockte auch ein Gewehr, wenn man sich nur zu Jesus Christus bekannte und regelmäßig in die Predigt ging.

Obwohl die Aparai Kinder in meinem Alter von der Jagd fernhielten, sollte es für mich unvorhergesehenerweise eine Ausnahme geben. Mein Vater wollte am oberen Alitani-Fluss ein paar alte Freunde besuchen, und meine Mutter schien sich darüber zu freuen, dass wir ausnahmsweise einmal ohne Gefolgsleute aus dem Dorf einen Ausflug als Familie unternahmen. An jenem

Tag musste ich im Heck unseres Kanus Platz nehmen, die Füße auf dem wasserdichten Sack mit unserem Gepäck. Jeder Millimeter zählte. Angelhaken, Moskitonetze, ein paar Kanister mit abgekochtem Flusswasser, Jagdflinten, Munition sowie unsere Reisehängematten – mehr Sachen passten nicht in unser Boot. Was wir zum Essen brauchten, wollten meine Eltern unterwegs jagen oder angeln.

Mein Vater zählte die Namen der Flüsse und Nebenflüsse auf, die er bei früheren Aufenthalten bereist hatte und die meine Mutter und ich nun ebenfalls kennenlernen sollten.

Die vertrauten Wegmarken lagen längst hinter uns, als unsere Mägen zu knurren begannen. Mein Vater schlug vor zu angeln. Die paar Konserven mit den Ölsardinen wollten wir als Notration für später aufheben. Doch plötzlich wurde meine Mutter, die mit ihrem Fernrohr das Flussufer nach einer geeigneten Stelle zum Anlegen absuchte, ganz hektisch. Sie hatte irgendetwas entdeckt. Möglicherweise ein Wildschwein oder ein Krokodil, das auf einer Sandbank in der Sonne döste. Mit bloßem Auge konnte ich beim besten Willen nichts ausmachen und bettelte um das Fernrohr. Meine Mutter reichte es mir und schnappte sich ihre Jagdflinte. Mein Vater lenkte unser Boot mit geschickten Paddelschlägen Richtung Ufer. Lautlos glitt unser grünes Froschkanu am Rand der Böschung entlang, während meine Mutter aufrecht an der Spitze unseres Bootes stand und schließlich das Gewehr auf etwas im Dickicht anlegte. Doch obwohl ich inzwischen angestrengt durch das viel zu große Fernrohr linste, konnte ich nichts erkennen. Egal, in welche Richtung ich das Justierrädchen am Fernrohr drehte, alles blieb verschwommen.

Längst hatte mein Vater aufgehört zu paddeln. Meine Mutter schien hochkonzentriert, bereit, jeden Moment einen Schuss abzufeuern. »Mama, was machst du da?« Die Antwort war ein leises, aber sehr bestimmtes »Pssst«, dann drückte sie ab. Der Knall des Gewehrs ließ mich zusammenzucken.

»Weiter, weiter, schneller, da, noch ein Stückchen nach vorne«, rief meine Mutter meinem Vater zu. Da stolperte tatsächlich ein kleines Reh durch das Ufergestrüpp! Es schien zu Tode erschrocken, war aber zum Glück wohl noch nicht angeschossen. Bambi! Mein Herz pochte ganz schnell, mein Atem wurde flach, ich nahm das Dickicht wie durch einen dunklen Tunnel wahr. Mein Vater paddelte inzwischen, so schnell er konnte. Ich hoffte inständig, dass sich das Tier in Sicherheit bringen konnte, und rief zur Unterstützung alle guten Urwaldgeister an, die mir einfielen. Äste, die über den Fluss wuchsen, erschwerten uns die Weiterfahrt, wir kamen nur langsam voran. Ich atmete auf. Das kleine Rotwild war verschwunden.

Enttäuscht ließ meine Mutter das Gewehr sinken. Sie war sichtlich niedergeschlagen, weil uns das Abendessen entwischt war. Unterdessen trieb unser Boot weiter, und die Strömung zog uns langsam vom Ufer fort. Auf einmal sah ich das rotbraune Fell wieder zwischen den vorbeiziehenden Baumstämmen aufblitzen. Das Reh schien nicht zu wissen, in welche Richtung es laufen musste, um seinen Jägern zu entkommen. Möglicherweise war es doch verletzt. Warum rannte es denn nicht einfach in den Urwald? Ich wollte das Bambi unbedingt verscheuchen. Doch meine Mutter hatte ihr Gewehr bereits wieder in Position gebracht und blickte mit einem Auge durchs Zielfernrohr, während sie das andere zusammenkniff. »Neeein! Mama, du darfst nicht auf das *Kalijaku* schießen!«, schrie ich. Das war mein Bambi. Den Satz bekam ich gar nicht mehr zu Ende, da fiel bereits der nächste Schuss.

Noch nie war ich so verzweifelt gewesen. Mein Vater paddelte hektisch, er war geschickt darin, das Boot in jede beliebige Richtung zu wenden, meine Mutter legte erneut an, zielte und schoss. Das Ganze wiederholte sich so lange, bis sie tatsächlich mehrfach getroffen hatte und das Tier leblos im Ufergestrüpp liegen blieb. Ich hielt mir beide Augen zu, um nicht mitansehen

Nachtlager auf der Felseninsel

zu müssen, wie meine Eltern das tote Reh in unser Boot hievten. Lautlos weinte ich in mich hinein. Alle Beteuerungen meiner Eltern, das Reh sei zwar klein, aber längst ausgewachsen, waren vergeblich. Die Trauer über den Tod des Bambis legte sich wie ein dunkler Schleier über den Abend. Als meine Eltern dem Reh das Fell abzogen und seine Innereien den Piranhas im Fluss zuwarfen, kehrte ich ihnen den Rücken. Obwohl sie mir später den leckeren Schmaus in den schönsten Worten anpriesen, »gleich gibt es einen richtig feinen Braten, Cathrinchen«, nahm ich keinen Bissen davon.

Ich erinnere mich noch gut an die Abendstimmung, als wir auf der kleinen Insel im Fluss rasteten, und daran, wie der köstliche Fleischgeruch mir das Wasser im Mund zusammenlaufen ließ. Tatsächlich wurde mein Hunger mit jeder Minute größer, während dort drüben zwischen den Büschen auf einem Spieß ein prächtiger Rehbraten über dem Feuer brutzelte. Meine Mutter riss das Fleisch in großen Stücken vom Knochen und kaute missmutig darauf herum.

»Komm, lass sie doch«, sagte mein Vater mit einer Kopfbewegung in meine Richtung, aber meine Mutter kochte inzwischen vor Wut. Schließlich hatte sie es nur gut gemeint und uns alle satt bekommen wollen. Hatte ihre Leistung denn nicht auch ein bisschen Respekt verdient? Wie konnte man sich so aufführen? Und überhaupt, das war kein Bambi, sondern ein ausgewachsenes und sogar schon etwas zähes Reh.

»Dann war es eben die Mutter von Bambi«, schleuderte ich meiner Mutter entgegen, was alles noch schlimmer machte. Den Rest des Abends brachte ich damit zu, den Geist des toten Tiers um Vergebung zu bitten.

Die Ölsardinen, die mir mein Vater später heimlich zusteckte, schmeckten scheußlich. In hastigen Bissen schlang ich die tranigen Fische hinunter, ohne sie vorher zu kauen. Verheult rollte ich mich in meiner Hängematte ein. Im Aufbauen des Nachtlagers waren meine Eltern geübt. Und auf der Felseninsel waren wir vor den großen Tieren sicherer als an Land.

»Gute Nacht, Cathrinchen«, kam es versöhnlich von meinen Eltern, »schlaf gut und träum was Schönes.«

Doch ich tat, als wäre ich schon längst eingeschlafen, um ihnen nicht mehr antworten zu müssen. Ein letzter Blick in den tiefdunklen Nachthimmel. Und ein lautloser Gruß an die Seele des verstorbenen Rehs.

In den kommenden Wochen sprachen wir nicht mehr über das Reh, bis mir meine Eltern von einem Besuch in Belém eine Puppe mitbrachten. Ob nur aus schlechtem Gewissen heraus, weiß ich nicht, vielleicht auch, weil es sich um eine Indianerpuppe handelte, was für Mitte der 1970er Jahre recht ungewöhnlich war. Ursprünglich eine nordamerikanische Indianersquaw mit

112

*Geknüpftes Festtags-*Wäju

Kriegsbemalung, die Antonia umgehend in eine kleine Aparai verwandelte. Dazu bekam die dunkelhäutige Puppe mit dem schwarzen Haar ein eigenes kleines *Wäju* geknüpft und eine Kette aus winzigen Nagetierzähnen. Zum Gedenken an das tote Reh taufte ich die Puppe *Kalijaku*. Damit war die Sache zwischen meinen Eltern und mir ausgestanden. Meine Puppe Alicechen hatte endlich auch eine Patin. Und Sylvia und ich mussten uns nicht länger eine Puppe zum Bemuttern teilen. Bald würden wir sogar Gelegenheit bekommen, ein echtes Baby zu umsorgen.

Glückskind Tanshi

Das Drama um Tanshi

Eines Tages bemerkte ich, dass meine Lieblingstante Malina immer dicker wurde. »Ich bekomme ein *Kuku*«, vertraute sie mir an und legte meine Hand auf ihren Bauch. Ich spürte, dass sich etwas unter der gewölbten Bauchdecke bewegte, und zog meine Hand schnell wieder zurück. Das war mir nicht geheuer. Malina lachte. »Bald kannst du dich mit Koi und Sylvia um das *Kuku* kümmern. Ihr könnt ihm dann alles beibringen.«

Ich fieberte dem Tag entgegen, an dem das Baby auf die Welt kommen würde. Koi war anfangs nicht sonderlich begeistert, immerhin konnte ihr so ein Geschwisterchen den Rang als Familienliebling ablaufen. Immer wenn ich mich nach dem Befinden von Malina erkundigte, wechselte Koi demonstrativ das Thema.

Doch noch bevor das *Kuku* geboren wurde, stand es im Mittelpunkt eines Dramas, das selbst für die Aparai nicht alltäglich war.

Wie jeden Morgen krabbelte ich mit dem ersten Hahnenschrei aus meiner Hängematte, trat vor unsere Wohnhütte und rieb mir den Schlaf aus den Augen. Etwas verträumt machte ich mich auf den Weg zum Fluss. Normalerweise gesellten sich unterwegs Koi, Mikulu und einige andere Kinder zu mir, während die ersten Frauen schon wieder den Rückweg ins Dorf antraten. Kleine Pfützen markierten den Weg, den sie mit ihren Kesseln und Kalebassen entlanggelaufen waren. Doch diesmal war irgendetwas anders als sonst. Mashipurimo war wie leer gefegt. Ein sanfter Wind wirbelte Staub über die Erde, kleine Blätter und

Holzspäne tanzten darin ihren Reigen. Nirgendwo sah ich Frauen, nirgendwo waren Kinder, mit denen ich mir ein Wettrennen durchs Dorf hätte liefern können. Es herrschte Totenstille. Die aufgehende Sonne tauchte die Silhouetten der Hütten in ein unwirkliches Licht. Mich überfiel ein mulmiges Gefühl. Für einen Moment überlegte ich, ob es nicht besser sei, schnell zu unserer Hütte zurückzulaufen. Was, wenn das Dorf über Nacht von einem feindlichen Stamm überfallen worden war? Was, wenn gierige Goldgräber, Kautschukzapfer oder Holzfäller unser Dorf eingenommen hatten? Vielleicht hatten sie meine Eltern und mich einfach nur übersehen, unsere Hütte lag schließlich am Dorfrand, dahinter nur noch das undurchdringliche Dickicht des Urwalds. Was, wenn ein Jaguar in Mashipurimo umherschlich und alle geflüchtet waren?

All meinen Mut zusammennehmend, lief ich vorsichtig weiter. Auf Zehenspitzen, bemüht, möglichst kein Geräusch zu verursachen, das mich verriet. Mein Atem ging flach, das Herz schlug mir bis zum Hals. Jedes Haus, an dem ich vorbeikam, war leer. Doch dann entdeckte ich plötzlich, dass sich die Dorfbewohner in einer Hütte am Rand des Dorfplatzes versammelt hatten. Alle standen dicht gedrängt beieinander. Ihre Gesichter wirkten wie versteinert. Nur die Kinder waren nach wie vor wie vom Erdboden verschluckt.

Ich hörte ein dumpfes Geräusch, als ob etwas Schweres zu Boden fiel. Danach ein langes, qualvolles Stöhnen. Ein verletztes Tier?

Wie angewurzelt blieb ich stehen und lauschte. Da! Wieder dieser dumpfe Schlag. Zögerlich machte ich ein paar Schritte auf die Hütte zu. Ich konnte kaum glauben, was ich sah. In der offenen Nachbarhütte lag Tante Malina mit ihrem kugelrunden Bauch auf der Erde. Wie ein hilfloser Käfer. War sie hingefallen? Schweigend und mit unbewegter Miene sahen die Erwachsenen dabei zu, wie sich Malina mit schmerzverzerrtem Gesicht mühsam am Stützpfosten der Hütte hochzog. Warum half ihr denn keiner? Entsetzen packte mich, ich bekam keinen Laut über die Lippen. Ich schaffte es nicht einmal wegzulaufen.

Dass die Erwachsenen von Mashipurimo dazu verdammt waren, tatenlos zuzusehen, wie Malina ihr ungeborenes Kind tötete, erfuhr ich erst später. Auch, dass die Kinder des Dorfes frühmorgens auf eine Insel im Fluss gebracht worden waren, damit sie von dem grausamen Schauspiel nichts mitbekamen. Malina sollte öffentlich Buße tun, und alle sollten es sehen. So hatte es ihr Gemahl Kulapalewa bestimmt. Und wenn einmal eine solche Entscheidung getroffen war, wagte niemand zu widersprechen. Es galt als Familienangelegenheit.

Ehebruch kam auch bei den Aparai vor, wenngleich er nicht gerne gesehen war. Meist stand am Ende eine feierliche Versöhnung, und falls nicht, trennte sich das Ehepaar. Mal unter lautem Geschrei, mal heimlich und leise. Malinas Ehemann Kulapalewa hingegen hatte sich für einen anderen Weg entschieden. Rasend vor Wut hatte er bestimmt, dass seine junge Zweitfrau für die »Schande«, die sie über ihn gebracht hatte, öffentlich Buße tun sollte. Und nicht nur das. Mit dem Gewehrkolben hatte er Malina aus dem Haus getrieben und vor eine bittere Wahl gestellt: Entweder sie starb – oder das Kind. Wegen ihrer Tochter Koi hatte sich Malina schweren Herzens gegen das ungeborene Kind entschieden.

Das Kind stammte von Chico, Kulapalewas Sohn aus der Ehe mit seiner Erstfrau Pulupulu. Kulapalewas Enkel entsprang damit einer Liaison, die seine Frau mit ihrem Stiefsohn eingegangen war. Damit hatte sie besonders schwere Schuld auf sich geladen. Dass Chico vielleicht Malina schöne Augen gemacht hatte, spielte keine Rolle.

Sie, die Halbschwester von Tuuwonno, dem Oberhäuptling von Bona, war als junge Zweitfrau des gestrengen und würdevollen Kulapalewa nach Mashipurimo gekommen. Ihr erster

*Häuptling
Kulapalewa*

Mann, ein junger Wajana, war schon früh durch einen tragischen Unfall ums Leben gekommen. Die beiden waren nach Aldeia Bona gefahren, um Verwandte zu besuchen. An jenem Tag landete ein Hubschrauber in Bona, dem einzigen Dorf in der Gegend mit einer eigenen kleinen Flugpiste, weshalb es manchmal als die »Großstadt« der Aparai-Wajana bezeichnet wurde. Kaum jemand im Ort hatte schon einmal einen Hubschrauber gesehen, das ohrenbetäubende Knattern der Rotorblätter versetzte alle in Staunen. Deshalb wusste auch niemand, dass die Blätter des Helikopters noch nicht stillstanden, obwohl der Motor bereits aus war. »Die Grashalme bogen sich noch im Wind, als Malinas Mann mit einem Lächeln auf den Lippen enthauptet wurde«, hatten die Frauen von Mashipurimo mir einmal erzählt. »Aber schscht, nun wollen wir nicht weiter darüber reden.«

Wenn ein Aparai seinen Ehepartner verliert, kehrt der Hinterbliebene wieder in den Schoß seiner Familie zurück. Tuuwonno hatte Kulapalewa nicht lange bitten müssen, seine anmutige

Halbschwester zur Zweitfrau zu nehmen, damit sie versorgt war. Pulupulu, Kulapalewas Erstfrau, war nicht glücklich über den Familienzuwachs. Sie war deutlich älter als ihr Mann, und die neue Frau war in etwa so alt wie der gemeinsame Sohn. In den meisten Fällen verstanden sich Erst- und Zweitfrauen gut, zumal eine Nebenfrau auch große Hilfe im Alltag versprach. Man teilte sich die tägliche Hausarbeit, nach der Jagd ging das Ausnehmen der Tiere leichter von der Hand, auch bei der Kindererziehung half die Zweitfrau, die im Idealfall zu einer richtigen Freundin wurde. Da es bei den Aparai selten genügend Partner im heiratsfähigen Alter gab, war die Mehrehe eine notwendige Konstellation in manchen Dörfern. Auch wenn sie der Tradition nach ausschließlich den Würdenträgern wie Häuptlingen und Zauberern vorbehalten gewesen war. Singles gab es im Urwald nicht. Eine alleinstehende Frau hätte nicht lange überlebt. Und ein alleinstehender Mann konnte zur Gefahr für verheiratete Frauen werden.

Anders als heute, waren damals die meisten Ehen arrangiert. Das heißt, dass die Familien miteinander aushandelten, welche Verbindungen zum Vorteil aller waren. Natürlich gab es auch Liebesheiraten, doch vornehmlich ging es darum, dass keiner ohne Versorger dastand, um der Gemeinschaft nicht zur Last zu fallen. Im Fall von Malina erschien es für Kulapalewa verlockend, eine Zweitfrau in gebärfähigem Alter zu heiraten. Und aus Sicht der Mashipurianer sprach ebenfalls nichts dagegen, die vitale junge Frau in ihre Gemeinschaft aufzunehmen.

Alle im Dorf mochten Malina. Doch anstatt die Nebenfrau mit offenen Armen zu empfangen und in ihr eine Gefährtin zu sehen, die sie auch im Alter unterstützen konnte, war Pulupulu von Anfang an auf Krawall gebürstet. Malina war schön, liebenswürdig und anmutig. Niemand hätte ihr Böses unterstellt. Niemand außer Pulupulu, die fürchtete, dass die junge Zweitfrau ihr den

119

Rang ablaufen könnte. Nachdem die Reibereien zwischen den Frauen kein Ende nehmen wollten, rodete Kulapalewa – um den Hausfrieden zu retten – zwei getrennte Stücke Urwald für die Pflanzungen seiner Gemahlinnen. Auch zwei getrennte Kochstellen wurden bald eingerichtet, so dass der arme Kulapalewa häufig doppelt so viel zu Mittag und zu Abend essen musste wie zuvor. Die anderen rissen ihre Witze darüber: »Aaahh, jetzt wird der Kulapalewa immer dicker. Bald ist er so rund wie seine Frau Malina.«

Kulapalewas Sohn Chico freute sich über die Familienerweiterung. Lange Zeit bemerkte sein Vater nicht, wie sehr. Stattdessen bewunderte er die rundlicher werdenden Formen seiner jungen Frau, zumal ein wohlgeformter dicker Bauch bei den Aparai durchaus als Schönheitsideal gilt. Am abendlichen Lagerfeuer rühmte er seine Manneskraft. Ein prächtiger erwachsener Sohn, eine kleine Tochter und jetzt auch noch ein Nachzügler! Es muss für ihn ein Schlag ins Gesicht gewesen sein, als Malina ihm beichtete, das ungeborene Kind sei von Chico. Malina hatte auf Verständnis und Vergebung gehofft. Doch sie hatte sich getäuscht.

Auf Leben und Tod

Nun musste sie sich zur Buße einem uralten Ritual unterwerfen. Immer wieder ließ sich die Hochschwangere auf ihren Bauch fallen. Mit geschlossenen Augen, begleitet von qualvollem Stöhnen. Was ich sah, verstand ich nicht, es erschien mir grausam und sinnlos. Meine Aparai-Erziehung sagte mir: »Misch dich nicht ein, es geht dich nichts an, das ist alleine Sache der Familie. Die anderen schauen auch nur zu.« Meine innere Stimme sagte mir: »Schrei, renn, hol Hilfe, rette das Baby in Malinas Bauch.«

Ich schaute zu Kulapalewa hinüber und überlegte, was ich tun könnte. Schließlich mochte er mich immer gut leiden. Er war stolz auf seine kleine Aparai mit den blonden Haaren. Außerdem war ich beinahe eine Art Schwester für seine Tochter Koi. Meinen Vater bezeichnete er als »geschätzten Weggefährten und Blutsbruder«. Sie kannten einander seit Jahrzehnten, das musste doch zählen. Ich nahm meinen ganzen Mut zusammen und fragte: »Was macht ihr da? Warum hilft ihr denn keiner?« Die Antwort war ein undefinierbares Gemurmel, ich konnte nicht einmal ausmachen, wer sprach. »Sie muss es tun, es ist besser so.« Innerlich schrie ich, doch ich brachte kaum mehr als ein heiseres Krächzen heraus: »Aber das *Kuku Pitiko* ist doch in ihrem Bauch!«

Jetzt wurde es Kulapalewa zu bunt. Schweren Schrittes schlurfte er auf mich zu. Ein bedrohlicher, zorniger Donnergott. Er hatte keine Ähnlichkeit mehr mit dem würdevollen Mann, der so gerne bei uns vorbeikam, um mit meinen Eltern zu palavern, der stundenlang geduldig kaputte Netze für den Fischfang flickte und immer zu Scherzen mit uns Kindern aufgelegt war. Kulapalewas Augen waren zu schmalen Schlitzen zusammengezogen als er mir zuraunte: »Geh weg, verschwinde von hier, das geht dich nichts an.«

Doch ich blieb wie angewurzelt stehen, unfähig, mich zu bewegen.

»Sonst bringe ich dich um«, schob Kulapalewa nach.

Das riss mich aus meiner Angststarre. So schnell ich konnte, rannte ich los, um meinen Vater zu holen. Die Strecke bis zu unserer Hütte kam mir doppelt so lang vor wie sonst.

»Papa, Paapaaaa! Komm schnell!«

»Was ist denn mit dir los?«, fragte mein Vater erstaunt. Er hatte es sich mit einer Tasse Bohnenkaffee auf einer Aluminiumkiste bequem gemacht, vor sich eine Dose Ölsardinen, die er zum Frühstück essen wollte. Neben ihm lag sein zerlegtes Jagdgewehr, das er offenbar nach dem Frühstück reinigen und ölen wollte. Papas Lieblingsfreizeitbeschäftigung, obwohl er gar nicht mehr so häufig zum Jagen ging. Zwar war er ein ausgezeichneter Schütze, aber auf Tiere zu schießen, machte ihm wenig Freude.

Mein Puls raste, und ich bekam kaum Luft: »Tante Malina schmeißt sich auf ihren Bauch, und alle schauen zu. Keiner hilft ihr.«

Mein Vater zog seine Augenbrauen hoch. »So?«

»Weil Kulapalewa es so bestimmt hat.«

Mein Vater, immer bemüht, sich so wenig wie möglich in die Angelegenheiten der Aparai einzumischen, wurde schlagartig hellwach. Er wusste offenbar genau, was das zu bedeuten hatte, schnappte sich sein Gewehr und steckte es mit hastigen Handgriffen zusammen. Dass er in der Eile vergessen hatte, das Gewehr zu laden, gestand er mir erst später – die Patronen lagen derweil sicher verwahrt in der tropenfesten Aluminiumkiste.

Keuchend folgte mir mein Vater bis zu Kulapalewas Hütte. Als Erstes half er Malina hoch, die reglos auf dem Boden lag und wimmerte. Er beschwor sie eindringlich, so schnell wie möglich zu unserer Hütte zu laufen und dort zu bleiben. Dann wandte er sich an Kulapalewa: »Sofort herkommen, Kamerad!«

Tatsächlich kam Kulapalewa auf meinen Vater zu. Auf einmal wirkte er nicht mehr so bedrohlich, sondern ein wenig verunsichert. Mein Vater, auf dessen Stirn inzwischen dicke Schweißperlen standen, baute sich in seiner gesamten Größe vor Kulapalewa auf. Er überragte ihn um einiges und stand schließlich so dicht vor ihm, dass ich einen Augenblick lang dachte, er trete ihm auf die Zehen. Gestützt auf sein Jagdgewehr, sah mein Vater recht beeindruckend aus, wenngleich mir nicht entgangen war, dass er sich eher daran festhielt, als es zur Drohung einzusetzen. Die markanten Kiefer Kulapalewas mahlten. Seine Augen funkelten zornig, sein Gesicht war tiefrot. Was die Männer nun leise, aber bestimmt miteinander sprachen, konnte ich nicht genau verstehen. Ich hatte mich bereits in Deckung gebracht, bereit, jede Sekunde zu flüchten.

Später erzählte mir mein Vater von dem Gespräch. Er hatte Kulapalewa ganz ruhig gefragt: »Mein Freund, dieses Kind muss nicht sterben, oder?« Kulapalewa hatte geantwortet, dass dieses Kind nicht leben dürfe, da es nicht von ihm sei, und eine Schande für die Familie. Auf den Einwand meines Vaters hin, dass er doch gar nicht mit Sicherheit wissen könne, dass es nicht von ihm sei, und er deshalb seiner Frau vergeben solle, hatte der Häuptling entgegnet: »Sie hat mich zum Gespött gemacht, das Kind ist von meinem Sohn.« Auf diese Antwort war mein Vater vorbereitet gewesen: »So? Dann bist du also der Großvater, und nun willst du ein Kind von deinem eigenen Blut töten?«

Kulapalewa hatte geschwiegen und meinen Vater weiterhin zornig angeblickt. Der hatte sich bemüht, mit ruhiger, aber fester Stimme klarzustellen, dass dieses Kind zur Welt kommen würde. Und dann hatte er noch gesagt: »Wenn du es nicht willst, werden wir es aufziehen, als wäre es unser eigenes. Und wenn du deine Zweitfrau verstößt, werden wir auch sie in unserem Haus willkommen heißen.« Zum Abschluss hatte er Kulapalewa gebeten, seine Entscheidung noch einmal zu überdenken. Wenn er danach die Sache anders sähe, könnten sie gemeinsam in Ruhe noch einmal über alles sprechen. Schließlich sei Kulapalewa ein langjähriger Freund und Bruder und ihm somit jederzeit willkommen, wenn er gute Absichten hege.

Auf diese Weise hatte mein Vater Kulapalewa nicht vor den anderen bloßgestellt, ihm nicht einmal gedroht. Er hatte sich zwar dem Willen des Häuptlings widersetzt, aber ihm gleichzeitig in alter Verbundenheit die Hand gereicht.

Schließlich wandte mein Vater sich ab, winkte mich zu sich, und dann gingen wir Hand in Hand betont langsam zu unserer Hütte hoch. Am liebsten wäre ich gerannt, doch mein Vater zwang mich, Ruhe zu bewahren. Panik durfte man sich niemals anmerken lassen, sonst hatte man schon verloren.

Eiszeit in den Tropen

Zwischen meinen Eltern und den Dorfbewohnern herrschte anschließend für ein paar Wochen Eiszeit. Sie kamen mir vor wie Monate, an manchen Tagen sogar wie Jahre. Kein Kind kam zum Spielen vorbei, ich durfte unsere Hütte kaum noch verlassen. Meine Eltern waren besorgt, dass mir etwas passieren könnte. Es war das einzige Mal in meiner Kindheit, dass mich eine Tradition der Aparai verstörte. Ich war wütend, dass ein einziger Mann eine Entscheidung über Leben und Tod getroffen und sich ihm niemand widersetzt hatte.

Unsere Hütte, in der nun auch Malinas Hängematte hing, war wie abgeschnitten vom Leben im Dorf. Nur Antonia besuchte uns hocherhobenen Hauptes weiterhin. Sie hatte kein Problem damit, sich den Anweisungen des Häuptlings zu widersetzen. Demonstrativ lud sie meine Eltern zum Affeneintopf ein, die jedoch dankend ablehnten, weil sie in der Nähe der hochschwangeren Malina bleiben wollten. Aber ich durfte mit ihr gehen. Antonia versprach, mich nicht einen Augenblick aus den Augen zu lassen, was meine Eltern beruhigte. Niemand im Dorf würde es wagen, sich mit ihr anzulegen. Mit »dem Maschinengewehr«, wie sie von den jungen Kriegern ehrfürchtig genannt wurde. Sie wussten, wer es mit ihr aufnehmen wollte, würde garantiert den Kürzeren ziehen. Antonia schaffte es, sogar gestandene Mannsbilder zum Schweigen zu bringen – und sie hatte einen ausgeprägten Gerechtigkeitssinn. Sie erzählte mir, dass Araiba sich furchtbar über den Vorfall aufgeregt habe: »Ein unschuldiges Baby töten zu wollen, ja sind die denn von allen guten Geistern verlassen! Wir brauchen doch so dringend Nachwuchs. Jedes Kind ist ein Geschenk des Himmels.« Als Antonia ihn ermahnte, leiser zu sein, habe Araiba – noch lauter, damit es ja alle hörten – ausgerufen: »Ich darf das sagen, ich bin schon alt.«

Die meisten Dorfbewohner wussten nicht, wie sie sich uns gegenüber verhalten sollten. Sie waren verunsichert, weil wir einer »Geächteten« Obdach gaben, die noch dazu die Frau eines einflussreichen Mannes war. Außerdem halfen wir ganz ungeniert einem unerwünschten Kind auf die Welt. Anfangs herrschte angespannte Stille in unserem Pfahlbau. Kein lebhaftes Geplapper wie sonst. Mein Vater marschierte mit todernster Miene durch die Gegend. Er war wortkarg und gereizt, nicht fröhlich und geschäftig wie sonst. Meine Eltern dachten laut darüber nach, ob es vielleicht möglich wäre, Malinas Kind durch eine offizielle Adoption zu retten. Und darüber, ob wir es auch nach Deutschland mitnehmen könnten. »Hättest du etwas dagegen, wenn du ein Geschwisterchen bekommst?«, fragte mein Vater mich prüfend. Ich schüttelte den Kopf. Das fände ich toll! Aber von Deutschland wollte ich nichts hören. Mein Zuhause war Mashipurimo.

Ich saß vor unserer Hütte und ritzte gelangweilt mit einem Stöckchen Bilder in den Sand, die ich, sobald sie halbwegs fertig waren, mit einer Feder wieder verwischte. Auf einmal hörte ich ein Geräusch hinter der Hütte. Meine Eltern waren mit Malina zu einer weiter entfernt gelegenen Stelle des Flusses gegangen. Zur Badestelle, die wir normalerweise nur zur Regenzeit aufsuchten. Dort würden sie keine Dorfbewohner treffen. Mein Vater hatte sein größtes Buschmesser mitgenommen, um einen Pfad durch das dichte Unterholz zu schlagen. Vermutlich auch, um die werdende Mutter im Notfall damit verteidigen zu können. Ich sollte unterdessen zu Hause bleiben und »Wache« halten. Keiner sollte auf die Idee kommen, unsere Hütte niederzubrennen oder sonst etwas anzustellen. Zur Abschreckung hatte mein Vater das inzwischen geladene Jagdgewehr gut sichtbar an unsere Eingangsleiter gelehnt.

Wieder hörte ich ein Rascheln. Ich nahm ein Holzscheit vom Brennholzstapel und schlich vorsichtig um die Hütte herum zu

Koi, die kleine Diplomatin

der Stelle, von der das Geräusch gekommen war. Bereit, sofort zuzuschlagen, falls es sich um ein gefährliches Tier handelte. Vermutlich wieder so ein garstiger Waran auf der Suche nach Hühnereiern. Wenn ich Glück hatte, würde ich die Echse mit meinem Knüppel erwischen. Aber gerade, als ich zum Schlag ausholte, schnellte ein wild rudernder Arm aus dem Gebüsch. »Haaalt!« Es war Koi, die langsam zwischen dem Geäst hervorgekrabbelt kam. Ich war so froh, endlich wieder ein Kind zu sehen. All unsere Zankereien waren vergessen.

»Was machst du denn hier? Mich heimlich beobachten?«

»Hab's ohne dich nicht mehr ausgehalten. Ist so langweilig bei uns«, murmelte Koi verlegen. »Hab nicht mal jemanden zum Streiten«, behauptete sie, damit ich mir auch ja nichts einbildete.

Wir kicherten und kickten abwechselnd kleine Kieselsteine über den sandigen Boden. Koi überreichte mir eine wunderschöne, rot schimmernde Blüte. Als ich daran roch, verzog ich das Gesicht. Eine Stinkblume. So eine hatte ich schon mal bei einem Ausflug mit meinem Vater tief im Urwald gesehen. Man musste weit laufen, um diese seltenen Blüten zu finden.

»Und dein Vater?«, fragte ich besorgt.

»Der würde platzen wie ein Frosch, wenn er wüsste, dass ich hier bin. Peng!« Wir mussten lachen, und auf einmal fühlte ich mich so frei und leicht wie schon lange nicht mehr. Endlich war es wieder so, wie es sein sollte.

Schon am nächsten Tag kam Koi wieder, am übernächsten

auch. Ihre Besuche wurden von Mal zu Mal ein wenig länger, und mit jedem Mal vergaßen wir die angespannte Lage ein bisschen mehr. Irgendwann traute sich Koi sogar, unsere Hütte zu betreten und ihre Mutter zu besuchen. Obwohl Kulapalewa ihr das strengstens verboten hatte.

Mit der Zeit tauchten vereinzelt auch erwachsene Besucher bei uns auf. Zunächst nur heimlich und in der Dämmerung, weil sie nicht wollten, dass die anderen etwas bemerkten. Die einen hatten irgendeine Ausrede, brauchten ganz dringend einen Angelhaken oder ein Pflaster, andere trieb die Neugier zu uns. Einmal kam sogar eine entfernte Verwandte von Malina vorbei, die in einem Nachbardorf am Rio Jari lebte. Sie brachte frisches Obst als Krankengabe. Betörend duftende Ananas, reife Riesenmangos, winzige eckige Bananen, saure Physalisbeeren und einige Stücke fasriges Zuckerrohr zum Auskauen. Sie war gerührt, als Malina zum Dank für die freundliche Geste ihre Hand nahm, um sie auf ihren Bauch zu legen. Das Baby strampelte kräftig. Die entfernte Cousine versprach, ein gutes Wort bei Kulapalewa einzulegen.

Schließlich kamen jeden Tag mehr Besucher – erst nur zu uns, später auch direkt zu Malina. Sie brachten uns geröstete Cashewkerne, Paranüsse und Erdnüsse vorbei, eine willkommene Abwechslung, da wir uns seit Beginn der sozialen Eiszeit nur mit Ölsardinen, Tomatenmark, Fertigreis und den herb schmeckenden Kochbananen, die hinter unserem Haus wuchsen, über Wasser hielten. Die Jäger und Fischer des Dorfes hatten uns hartnäckig gemieden. Mit der Zeit verdrängte das vertraute Plappern und Lachen in unserer Hütte das bedrückende Schweigen.

Nachdem fast das ganze Dorf heimlich bei uns ein und aus gegangen war, erschien eines Abends auch Kulapalewa – zu einem Gespräch unter Männern. Malinas Hängematte verhängten wir vorsichtshalber mit Tüchern. Böse Blicke waren nämlich sehr gefürchtet. Von dem langen Gespräch zwischen den beiden Männern erfuhr ich jedoch nicht eine Silbe. Ich nehme an, dass mein Vater Kulapalewa sein Wort darauf gegeben hatte.

Die Fraueninsel

Endlich stand die Geburt von Malinas *Kuku* bevor. Die ganze Nacht hatte sie in ihrer Hängematte vor sich hin gestöhnt und so unruhig herumgewälzt, dass ich Angst bekam, unsere Hütte könnte einstürzen. Noch vor Sonnenaufgang packte meine Mutter das Nötigste in ihre kleine Medizintasche und lief rasch zum Gästehaus des Dorfes hinüber. Dort bat sie eine alte Frau aus dem Nachbardorf, die zu einer Art Dauerbesucherin in Mashipurimo geworden war, uns zur Insel hinüberzurudern. Zur »Fraueninsel«, wie wir sie nannten, weil die Frauen dort in Ruhe ihre Kinder zur Welt bringen konnten. Kein Mann durfte an einem solchen Tag den runden, dunkelgrauen Granitfelsen inmitten des Flussbetts betreten. Und natürlich auch keine Kinder. So war es seit jeher Brauch.

Dass meine Mutter mich dennoch zur Geburt mitnahm, hatte eher praktische Gründe. Die Lage im Dorf war nach wie vor angespannt. Wer wusste schon, was Kulapalewa tun würde, wenn er erfuhr, dass die Geburt des unerwünschten Kindes unmittelbar bevorstand? Seit dem Tag der öffentlichen Buße hatte er kein Wort mehr mit seiner jungen Frau gewechselt.

An die Überfahrt im Morgengrauen erinnere ich mich nur dunkel. Im Bug des Kanus hockte meine Mutter und starrte angestrengt auf die Wasseroberfläche, damit wir mit unserem Boot nicht auf felsigen Grund liefen. Zwischen ihr und mir lag Malina, die leise vor sich hin stöhnte, die Arme um ihren Riesenbauch geschlungen. Ihre Beine hatte sie auf einer der Sitzplanken hochgelegt. Hinter mir saß die alte Frau aus dem Nachbardorf

128

und trieb das Kanu mit lautlosen, gleichmäßigen Paddelschlägen Richtung Insel.

Die konkreten Vorbereitungen für die Geburt habe ich überhaupt nicht mehr im Gedächtnis. Ich weiß nur noch, wie aufgeregt ich war und dass ich die ganze Zeit an das Baby dachte. Wie es wohl aussehen würde? Was, wenn es durch die Stürze Schaden genommen hatte? Behinderte oder ungewollte Kinder wurden bei den Aparai unmittelbar nach der Geburt im Urwald ausgesetzt oder lebendig begraben. Nur Kinder, die erkrankten oder einen Unfall hatten, nachdem sie in die Gemeinschaft aufgenommen worden waren, wurden ein Leben lang versorgt.

Ich hoffte inständig, dass das Baby in Malinas Bauch gesund war. Ich wusste, wie mein Vater handeln würde, wenn ein Baby lebendig begraben werden sollte. »Die Ausgegrabene«, ein geachtetes Mitglied unseres Clans, hatte ihr Leben seiner Hilfe zu verdanken. Und der Güte einer älteren Aparai, die selbst keine Kinder bekommen konnte. Gemeinsam mit meinem Vater hatte sie das Kind hastig ausgegraben und fortan wie ihr eigenes aufgezogen.

Ich kann mich noch gut an das Gespräch mit einem erfahrenen und weitgereisten Ethnologen erinnern, der mir vor einigen Jahren Vorwürfe machte, mein Vater habe in dieser Situation falsch gehandelt. Seiner Meinung nach hätte er sich nicht einmischen dürfen, gerade weil er als Völkerkundler die Traditionen und Bräuche hätte respektieren müssen. Konsequenterweise hätten beide Babys sterben müssen, Malinas ungeborenes Kind und die »Ausgegrabene«. Ich wusste, dass mein Vater alles dafür getan hat, die Kultur der Aparai zu schützen und zu bewahren. Diese beiden Fälle jedoch stellten ihn vor ein Dilemma, hier geriet er an eine Grenze, die er nur ungern übertreten wollte. Die Tatsache, dass die beiden ehemals ungewollten Mädchen später zu hochgeschätzten Mitgliedern der Stammesgemeinschaft wurden, gibt ihm aus meiner Sicht im Nachhinein Recht. Außerdem: Denkt man die Position des Ethnologen zu Ende, dürften wir auch dann nicht für Menschenrechte eintreten, wenn in anderen Regionen der Welt Frauen gesteinigt oder Mädchen beschnitten werden. Grausamkeiten, die zwar alten Ritualen entstammen mögen, für die es meines Erachtens aber keine Legitimation mehr geben darf.

Während ich auf dem glatt geschliffenen Kugelfelsen eine gefühlte Ewigkeit darauf wartete, dass etwas geschah, machte mich das Plätschern des Wassers und das Rauschen der nahe gelegenen Stromschnelle schläfrig. Erst durch Malinas Schreie wurde ich wieder wach. Erschrocken hielt ich mir die Ohren zu. Meine Mutter stützte Malinas Kopf und tupfte ihr behutsam den Schweiß von der Stirn. Die alte Frau brachte einen Kessel mit abgekochtem Wasser. Danach paddelte sie nach Mashipurimo zurück. Sie hatte meiner Mutter den Wunsch erfüllt, uns zur Insel zu bringen, und damit den Bann des Häuptlings missachtet, der noch nicht aufgehoben worden war. Indem sie zurückruderte, machte sie deutlich, dass sie nicht zwischen die Fronten geraten wollte. Immerhin war sie nur Gast in unserem Dorf. Aus den Angelegenheiten der Nachbardörfer hatte man sich im Verständnis der Aparai herauszuhalten.

Eigentlich hatte mich die alte Frau mitnehmen wollen; ein Kind hatte in ihren Augen bei einer Geburt nichts verloren. Doch meine Mutter bestand darauf, dass ich blieb. Die beiden vereinbarten, dass wir ihr ein Signal geben würden, wenn sie uns wieder abholen sollte.

Danach ging alles ganz schnell. Malina, deren ebenmäßiges Gesicht inzwischen nur noch eine schmerzverzerrte Fratze war, schrie noch lauter als zuvor, beide Hände zu Fäusten geballt. Es war kaum auszuhalten. Meine Mutter feuerte sie an: »Pressen, pressen, pressen. Gleich hast du es hinter dir, dein Baby hat es eilig.«

Malina stöhnte.

»Sieh nur, da ist schon das Köpfchen, ich kann lauter schwarze Haare erkennen. Pressen! So fest du kannst!«

Wenige Augenblicke später hielt sie das blutverschmierte kleine Wesen in ihren Armen. So glücklich hatte ich meine Mutter noch nie gesehen, sie strahlte übers ganze Gesicht. Es war ein gesundes, kleines Mädchen. Wunderschön. Erschöpft ließ Malina ihren Kopf nach hinten sinken. Ihre verschwitzten Haare klebten in nassen Kringeln auf der Stirn. Ich glaube, sie weinte vor Erleichterung. Oder vor Freude.

Ich saß direkt zu Malinas Füßen. Hätte ich gewusst, wie viel Blut und Schleim da noch eimerweise herausplatschten, hätte ich meinen Beobachtungsposten ganz sicher an einer anderen Stelle bezogen. Vor allem den Mutterkuchen fand ich furchtbar eklig, im ersten Moment hatte ich geglaubt, es käme noch ein zweites Baby hinterher. Jedenfalls spürte ich einen leichten Brechreiz im Hals aufsteigen. Niemand hatte mich darauf vorbereitet, wie so eine Geburt abläuft. Ich war entsetzt und konnte gleichzeitig kaum den Blick abwenden, so fasziniert war ich.

Das kleine, mit Käseschmiere überzogene, purpurrote Menschlein war zu meiner Überraschung kaum größer als meine Puppe Alicechen. So ein verhutzeltes Wesen hatte ich noch nie gesehen. Es erinnerte mich an ein aus dem Nest gefallenes Vogelküken ohne Federn. Meine Mutter hielt das Baby fest im Arm, die Nabelschnur zwischen ihren Händen.

»Möchtest du vielleicht durchschneiden?«

Ich betrachtete den bläulich schimmernden hellen Schlauch, der wie eine gehäutete Schlange aussah. Angewidert schüttelte ich den Kopf. Nein, ich wollte nichts durchschneiden. Feierlich durchtrennte meine Mutter die Nabelschnur mit einer kleinen Schere und verknotete sie anschließend auf dem winzigen Babybauch. Sie erklärte mir, dass der Rest des Nabels, der hinter dem Knoten noch heraushing, in ein paar Wochen vertrocknen und abfallen würde. Ganz von alleine. Ich war beeindruckt, wusste aber immer noch nicht so recht, ob ich nun weinen oder lachen sollte, so sehr waren meine Gefühle in Aufruhr. Eine Geburt haut hierzulande schließlich die stärksten Männer um.

Neugierig betrachtete ich das winzige Baby, das seine Augen zu meinem Bedauern fast die ganze Zeit über geschlossen hielt. Es hatte ein unüberhörbares Quäkstimmchen, in das ich mich sofort verliebte. Gespannt beobachtete ich, wie Malina das Baby, das meine Mutter inzwischen sauber gewaschen hatte, an die Brust gelegt wurde. Es fing sofort an zu saugen. Ich war das glücklichste Mädchen am Amazonas. Ich war dabei gewesen, als meine kleine Patenschwester Tanshi in unser Leben flutschte.

Als wir von der Insel zurückkamen, stand das ganze Dorf Spalier. Alle waren erleichtert, dass das Drama nun doch ein gutes Ende genommen hatte. Nur Chico stand etwas abseits, den Kopf gesenkt. Er schaute nicht einmal auf, als Malina mit dem Baby, das in einer Baumwolltrage vor ihrem Bauch schlief, an ihm vorüberschritt. Das fand ich feige, und ich strafte Chico die kommenden Monate ab, indem ich ihm gezielt aus dem Weg ging. Zum ersten Mal in meinem Leben hatte ich den Respekt vor einem Erwachsenen verloren. Chico blieb bis zum Tod seines Vaters, was er offiziell war – Tanshis großer Halbbruder.

Malina und ihr Baby wohnten zu meinem Bedauern nicht mehr lange in unserer Hütte. Irgendwann war auch Pulupulu, die Erstfrau Kulapalewas, zu einem Anstandsbesuch vorbeigekommen. Sie hatte Malina versichert, dass sie es schön fände, wieder ein Baby im Haus zu haben. Malina hatte das Versöhnungsangebot angenommen. Dass die junge Zweitfrau nicht nur Konkurrentin war, sondern auch eine Verbündete und echte Freundin werden konnte, sollte sich für Pulupulu in den kommenden Jahren erweisen.

Tanshi wurde zum Liebling des ganzen Dorfes. Keiner hät-

Später Familienfrieden – Kulapalewa mit seinen beiden Frauen Malina (in der Mitte mit Säugling Tanshi auf dem Arm) und Pulupulu

te es gewagt, etwas Schlechtes über den kleinen Sonnenschein mit den großen Kulleraugen zu sagen. Dass der, den sie offiziell Vater nannte, im Grunde ihr Opa war, spielte keine Rolle mehr. Genauso wenig wie die Tatsache, dass Chico eigentlich nicht ihr großer Bruder war. Tanshi hatte fortan das Privileg, zwei »Mütter« und zwei »Väter« zu haben, die sie gleichermaßen vergötterten. Typisch Aparai. Und eine Patin, die ihr nicht von der Seite wich, bekam Tanshi obendrein. Ich schwor mir, sie zu beschützen und zu verwöhnen, so, wie Sylvia das einst mit mir getan hatte. Meine Verpflichtung nahm ich so ernst, dass ich eine Zeit lang kaum daran dachte, Unsinn anzustellen.

Ich wischte Tanshi mit weichen Blättern geduldig den Rotz von der Nase, verscheuchte Mücken, die sich auf ihren Augenlidern niederlassen wollten, und zupfte Läuse aus ihrem feinen schwar-

Tanshi weicht mir nicht von der Seite – wir haben keine Lust auf Fotos

zen Haar, um sie anschließend – wie bei den Aparai üblich – zwischen meinen Zähnen zu knacken. Danach spuckte ich sie allerdings aus, weshalb die Frauen des Dorfes über mich lachten. Vor allem Pulupulu konnte sich gar nicht mehr beruhigen, dass ich diese Leckerbissen verschmähte. »Sie essen dich, also musst du sie essen, Katarischi«, so einfach war das. Ich schleppte Tanshi so lange in einer baumwollenen Kindertrage mit mir herum, bis sie eines Tages ihre ersten Schritte machte. Ich verhätschelte mein Patenkind und trug es voller Stolz huckepack durchs Dorf. Außer wenn plötzlich ein lauwarmes Rinnsal über meinen Rücken lief. Ich ekelte mich vor dem strengen Uringeruch auf meiner Haut. Noch schlimmer war es allerdings, wenn Tanshi *Pischitanko*, Durchfall, hatte. Schließlich gab es am Amazonas keine Windeln. Deshalb versuchte ich, ihr beizubringen, sich rechtzeitig bemerkbar zu machen. Das klappte leider nicht immer, selbst meine schönen roten Beinfransen kamen manchmal ins Treffen. Dann schämte ich mich furchtbar, eilte zu unserer Hütte und rief schon von Weitem verzweifelt nach meinem Vater: »Papa, kannst du mir bitte Seife geben? Ich will die *Eté* abwaschen.« Fragender Blick meines Vaters.

»Mit dem Lehm vom Flussufer geht der *mollelé nümölö,* der schlimme Gestank, nicht weg.«

Mein Vater versuchte, ein betroffenes Gesicht zu machen, und spendierte mir ein kleines eingeschweißtes, nach Rosen duftendes Stück Seife aus einem seiner tropenfesten Behälter, in denen er solche Kostbarkeiten aufbewahrte. Doch kaum hatte ich ihm den Rücken gekehrt, um mich auf den Weg zum Fluss zu machen, brach er in schallendes Gelächter aus. In solchen Momenten hätte ich Tanshi am liebsten gegen einen Affen eingetauscht. Der machte garantiert weniger Arbeit ...

Kranke Mutter mit ihrem Baby vor der Urwaldapotheke

Eine Apotheke im Urwald

Wenn wir die ersten Anzeichen einer Erkältung verspüren – Gliederschmerzen, ein Kratzen im Hals und eine verstopfte Nase –, marschieren wir schnurstracks in die nächste Apotheke. In meinem Arzneischrank zu Hause stapeln sich inzwischen Hilfsmittelchen aller Art. Vitamin-C-Pulver, Tabletten zur Stärkung der Abwehr, Nasensprays, Hustensäfte sowie ein ganzes Arsenal an Bronchialsalben und Halsbonbons. Auch für kleinere Unfälle bin ich gerüstet. Ich besitze eine gut sortierte Reiseapotheke, einen Verbandskasten und ein handliches »Erste-Hilfe-Set«, das beinahe in jede Handtasche passt. Wenn die Selbstmedikation nicht hilft, wenden wir uns an den Hausarzt oder gehen ins nächste Krankenhaus. Wir vertrauen auf die westliche Hochleistungsmedizin, die es möglich macht, Menschenleben zu retten, die in anderen Ländern längst verloren wären.

Tief im brasilianischen Urwald gab es solche Annehmlichkeiten natürlich nicht. Man war auf fachkundige Stammesgenossen, begabte Heiler oder mächtige Zauberer angewiesen. Das Schicksal entschied, ob man nach deren Behandlung wieder gesund oder noch kränker wurde. In schlimmen Fällen, etwa bei einer verschleppten Malaria oder einem schweren Jagdunfall, hing das Überleben davon ab, ob man noch rechtzeitig die kleine Funkstation in unserem Nachbardorf Aldeia Bona erreichte. Lebensbedrohlich konnte es auch bei Schlangenbissen werden, gegen die sich kein passendes Antiserum finden ließ, weil der Bewusstlose die Schlange nicht mehr beschreiben konnte. Bei Schädelverletzungen oder Geburtskomplikationen lohnte sich ein Notruf erst gar nicht, weil ohnehin jede Hilfe zu spät gekom-

Traditionelle und moderne Heilmittel nebeneinander

men wäre. Und selbst ein vereiterter Backenzahn, ein Skorpionstich oder eine Blutvergiftung konnte heftige Komplikationen nach sich ziehen, die schlimmstenfalls zum Tod führen konnten.

Meine Eltern bemühten sich nach Kräften, die medizinische Versorgung in unserem Dorf zumindest provisorisch sicherzustellen. Vor allem meine Mutter kümmerte sich, wenn jemand krank war und Hilfe brauchte. Die nötigen Grundkenntnisse hatte sie sich an einem Tropeninstitut in Deutschland angeeignet, während mein Vater aufgrund seiner langjährigen Tropenaufenthalte wusste, was im Urwald gebraucht wurde. Manchmal kamen sogar Indianer aus weit entfernten Dörfern zu unserer Hütte, mit einem kranken Kind auf dem Arm, mit hohem Fieber oder einer Verletzung. Obwohl meine Eltern einen ordentlichen Vorrat an gängigen Schmerzmitteln und Verbandsmaterial in einer der Aluminiumkisten aufbewahrten, waren ihre Bemühungen oft nur ein Tropfen auf den heißen Stein.

Dies bestärkte meine Eltern in der Überzeugung, dass die Zustände vor Ort verbessert werden mussten. Sie gingen verschiedene Optionen durch: Für eine eigene Krankenstation war Mashipurimo zu klein. Eine solche Einrichtung würde das Leben im Dorf stören, weil die Kranken nie alleine kamen, sondern ihre gesamte Großfamilie mitbrachten. Und die blieb dann gleich tage-, wenn nicht gar wochenlang. Außerdem war Mashipurimo wegen seiner Lage an der tosenden Stromschnelle für die Dörfer flussabwärts nur mühsam zu erreichen, vor allem während der Trockenzeit. Für die flussaufwärts gelegenen Dörfer, für die die Funkstation in Aldeia Bona zu weit entfernt war, schien unser Standort hingegen ideal.

Schließlich hatte meine Mutter die zündende Idee: eine Urwaldapotheke! Mein Vater war anfangs skeptisch, ob die Apotheke ihren eigentlichen Zweck erfüllen würde. Medikamente waren in den vergangenen Jahren bei den Aparai zu einer beliebten Tauschware verkommen. Es kam vor, dass jemand nach Kopfschmerztabletten verlangte, die er gar nicht benötigte, sondern nur gegen etwas anderes eintauschen wollte. Außerdem, so befürchtete er, könnte traditionelles Wissen über Heilpflanzen verloren gehen, wenn chemische Arzneimittel jederzeit verfügbar waren. Schließlich gab es durchaus auch Krankheiten, gegen die ein Kraut gewachsen war. Und wie verhielt es sich mit Wunden, die zur Gefahr wurden, bloß weil sie nicht desinfiziert wurden? Und war es nicht besser, alle Medikamente an einem Ort zu lagern, anstatt mit einem Koffer voller Arzneien von Hütte zu Hütte, von Dorf zu Dorf zu ziehen? Eine Urwaldapotheke wäre nicht nur für viele Kranke eine zentrale Anlaufstelle; sie könnte auch ein Ort werden, um uralte Kenntnisse über Heilkräuter und Arzneipflanzen zusammenzutragen. Eines Tages, so der Plan, könnte die Apotheke in Selbstverwaltung an die Aparai übergehen.

139

Am Ende überwogen auch für meinen Vater die Vorteile einer solchen Einrichtung. Meine Mutter strahlte, als er einlenkte, und setzte zur Feier des Tages gleich eine Kanne tiefschwarzen Bohnenkaffees auf.

Während der kommenden Wochen versanken meine Eltern in ihren Planungen. Tagelang fertigten die beiden Skizzen von der Apotheke an, besprachen die Lage und berechneten die Entfernung zum Fluss und zu den umliegenden Dörfern. Manchmal ritzten sie ihre Entwürfe einfach in den Sand, dann wieder wurden eilig ein paar Bogen Papier aus dem »Gartenhaus« geholt, die sich mit Skizzen und Notizen füllten. Endlich war der Plan für das kleine Gebäude fertig. Ebenerdig sollte es sein, ohne Stufen oder gar Leitern, die für Alte und Kranke zu einem unüberwindbaren Hindernis werden konnten. Einen festen Boden brauchte die Urwaldapotheke auch, der sich gut putzen ließ und nicht aus gestampfter Erde bestand, wie in den traditionellen Hütten. Selbst an einen tiefen Graben hatten meine Eltern gedacht, der um das kleine Gebäude gezogen werden sollte, damit die Wassermassen während der Regenzeit die Apotheke nicht überfluteten.

Ich sehe meine Eltern noch vor mir, wie sie, über endlose Medikamentenlisten gebeugt, an unserem Küchentisch saßen. Hochkonzentriert, während sich mein Vater immer wieder mit einem Stofftaschentuch über die verschwitzte Stirn fuhr. »Resochin gegen Malaria, Vitamine gegen Mangelerscheinungen wegen einseitiger Ernährung, Sulfonamide und andere Medikamente zur Bekämpfung der eingeschleppten Grippe, Präparate gegen Augenkrankheiten, Ohren- und Halsschmerzen, Mittel gegen Durchfall, Eisen gegen Wurmkrankheiten«, hörte ich sie murmeln. In meinen Ohren klangen die Begriffe, deren Bedeutung ich nicht verstand, wie die Zauberformeln von Großmutter Antonia. Einige der Listen und Notizen, die sie damals anfertigten, habe ich inzwischen wieder gefunden. Es wäre interessant zu erfahren, was ein Tropenmediziner heute davon halten würde.

Mein Vater wischte sich erneut den Schweiß von der Stirn und steckte das Taschentuch anschließend in den Baumwollgurt seines Indianerlatzes. Nur seine Turnschuhe unterschieden ihn in diesem Aufzug von den Aparai. Markenturnschuhe, die er, wie er meinte, spaßeshalber auf ihre Tropentauglichkeit testete. Seine wasserfeste Armbanduhr, auf die er aus alter Gewohnheit von Zeit zu Zeit sah, war auch noch so ein Überbleibsel aus dem Leben in Europa. Im Dunkeln leuchteten die Zahlen auf dem Zifferblatt glühwürmchenartig auf. Für die Mashipurianer immer wieder ein faszinierender Anblick. Eine solche Armbanduhr galt als Maß aller Dinge, auch wenn kein Mensch im Urwald sie zu lesen verstand und die Einteilung von Zeit ohnehin keine Rolle spielte.

Ich freute mich riesig auf die bevorstehenden Veränderungen in Mashipurimo. Wenn meine Mutter nicht mehr so häufig unterwegs wäre, um Kranke zu besuchen, sondern die Menschen zu ihr in die Apotheke kämen, würde ich sie vielleicht öfter sehen. Dass die Urwaldapotheke ein Erfolg werden würde, glaubte inzwischen auch mein Vater. Denn die meisten Aparai brachten seiner Frau großes Vertrauen entgegen. Viele begegneten der »weißen Mutter« beinahe so respektvoll wie einer Heilerin und konsultierten sie auch bei delikateren Fragen. Dass solche Gespräche unter vier Augen anstanden, merkte ich schon daran, dass ich auf »dringende« Botengänge geschickt wurde. »Geh und bring Araiba etwas Zucker für seinen Kaffee!«, sagte meine Mutter dann sehr bestimmt, Widerspruch zwecklos.

Das ganze Dorf beteiligte sich daran, den Plan mit der Urwaldapotheke baldmöglichst in die Tat umzusetzen. Alle waren begeistert und versprachen Unterstützung. »Medizin aus Deutschland ist gut«, strahlte auch Häuptling Tuuwonno aus Bona, und sein Kollege Kulapalewa stimmte mit ein. »So ein Medizinhaus ist gut für Mashipurimo.« Und meine Eltern würden fortan nicht mehr mitten in der Nacht aus dem Schlaf gerissen werden, wenn ein verzweifelter Aparai vor ihren Hängematten auftauchte.

»*Tam*, großer Vater, ich kann nicht schlafen. Schon seit Wochen nicht, hast du Medizin für mich?« Mein Vater erzählte mir später, dass er nicht an eine Krankheit als Ursache für die Schlaflosigkeit geglaubt hatte. Diesen Mann, da war er sich ganz sicher, plagten andere Sorgen. Um Genaueres herauszubekommen, ging er mit ihm spazieren. Während der Mann sein Herz ausschüttete, mühte sich mein Vater, die Augen offen zu halten. Vermutlich hörte er irgendwann vor lauter Müdigkeit gar nicht mehr richtig zu, versuchte aber, sich das nicht anmerken zu lassen. Wir kannten das in der Familie – er nickte dann und gab hin und wieder ein verständnisvolles »Hmm, Hmm« von sich. Ich hatte schon öfter beobachtet, wie er das bei meiner Mutter machte.

»Du hast also nichts dagegen, wenn ich mich mit allem aus dem Staub mache und dich hier alleine im Urwald zurücklasse?«

Mein Vater nickte und murmelte: »Hmmm.«

»Und wenn dich wilde Tiere mit Haut und Haaren auffressen, dann gebe ich ein Fest.«

Wieder »Hmmm«, verständnisvolles Kopfnicken.

Ich kringelte mich vor Lachen. Mit seinen Gedanken war mein Vater überall, nur nicht bei den banalen Dingen des Alltags. Essen, Kochen, Kleidung, Einladungen, das alles lief für ihn nebenher, war nicht weiter erwähnenswert. Er wäre vermutlich verhungert und verdurstet, wenn andere sich nicht um sein leibliches Wohl gekümmert hätten.

Seinen nächtlichen Patienten jedenfalls versorgte mein Vater zum Abschied mit vielen guten Ratschlägen und »Tabletten« gegen die Schlaflosigkeit. Es war eine Packung Traubenzuckerdragées.

Einige Tage später erschien der Mann wieder mitten in der Nacht an Papas Hängematte. »*Tam*, ich wollte dir nur sagen, dass mir deine Medizin sehr geholfen hat. Ich kann jetzt gut schlafen. Ich glaube, ich bin wieder gesund.«

Bald darauf hatte der Mann eine neue Frau, und ein dreiviertel Jahr später kam er mit seinem neugeborenen Sohn vorbei. »Ich will, dass du ihm deinen Segen gibst. Er soll nach dir benannt werden. Eimo Alenani.« Der Junge Alenani. Alenani war der Name, den die Aparai meinem Vater gegeben hatten.

Bei ernsthaften Krankheiten wie Malaria half natürlich kein Traubenzucker mehr, auch bei Grippe musste man zu massiveren Mitteln greifen.

»Verantwortungslos, diese Beter. Ist das etwa christliche Nächstenliebe?«, polterte mein Vater, wenn er erfuhr, dass Missionare irgendwo am Amazonas wieder einmal die tödlichen Viren eingeschleppt hatten. Für uns nicht weiter schlimm, konnten Grippeviren mühelos einen ganzen Indianerstamm ausrotten, was leider immer wieder vorkam. Und sogar heute noch vorkommt. Was die Missionare, meist Vertreter nordamerikanisch-evangelikaler Sekten, nicht davon abhielt, die Quarantänezeiten wiederholt zu ignorieren. Wussten sie nicht, dass Ureinwohner keine Abwehrkräfte gegen unsere Viren besaßen? Dass eine einfache Erkältung der Weißen für Indianer lebensbedrohlich sein konnte? Das stand doch in jedem Tropenratgeber. »Aber es scheint ihnen wichtiger, möglichst viele Heiden zu bekehren. Na, wenigstens kommen sie dann in den Himmel, wenn sie an den Krankheiten der Weißen eingegangen sind«, giftete mein Vater.

Ein wichtiger Aspekt bei der Planung der Urwaldapotheke war deshalb, wie man Mashipurimo und die Dörfer in der Umgebung für größere Epidemien rüsten könnte. In Aldeia Bona zum Beispiel grassierte wiederholt Keuchhusten. Die Menschen husteten so stark, dass sie blutunterlaufene Augen bekamen, weil die feinen Äderchen durch den Druck platzten. Meine Eltern wollten einen größeren Vorrat an Medikamenten für derartige Fälle

143

Dachkonstruktion der neuen Urwaldapotheke

in Mashipurimo lagern. Mehrmals flogen wir nach Belém, wo meine Eltern bei Ärzten, die sie kannten, und in Krankenhäusern um Unterstützung für die Urwaldapotheke warben. Ihr Anliegen stieß auf offene Ohren. Sie sammelten Medikamente ein und ließen sich von den Ärzten im Umgang mit diversen Krankheiten unterrichten. Währenddessen musste ich stundenlang in irgendwelchen Vorzimmern warten und still sein. Die Zeit zog sich endlos, Ablenkung gab es kaum. Nur einmal beobachtete ich gebannt, wie die bleiche Büroleuchte mit ihrem grellen Neonlicht unzählige Insekten anlockte. Immer wenn eine Fliege in die Nähe der Glühbirne gelangte, verbrannte sie und blieb leblos auf dem Boden der Lampe liegen. Bis die Erwachsenen endlich fertig waren und einen Cafesino zum Abschied tranken, war der Lampenboden über und über mit toten Fliegenkörpern bedeckt, und die Lampe spendete kaum noch Licht. Als wir am nächsten

Tag das Zimmer des Arztes wieder betraten, der meinen Eltern eine Kiste mit Verbandsmaterial und Ampullen überreichte, war von den toten Fliegen keine Spur mehr zu sehen.

Endlich war es so weit! Unter der Regie meiner Mutter entstand in Mashipurimo die erste Urwaldapotheke am Rio Paru. Ein kleiner schmucker, runder Holzpavillon mit einem spitz zulaufenden Palmblätterdach. Mehr ein Türmchen, denn ein Haus. Die Bauarbeiten versetzten das ganze Dorf für mehrere Tage in helle Aufregung. Alle erwachsenen Männer packten mit an. Allein wegen des Palmblätterdachs mussten sie mehrere Stunden flussabwärts fahren. Nur in einer Ebene, weit hinter Aldeia Bona, wuchs die spezielle Palmenart, deren Wedel sich für ein dichtes Dach eigneten. Sie wurden geschnitten und in Bündeln mit dem Boot zurück nach Mashipurimo transportiert. Ich war mit von der Partie und thronte auf dem Rückweg stolz auf dem Haufen Palmwedel. Ein Palmblätterdach kann ähnlich wie ein Reetdach bei sehr guter Pflege eine Generation halten – das sind bei den Aparai rund vierzehn Jahre. Ob unsere Apotheke überhaupt so lange bestehen würde?

Während die Männer damit beschäftigt waren, das Dach der Hütte zu decken, versorgten die Frauen alle mit Essenspaketen und Maniokbier. Als kleine Zwischenmahlzeit gab es Kochbananen, die in Bananenblätter eingewickelt in die Glut geschoben wurden, bis sie gar waren. Diejenigen, die nicht arbeiteten, kommentierten staunend und belustigt das Geschehen. So ein kleines *Tapöi* hatte man selten gesehen. Auch die Einrichtung des Rundhauses, die meine Mutter entworfen hatte, war etwas Besonderes. Sie bestand aus einer grob gezimmerten Holztheke mit einem abschließbaren Unterschrank, an dem mein Vater ein dickes Vorhängeschloss befestigte. Sicher war sicher. Und weil Medikamente inzwischen als harte Urwaldwährung galten, verfiel mein Vater außerdem auf die Idee, als Gegenleistung für die kostenlos abgegebenen Medikamente einen Bericht von den Kranken zu verlangen. Bekam jemand ein Arzneimittel, musste er anschließend den Verlauf der Wirkung schildern, was die meisten Patienten gerne und auch ausgiebig taten. Wer sich die Medikamente nur erschlich, um damit Handel zu treiben, flog auf. Die Daten wurden aufgezeichnet und später an eine Hilfsorganisation in Deutschland weitergegeben. Auch die Bedarfslisten für Medikamente wurden entsprechend ausgewertet. Die Erkenntnisse lieferten wichtige Informationen für die Tropenmedizin und für die Entwicklungshilfe.

Auf uneingeschränkte Bewunderung stießen die Regale, die ungefähr die Hälfte der Innenwände aus Palmholz bedeckten und aus einfachen, etwas groben Holzbrettern gezimmert waren. Die vielen Fächer reichten bis zu den Balken der Deckenkonstruktion. Ansonsten hatte das *Tapöi* offene Wände – der guten

146

Durchlüftung wegen. Auch der Graben zur Entwässerung war inzwischen fertig, so dass Besucher selbst in der Regenzeit trockenen Fußes über einen Steg in die Apotheke eintreten konnten. Und der Fußboden war – für Aparai-Häuser wirklich ungewöhnlich – mit großen, blank polierten Steinplatten bedeckt.

Das war das beeindruckendste kleine Haus, das ich jemals gesehen hatte. Ich stellte mich in die Mitte des Raumes, wo ich mich vor lauter Freude wie ein Derwisch drehte, bis mir ganz schwindlig wurde. Irgendwann fiel ich um und blieb auf dem Boden liegen, bis sich der Drehwurm in meinem Kopf wieder einigermaßen beruhigt hatte.

Kopfschüttelnd hatte mich meine Mutter beobachtet. »Hier gefällt es mir, hier möchte ich wohnen. Es sieht aus wie in einem Schneckenhaus!«, strahlte ich Mama an, die sich mit gekreuzten Armen über mich beugte. Vermutlich dachte sie, ich hätte mich heimlich über den Hustensaft hergemacht.

Alles in dieser Urwaldapotheke kam mir wohlgeordnet, blitzsauber und übersichtlich vor. Ich bestaunte jedes Brett, jedes Holzfach, jede Schublade mit der übertriebenen Bewunderung, die sich für eine Aparai gehörte. Irgendwann wurde es meiner Mutter zu bunt. Etwas unsanft wurde ich vor die Tür gesetzt. Dies sei schließlich kein Spielplatz, sondern ein Ort für Kranke. »Husch, husch. Wir müssen fertig werden und Arzneimittel einräumen, bevor die ersten Leute kommen.«

Draußen empfingen mich Koi und Mikulu. Die beiden hatten sich erst gar nicht hineingetraut in das eigentümliche *Tapöi* und waren in sicherer Entfernung stehen geblieben. In den darauf folgenden Tagen bezogen wir permanenten Spähposten in unmittelbarer Nähe der Apotheke. Wer wusste schon, ob da nicht doch etwas Zauberei im Spiel war. Ein dicker gefällter Baumstamm, umgeben von stacheligem Gestrüpp, diente uns als perfektes Versteck. Von den anderen unbemerkt, beobachteten wir, wie nach und nach mehr Leute die Urwaldapotheke aufsuchten. In den ersten Tagen kamen nur ein paar zaghafte Besucher vorbei, um sich Pflaster und Salben für kleinere Schnittwunden zu holen oder Hustensaft für die Kinder. Als die anfängliche Skepsis überwunden war, pilgerten ganze Gruppen und Großfamilien herbei, um Heilmittel für Kopfweh, Tinkturen gegen Blessuren und Medizin zu erbitten, die mehr Linderung versprach als das Rauchen von Zauberkraut oder das Murmeln von Beschwörungsformeln vor dem Essen. Viele wollten gleich Arzneimittel auf Vorrat mitnehmen, was natürlich nicht möglich war.

Die Nachricht von der neuen Urwaldapotheke verbreitete sich wie ein Lauffeuer weit über die Grenzen der Aparai-Siedlungen hinaus, so dass sogar Menschen in unser Dorf strömten, deren Sprache keiner verstand. Leute vom Stamm der Wajapi zum Beispiel, die den Aparai sogar ein wenig unheimlich waren. Trotz der sprachlichen Barriere hatten sie keine Probleme damit, klarzumachen, dass sie gerne Pflaster hätten. Überhaupt waren Pflaster der Renner schlechthin. Sie hielten viel besser als Heilerde oder Baumrinde. Manche trugen ihr kleines, nach Medizin duftendes Pflaster voller Stolz mit sich herum, als handle es sich um einen Orden. Die hellen Pflaster leuchteten wie Kriegsbemalung auf der dunklen Haut. Manche Patienten gingen mit hängenden Schultern und schlurfenden Schritten in die Urwaldapotheke hinein und kamen leichtfüßig und erhobenen Hauptes wieder heraus. In der Urwaldapotheke, so glaubten wir zumindest, wurden wahre Wunder vollbracht. Wahrscheinlich hätte meine Mutter bei den meisten Beschwerden auch Bonbons verordnen können. Die Wirkung wäre vermutlich ähnlich gewesen.

Anders war die Reaktion bei Patienten, deren Wunden mit Jod verarztet wurden. Waren die Wunden bereits vereitert, mussten sie mit Alkohol ausgeputzt werden, bevor sie fachkundig verbunden wurden. Diese Patienten wirkten weniger erfreut, wenn sie die Urwaldapotheke wieder verließen. Dass das orangefarbene

Alkoholwasser wie die Stiche tausender Feuerameisen auf einer offenen Wunde brannte und außerdem auch noch ekelhaft roch, konnte ich aus eigener Erfahrung bestätigen.

Unschlagbar populär war das wundersame Heilmittel *Apiri* (Aspirin), auf das ich noch zwanzig Jahre später bei meiner Rückkehr nach Aldeia Bona angesprochen wurde. Ihm schrieben die Kranken eine übermächtige Wirkung zu. Das Wundermittel vermochte so ziemlich jeden Schmerz und jede noch so furchtbare Krankheit zu heilen, wenn man den detaillierten Beschreibungen der Geheilten Glauben schenken mochte. Einmal hatte sogar ein richtiger Zauberer über einen Boten um Aspirin bitten lassen. Die Tabletten wurden während seiner Zeremonien zur Krankenbehandlung zu einem Pulver zerstampft, mit einem Tropfen Wasser zu Brei vermischt und in schmerzende Zahnlöcher gefüllt. Eine neue, aber offenbar wirkungsvolle Methode – das zumindest wurde uns später berichtet.

Überflüssig zu erwähnen, dass unsere Vorräte an *Apiri* sehr viel schneller aufgebraucht waren als erwartet. Äußerst beliebt waren auch diverse Wurmkuren, die meine Mutter ihren Patienten mit ein paar aufmunternden Worten und detaillierten Hygiene-Anweisungen mit auf den Weg gab. Der Wurmbefall in den meisten Dörfern war zwar nicht wirklich gefährlich, unangenehm war das kitzelnde Gewürm im Magen-Darm-Trakt allerdings schon.

Eine begehrte Ware waren auch die Zahnbürsten, die meine Mutter verteilte, da vereiterte Zähne für schlimme Krankheiten verantwortlich waren. War es da nicht besser, von vornherein für sauberes Kaubesteck zu sorgen? Meine Mutter zeigte jungen Müttern, wie sie ihren Kindern das Zähneputzen beibringen konnten. Viele machten die kreisenden Bewegungen gleich nach, stolz darüber, dass sie nun statt des Kratzstöckchens eine bunte Zahnbürste bekamen. Dass sich meist eine ganze Familie eine einzige Zahnbürste teilte, obwohl es genug für alle gegeben hätte, ist eine andere Geschichte. »Immer noch besser, als die Zähne überhaupt nicht zu putzen«, befand mein Vater kurzerhand. Womit er vermutlich Recht hatte.

Tropenfieber

Ich erinnere mich nicht mehr, wie oder wann genau auch ich krank wurde; wann mich jene tückische Mücke mit dem harmlosen Namen »Anopheles« infiziert hatte. Ein winziger Moskitostich hatte ausgereicht, um jene Krankheit zu bekommen, deren Namen ich schon einmal gehört hatte: Malaria.

Meine Erinnerung an meinen Überlebenskampf setzt ein, als ich quer über den Armen meines Vaters lag. Ich war wohl eine Weile bewusstlos gewesen und wachte kurz auf, um erstaunt festzustellen, dass mich meine Eltern mitten in der Nacht durch Mashipurimo trugen. Alle waren in ihren Hütten, hier und da drang ein leises Husten aus den Langhäusern. Das gesamte Dorf schien im Tiefschlaf versunken, nicht einmal Hundegebell war zu hören. Auf dem Hauptplatz, dessen hell gestampfter Lehmboden im Mondschein wie Schnee leuchtete, qualmten noch die verkohlten Holzreste vom großen Abendfeuer. Nur das bleiche Licht des Vollmonds wies uns den Weg zum Ufer hinab. Was hatten meine Eltern nur vor?

Ich wollte meinen Vater fragen, was los sei, doch ich brachte kein Wort über die Lippen. Nicht mal den Kopf konnte ich richtig heben, meine Nackenmuskeln waren weich und spannungslos wie ein Gummiband. Bei jedem Schritt meines Vaters baumelte mein Kopf unkontrolliert hin und her. Meine Kehle war trocken und rau. Jeder Versuch zu schlucken, fühlte sich kratzig an, als hätte ich eine Portion Sand geschluckt. Mir fehlte die Kraft, um die Worte, die meine Lippen formten, in einen Ton zu übersetzen.

Das kühlende Wasser des Rio Paru war meine Rettung

»Papa?«

Endlich bemerkte mein Vater, dass ich wach war. In seinen Augen lag Angst.

»Beeil dich, schneller!« Die Stimme meiner Mutter klang panisch.

Immer wieder dämmerte ich weg, daher konnte ich nur ein paar Wortfetzen aufschnappen. Irgendetwas über zu hohes Fieber. Und dass der Fluss die letzte Chance sei. Ich hörte, wie meine Mutter sagte: »Sie verbrennt uns noch!«

Meinten die mich? Brannte ich? Es war doch nirgendwo Feuer zu sehen.

Mein Vater stolperte, mein Gewicht machte ihm offenbar zu schaffen. Im letzten Moment fing er sich wieder. Es tat mir leid, dass ich schwer wie ein Mehlsack war. Wieder versuchte ich, mich aufzurichten. Ich konnte doch selber laufen. Schließlich

151

war ich kein Baby mehr, kein Kind in meinem Alter wurde in Mashipurimo noch von seinen Eltern herumgetragen.

Aber es war zwecklos. Da war kein bisschen Kraft in mir. Mein Vater stöhnte vor Anstrengung. Und hin und wieder, wenn er über etwas stolperte, fluchte er leise vor sich hin.

Ich sah mit meinen fiebrigen Augen, dass meine Mutter ein paar Schritte vor uns herlief. Vermutlich um aufzupassen, dass mein Vater nicht auf eine Schlange oder Kröte trat. Oder über die Felsen stolperte, die das Flussufer säumten. Papa folgte ihr, so gut es ging. Hier und dort deutete sie auf Baumwurzeln und auf andere Hindernisse, auf die er achten musste.

Mir war heiß und kalt zugleich. Und jedes Mal, wenn ich versuchte, mich aufzurichten, umfing mich eine bleierne Müdigkeit, die mich bald wieder hinabzog. Eine Art Ohnmacht, gegen die ich mich erfolglos wehrte. Vor lauter Anstrengung biss ich die Zähne zusammen, doch das tat weh. Ich spürte den Schmerz in jeder einzelnen Zahnwurzel, ich hatte Gliederschmerzen, mein Kopf tat weh, und meine Augen brannten. Alles verschwamm. Verschwommenes Papagesicht, verschwommene Mama, verwischter Mond, die verwässerten Konturen der übermächtigen Schattenbäume in der Dunkelheit. Sogar die Sterne, die sich sonst so scharf abhoben, waren nur noch ein wirres Gekritzel aus Licht auf der tiefschwarzen Himmelstafel. Ich wollte schlafen, nur schlafen. Alles andere war mir egal. Ich sehnte mich nach meiner Hängematte mit dem bauschigen Moskitonetz, wollte nichts mehr als zurück in unsere Hütte.

Meine Mutter tätschelte besorgt meine Wangen. »Schön wach bleiben. Cathrinchen, versuch noch ein ganz kleines bisschen wach zu bleiben. Nicht wieder einschlafen.«

Sie fuhr mir über den Kopf und wischte mir den kalten Schweiß von der Stirn. Ich genoss ihre Berührung auf meiner Haut, ihre Finger waren so schön kühl. Von mir aus konnten sie noch ein Weilchen dort bleiben. Mamas Finger rochen immer nach fri-

152

scher Erde. Nach dem rotbraunen Boden der Pflanzungen, in den sie die Stecklinge hineinbohrte, den sie umgrub, um anschließend Baumwolle zu pflanzen, Maniok, Erdnüsse, Zuckerrohr, Bananenstauden, Ananas, Papaya oder Süßkartoffeln. Meine Mutter war eine leidenschaftliche Gärtnerin, Rodungen und die Pflege der Pflanzungen – das war ihre Welt.

Ich wollte der Mama mit den wohlriechenden und kühlenden Händen sagen, dass es mir gut ging. Dass sie sich meinetwegen nicht zu sorgen brauchte. Sie musste mich nur ein bisschen schlafen lassen. Dann würde ich bald wieder wach und munter sein. Ich bemühte mich, meine Augen offen zu halten, doch meine Lider fühlten sich an, wie mit Mühlsteinen beschwert. Ein letztes Blinzeln, dann sank mein Kopf nach hinten.

Von ganz weit weg vernahm ich den aufgeregten, fast hysterischen Ton in den Stimmen meiner Eltern. Und ich weiß noch, wie ich mich darüber wunderte. Eigentlich war doch gar nichts passiert. Ich konnte ihre Stimmen hören, ich war ja nur müde und nicht etwa tot. Aber meine Eltern schienen das nicht zu begreifen. Unentwegt sprachen sie weiter, mal flüsternd, dann wieder laut und hektisch, verzweifelt. Ich meinte zu bemerken, dass meine Mutter weinte. Hin und wieder ertönte ein leises Schluchzen. Aber vielleicht habe ich mich auch getäuscht, und sie hatte einfach nur Schnupfen.

Auf einmal war alles vorbei. Wie ausgeknipst. Keine Stimmen, keine Geräusche, kein Froschquaken, selbst das gleichmäßige Rauschen unserer Stromschnelle war weg. Alles war auf einmal ruhig. Totenstill. Dabei wurde mir immer leichter. Als schwebte ich wie eine Feder, die von einem Windhauch erfasst durch die Luft gewirbelt wird. Ich war frei. Der Mond schien näher zu kommen, und meine Eltern blieben weit unter mir zurück.

Ich schwebte tatsächlich, doch nicht etwa in der Luft, sondern im kühlen Nass des Flusses. Über mir der unendlich weite Himmel. Der große, runde Vollmond. Das gleichmäßige leise Rauschen der Stromschnelle wurde langsam wieder lauter. Der Ruf eines Käuzchens aus dem Urwald. »Huhui, huhui.« Bleib wach, bleib wach … Das sanfte Plätschern der kleinen Wellen, die meine Eltern durch ihre Bewegungen verursachten. Sie schwenkten mich im kühlenden Flusswasser. Am Ufer stießen unterdessen die vertäuten Bootskörper der Einbäume mit einem dumpfen Geräusch gegeneinander. Tonk, tonk. Tonk, tonk.

Das Flusswasser drang in meine Ohren, in meine Nase, meine Augen. Ein paar Hände unter meinem Rücken sorgten dafür, dass ich nicht unterging. Es waren Papas Hände, was ich am Druck des Edelstahlarmbands seiner Uhr bemerkte. Das feingliedrige Armband blieb immer wieder in meinen Nackenhaaren hängen, was ziepte.

Für den Bruchteil einer Sekunde schoss mir durch den Kopf, dass wir im Dunkeln so im Fluss stehend den Wasserschlangen ausgeliefert waren, den Raubfischen und möglicherweise sogar den Krokodilen, die lautlos durch das Wasser glitten und die man höchstens an ihren glühenden Augen erkannte, wenn man sie mit einer Taschenlampe anstrahlte. Auch gab es Riesenotter, die uns beißen konnten. Es schüttelte mich. Die Warnungen von Großmutter Antonia hallten mir im Ohr: »Geh niemals alleine nach Einbruch der Dunkelheit ans Flussufer.« Doch wenn meine Eltern bei mir waren, musste die Lage halbwegs sicher sein.

Beide schienen jedenfalls überhaupt nicht an die Gefahren im dunklen Wasser zu denken. Oder es war ihnen egal. Für sie war das Bad im Fluss ein Hoffnungsschimmer in einer todernsten Situation. Zwar hatte ich mich schon tagelang über Bauchschmerzen und Unwohlsein beklagt, auch hatte ich im Gegensatz zu sonst kaum Appetit gezeigt, doch an Malaria hatte keiner gedacht. Und als sie endlich draufgekommen waren, wäre es beinahe zu spät gewesen.

Im kühlen Wasser treibend und zwischenzeitig wieder kurz wach, betrachtete ich die Schönheit des Sternenhimmels. Wenn man das Firmament lang genug anschaute, konnte man richtige Bilder entdecken. Formen und sogar Figuren. Ein atemberaubendes Bild. Der riesengroße Mond überstrahlte alles mit seinem bleichen Licht. Ich meinte sogar in den Flecken der Mondkrater die Konturen eines Gesichts zu erkennen. So bewusst hatte ich den Mond noch nie wahrgenommen. Gerne hätte ich meinen Eltern gesagt, wie gut mir unser nächtliches Flussbad gefiel. Es war so friedlich und still. Ein magischer Moment, der nur uns dreien gehörte.

»Schaut doch mal hoch«, dachte ich noch, dann wurde plötzlich alles ganz dunkel. Der Mond war ausgeknipst, die Sterne waren erloschen, der Druck der Hände unter meinem Nacken und Rücken ließ nach. Meine Eltern waren weg. Der Fluss, das Dorf. Alles. Ich hatte keine Schmerzen mehr, kein Unwohlsein, ich fühlte weder Hitze noch Kälte, war losgelöst von allem, wie ein Luftballon, den man von seiner Schnur losgeschnitten hatte.

Wie lange dieser Zustand andauerte, weiß ich nicht mehr. Ich erinnere mich nur, dass ich keine Angst hatte und dass ich meine Eltern gerne beruhigt hätte. Sie mussten nicht so ernst schauen, es ging mir so gut, wie schon lange nicht mehr.

»Sie stirbt uns unter den Händen weg!«

»Bring sie an Land!«

»Hast du die Spritze dabei? Gib sie ihr doch endlich!«

»Nein du, ich kann das nicht.«

»Du musst!«

Plötzlich der Stich einer Nadel, die ganz und gar unsanft in meine Haut gerammt wurde. Ein anhaltender Schmerz, auch als die Nadel schon längst wieder herausgezogen war.

An den Rückweg zu unserer Hütte erinnere ich mich überhaupt nicht mehr.

Nach dem schweren Malariaanfall dauerte es eine ganze Weile, bis ich wieder richtig auf den Beinen war. Mein Vater hatte mir am Fluss vermutlich Resochin gespritzt; zurück in unserer Hütte wurde ich noch mit unzähligen Medikamenten versorgt. Mit allem, was man damals so gegen Malaria einsetzte. Natürlich bekam ich auch die volle Dosis an Zuwendung und Aufmerksamkeit. Jeden Tag kam Großmutter Antonia vorbei, um zu sehen, wie es mir ging. Sie streichelte mein Gesicht und brachte mir ein wenig von allem mit, was sie gekocht hatte. Anfangs hatte ich noch keinen Appetit, aber nach ein paar Tagen kam der Appetit auf Herzhaftes wieder zurück. Die scharfe, pfeffrige Wildbrühe, die sie zubereiten konnte, wie keine andere im Dorf, machte selbst Totgesagte wieder munter.

Während der unfreiwilligen Hängemattenruhe, die mir in der Zwischenzeit verordnet wurde, kam Koi jeden Tag vorbei. Manchmal saß sie zu meinen Füßen und schaute mich einfach nur an. Einmal hielt sie meine Hand, als ich aufwachte. Ich bekam nie so genau mit, wer wann kam oder ging. Vor allem Koi war lautlos wie eine Katze. Sie schien zu spüren, wann ich Gesellschaft brauchte und wann ich lieber meine Ruhe haben wollte. Sobald meine Eltern aus dem Haus waren, tauchte sie wie ein kleiner Urwaldgeist an meiner Seite auf, reichte mir eine Schale mit Wasser und war schon wieder fort, bevor ich mich bedanken konnte. Auch meine große Schwester Sylvia kam regelmäßig vorbei, um mich zu umsorgen. Sie drückte mir einen scharfkantigen Stein in die Hand, und als ich meine Faust wieder öffnete, sah ich, dass es sich um einen Jaguarzahn handelte. Ein Amulett, das mir die Kraft des Königs der Tiere verleihen sollte, seine Unverwundbarkeit und seinen Mut. Vor allem war es ein Schutz-Amulett, das böse Mächte abhalten sollte. Denn im Glauben der Aparai sind böse Geister die Auslöser für Krankheiten.

In allerbester Absicht bekam ich Heilkräuter und wohlriechende Blätter unter meinen Rücken gestopft. Medizin, die mich wieder munter machen sollte. Baumrinde, die ein bisschen nach Zimt roch, rote, gelbe und lilafarbene, nach Vanille duftende Samenkapseln gegen Übelkeit, obwohl mir doch gar nicht übel war. Und ein bitteres Kraut, das auf der Zunge brannte, wenn man darauf herumkaute. »Das nimmt die Hitze aus deinem Körper weg«, klärte mich die alte Peputo später auf.

Meine Hängematte füllte sich mit allerhand welken Blättern, und der Boden darunter war schon bald mit Blütenstaub und Samenkörnern bedeckt. Kombiniert mit den Medikamenten meiner Eltern wirkte der Heilzauber, Mashipurimo hatte mich wieder. Während die Malaria bei den Aparai in weniger starker Form auftritt, jedenfalls nicht viel schlimmer als bei uns eine gewöhnliche Grippe, hätte sie für ein kleines europäisches Mädchen wie mich durchaus anders ausgehen können. Meine Eltern wussten von dieser Gefahr, und waren nicht umsonst um mein Leben gelaufen. Mein Vater war vor lauter Aufregung versehentlich sogar mit seinen Turnschuhen ins Wasser gegangen. Die Schuhe »Made in Germany« lösten sich nach einigen Tagen in ihre Einzelteile auf. Was zurückblieb, war ein jämmerliches Häuflein aus Stoff, losen Sohlen und rostigen Ösen. Die Turnschuhe der siebziger Jahre mochten vielleicht tropentauglich sein – wasserfest waren sie nicht.

Hausputz am Amazonas

Im Hochsommer, wenn die Zikaden am lautesten zirpten, war in Mashipurimo die Zeit des Hausputzes gekommen. Die Hängematten wurden von ihren Pfosten gebunden, zusammengerollt und von den Kindern zum Flussufer geschleppt. Koi ging mit energischen Schritten voran, ich hielt den Bauch der Hängemattenschlange, und Mikulu trug das Hinterteil. Er hatte ein wenig Mühe, mit unserem Tempo mitzuhalten. Aber er war gutmütig genug, uns nicht im Stich zu lassen. Mehr als drei Hängematten auf einmal schafften wir auf diese Weise jedoch auch nicht. Zu-

Magischer Deckenschild – Maruana *im Rundhaus von Mashipurimo*

dem mussten wir aufpassen, dass sie sich beim Transport nicht verhedderten. Und so liefen wir mehrmals hin und zurück, bis alle schmutzigen Hängematten am Flussufer lagen.

Schon von Weitem hörte man Gelächter und Stimmengewirr, das vom Fluss Richtung Dorf herüberklang. Auf den Felsbänken der Bucht saßen die Frauen und schrubbten ihre Wäsche. Mit den Hängematten war es etwas komplizierter – sie wurden zunächst vorgewaschen, anschließend zusammengerollt und dann gegen die Felsen geschlagen. Sozusagen der Schleudergang im indianischen Waschprogramm.

So ein Waschtag lohnte sich erst richtig, wenn genug zusammenkam. Neben den Hängematten stapelten sich die Lendenschurze der Frauen, die feuerroten Durchziehlätze der Männer und sämtliche Baumwollgürtel der großen und kleinen Dorfbewohner. Der zweitgrößte Haufen bestand aus den Trageschlingen für Kleinkinder. Jede Familie besaß mehrere davon; wer etwas auf sich hielt, trug nur lupenrein weiße Trageschlingen über der Brust, die zu Festtagen mit roter *Ononto*-Pflanzenfarbe eingefärbt wurden.

Das Beste am Großreinemachen war, dass wir zwischen der ganzen Wäsche umherplanschen konnten. Es gab nichts Schöneres, als unter den eingeweichten Stoffbahnen durchzutauchen und mit einem lauten Prusten unvermittelt wieder nach oben zu schnellen. Als Koi und ich gemeinsam mit einem lauten »Buuhh!« auftauchten, taten die Frauen erschrocken: »Uuiih, das sind ja *Kanna-Akottos!* Bringt euch vor den Wasserungeheuern in Sicherheit.« Wir bekamen einen fürchterlichen Lachanfall.

Das *Kanna-Akotto* war unser Lieblingsungeheuer. Seine Abbildungen fanden sich an zahlreichen Stellen in unserem Dorf wieder, einige Aparai hatten sogar ihre Paddel mit dem Bildnis dieses Wasserungeheuers verziert. Am meisten beeindruckte mich die Abbildung auf dem kreisförmigen Deckenschild in unserem Rundhaus. Wenn wir allein waren, setzten wir uns im Schneidersitz in die Mitte des Raums, wo wir uns mit dem Rücken an die Stützpfosten lehnten, damit wir die Fabeltiere auf dem *Maruana*, dem Deckenschild, in Ruhe betrachten konnten. Wenn man die gemalten Figuren nur lange genug ansah, meinte man, sie würden lebendig.

Die Magie, die von diesem Deckengemälde ausging, lässt sich nur schwer in Worte fassen. Das *Kanna-Akotto* hatte einen fischähnlichen Leib und am Bauch einen Fangarm mit scharfen Krallen. Es hieß, dass das Ungeheuer im tiefen Wasser der Flüsse lebe und dass es mühelos sogar die größeren Stromschnellen überwinden könne. Auch dass das *Kanna-Akotto* in alter Zeit Menschen gefressen habe, erzählte man sich. Sein Bildnis sollte das Dorf vor Unheil schützen und war gleichzeitig eine Erinnerung an die Vergangenheit.

159

Die frisch geschrubbten Wäschestücke wurden auf den sonnengewärmten Felsplatten ausgebreitet. Mit der Zeit waren sämtliche Kugelfelsen am Ufer mit Stoffen bedeckt. Dort trockneten sie in kürzester Zeit in der gleißenden Nachmittagssonne. Das cremefarbene Baumwollgewebe umhüllte die dunklen Granitrücken, als hätten die Geister des Urwalds riesengroße Daunenkissen achtlos neben das Flussbett geworfen. Christo hätte seine Freude an diesem Anblick gehabt.

Während die Frauen am Fluss arbeiteten, waren die Männer im Dorf mit dem Hausputz beschäftigt. Das ist bei den Aparai tatsächlich Männersache. Sämtliche Körbe und Vorratsbehälter wurden von den Dachbalken abgehängt, damit das Palmblattgewölbe von Schmutz und sämtlichem Getier, das unter dem Gebälk hauste, befreit werden konnte. Jeder Zentimeter musste sorgsam mit einer Holzstange abgeklopft werden. Als ich Großvater Araiba dabei zuschaute, musste ich rasch in Deckung gehen, damit nicht die ganze Insektensammlung auf mich herabrieselte. Kleine Staubpartikel, Käfer, Spinnen, Skorpione und sogar winzige Schlangen, die zusahen, dass sie sich schnellstmöglich fortschlängelten, bevor sie von einem Palmblattbesen aus der Hütte gefegt wurden. »Fort, fort, ihr Tierchen, raus aus unserer Hütte«, rief Araiba und ließ nicht locker, bis der ganze Boden besenrein und das Deckengewölbe der Schlafhütte endlich tierfrei war. Natürlich dauerte es nicht lange, bis die ersten Spinnen wieder nachkrabbelten. So leicht ließen sie sich nicht vertreiben. Ganz zu schweigen von den Fledermäusen, von denen gleich mehrere Generationen unter dem Blätterdach wohnten.

Nach dem ersten Staubregen verkrümelte ich mich vor die Hütte, in sicherer Entfernung von weiteren Überraschungen. Vor allem vor den kleineren Skorpionen hatte ich einen Heidenrespekt. Als ich mir mit dem Arm über das Gesicht fuhr, bemerkte ich, dass sogar meine Wimpern mit Staub bedeckt waren. Auch Araibas dunkler Schopf war von feinem Staub und klei-

160

Aparai-Männer beim Flechten von Aufbewahrungskörben

nen Palmblattpartikeln übersät. Sein dichtes Haar sah aus wie mit Kreide gepudert. So ein Hausputz war wirklich keine schöne Angelegenheit. Noch Stunden später hatte ich das Gefühl, auf Sand herumzukauen. Das Wäschewaschen am Fluss hatte mir da schon besser gefallen.

Im Dorf entdeckte ich nun auch Kulapalewa, gefolgt von seinem Sohn Chico. Beide winkten freundlich zu Araiba und mir herüber. Mehrmals gingen sie in ihre Hütte hinein, um nach kurzer Zeit mit einem Stapel Körben beladen wieder herauszukommen. Vor dem Haus sammelte sich eine beeindruckende Anzahl an Gegenständen. Korb für Korb leerten die beiden aus, im Laufe der Zeit hatte sich so einiges angesammelt. Wertvolles und Wertloses, schnöde Gebrauchsgegenstände genauso wie kostbares Kunsthandwerk. Alles, was nicht mehr gebraucht wurde, wanderte auf den großen Haufen für das Abendfeuer. Alles

Der Federschmuck wird gelüftet

andere wurde gepflegt, repariert und geölt. Wenn es um ihre wenigen Habseligkeiten ging, waren die Männer von Mashipurimo sehr gewissenhaft.

Araiba stellte seine Sammlung an kunstvoll geflochtenen Körben ebenfalls vor die Schlafhütte. Die Quadratkörbe, *Potös*, waren offen und mit Mustern aus schwarz eingefärbtem *Aruma* verziert. Das waren die typischen Aufbewahrungsbehälter, die Großmutter Antonia und die alte Peputo für ihre Handarbeiten benutzten. Ich sah, dass sie tatsächlich randvoll mit Baumwollspindeln und bereits angefangenen Webstücken waren. Mein Herz hüpfte vor Freude, als ich einen kleinen Lendenschurz in einem der Körbe entdeckte. Für Sylvia war er definitiv zu klein. Vielleicht eine Überraschung für mich? Araiba lachte. »Das solltest du noch gar nicht sehen. Du neugieriges kleines Ding.«

Die anderen Körbe, die Araiba vor der Hütte aufreihte, hatten Deckel. Behutsam öffnete er einen nach dem anderen. Das leise knarzende Geräusch war für mich damals so, wie heute das Knacken eines Überraschungs-Eis für meine Tochter – man wusste nie, was einen als Nächstes erwartete. Einige Körbe waren in Form und Größe vergleichbar mit einer Schuhschachtel für Stiefel, nur deutlich schmaler. In diesen Schachteln bewahrte Araiba seinen prächtigen Federschmuck auf. Normalerweise bekamen wir diese feuerrot und azurblau leuchtenden Arafedern mit der kunstvollen Baumwollbindung nur zu ganz besonderen Gelegenheiten zu sehen. Zum Beispiel in der Zeit vor großen Tanzfesten. Doch heute stellte Araiba die Schachteln samt dem wertvollen Federschmuck einfach mit geöffneten Deckeln in die pralle Nachmittagssonne. Erstaunt erkundigte ich mich, warum er das tat. »Die Sonne tötet die Milben ab und vertreibt das ganze Ungeziefer aus dem Federschmuck«, erklärte Großvater Araiba. Und beim kommenden Tanzfest würden die prächtigen Arafedern dann wieder wie neu als Kronen auf den Tanzmänteln erstrahlen. Erst wenn sie an Leuchtkraft verloren, wurden sie gegen neue Arafedern ausgetauscht. So ein Federschmuck war schließlich eine Kostbarkeit, und nur wenn er richtig gepflegt wurde, konnte er seinem Besitzer lange Zeit Freude bereiten.

Während ich neben Araiba hockend den schönen Federschmuck in den geöffneten Körben betrachtete, fiel mir eine Reihe Tontöpfe auf, die *Mukuschis*. Sie waren etwas kleiner als die anderen Behälter und über und über mit kunstvollen Ornamenten verziert. Vorsichtig hob ich einen der Deckel an, und Araiba gab mir durch ein zustimmendes Nicken zu verstehen, dass er damit einverstanden war. »Guck nur, das wird dir gefallen.« In einem der Behälter war eine wunderschöne Rassel, gefertigt aus kleinen *Ololos,* hohlen Kürbissen. Behutsam nahm ich sie in die Hand und war überrascht, dass sie schon bei der geringsten Bewegung ein Geräusch von sich gab. Waren da kleine Kerne drin? Steinchen? Oder nur Sand? Erneut schüttelte ich die Rassel, doch es war nicht auszumachen, was sich in ihrem Innern befand. Und der Griff, das Stück eines abgesägten Pfeils, saß so fest auf dem Hohlkörper des getrockneten Kürbisses, dass ich ihn beim besten Willen nicht herausziehen konnte, um hineinzuschauen. An den Stellen, an denen der Griff kunstvoll mit Baumharz am Hohlkörper festgeklebt war, glänzte es. Araiba schien sich über mein Interesse an den geheimnisvollen *Marakannös* zu freuen und erklärte mir die Bedeutung der verschiedenen Muster. Es waren mythische Tierfiguren aus alter Zeit. Auf einer der Rasseln meinte ich sogar ein kleines *Kanna-Akotto* zu erkennen.

Gute Geister, böse Geister

Dass mich Araiba mit den Rasseln spielen ließ, war keine Selbstverständlichkeit. Früher waren sie nur den mächtigen Zauberern vorbehalten gewesen und für Normalsterbliche tabu. Araiba, der gerade dabei war, Feder für Feder seines Kopfschmucks zwischen seinen Fingern glatt zu streichen und sie einzufetten, bis sie glänzten, erklärte mir, warum das so war.

Vor langer Zeit lebte eine Vielzahl mächtiger Zauberer im Land der Aparai. Sie hatten die Gabe, schlimme Krankheiten zu heilen, und vermochten in ihren Träumen zu reisen und böse wie gute Geister zu erschaffen. Manchmal waren die Geister im Dienste ihrer Herren auch als Boten und Kundschafter unterwegs. Ich stellte mir bildlich vor, wie sie durch die Lüfte flogen und die Menschen bei ihren Gesprächen belauschten oder ihnen im Schlaf etwas zuflüsterten. Die Zauberer konnten nämlich auch die Träume der Menschen beeinflussen. Sie bewegten sich in verschiedenen Welten, im Diesseits wie im Jenseits.

Am abendlichen Lagerfeuer hatte ich schon davon gehört, dass es in der alten Zeit einen Zauberer gegeben hatte, der so mächtig gewesen war, dass sich sogar die gefährlichen Jaguargeister in seinen Dienst stellten. Der Einfluss eines Zauberers auf seine Stammesgenossen war folglich groß, manche fürchteten ihn, alle respektierten ihn. Niemand mochte es sich mit so einem mächtigen Mann verderben. Manche Zauberer waren Seher, andere weise Ratgeber, Zeremonienmeister und natürlich Heiler. Da für die alten Aparai böse Geister die Hauptursache für Krankheiten waren, wurden diejenigen Zauberer besonders geachtet, die den besten Draht zu den Geistern hatten. Mit ihren Formeln konnten sie solche Wesen beruhigen und milde stimmen. Dazu benötigten sie besagte Rasseln. Und dann erzählte mir Araiba etwas, was mich zum Staunen brachte. Am Anfang der Aparai-Welt hatte es ursprünglich nur Zauberinnen gegeben. Erst viel später waren auch Männer mit außergewöhnlichen Fähigkeiten zu Magiern bestimmt worden. Davon hatte ich noch nie etwas gehört, in den Erzählungen war immer nur von männlichen Zauberern die Rede gewesen. Ob diese Zauberinnen der alten Welt auch zwei Männer haben durften? Araiba bejahte. In einem Nachbardorf hatte ich einmal eine Frau kennengelernt, die zwei Brüder geheiratet hatte. Aber eine Zauberin war sie meines Wissens nicht. Araiba lächelte und meinte, die Zeiten hätten sich nun einmal geändert.

Araiba bei der Herstellung einer Kürbisrassel

Da schoss mir ein Gedanke durch den Kopf: War meine Mutter vielleicht auch eine Art Heilerin? So beseelt, wie manche Kranke aus ihrer Apotheke kamen, mochte das gut sein. Dass sie zaubern konnte, hatte ich allerdings noch nicht bemerkt. In Gedanken ging ich ihre Ausrüstung durch: Pillen, Tabletten, Wundsalben, Spritzen und natürlich Verbandszeug. Aber keine Rasseln oder andere rituelle Dinge. Und Rauchen tat sie auch nicht. Ein guter Zauberer musste aber immer eine lange Tabakpfeife bei sich tragen, das bestätigte mir Araiba mit einem Nicken, das keinen anderen Schluss zuließ, als den, dass Mama wohl doch keine Zauberin war.

Im Laufe der nächsten Monate kam die Rede häufiger auf die berühmte Zauberin Alliwakka, die vor noch gar nicht allzu langer Zeit am Fluss Jari gelebt hatte. Von ihr hatte bereits die alte Peputo am Abendfeuer erzählt. Alliwakka genoss zu Lebzeiten hohes Ansehen, denn sie konnte Schmerzen durch das Auspusten von Tabakqualm lindern. Sie war eine Meisterin im Umgang mit Zauberrasseln und eine durch und durch weise Frau. Auch mein Vater kannte ihren Namen und erzählte mir, dass Alliwakka den schönsten Federschmuck im ganzen Land besessen hatte und einen Fransenmantel, mit dem sie später sogar beerdigt wurde. Als Alliwakka verstarb, legten ihre Anhänger ihr noch einen Pfeil in die Hand, damit sie auch im Jenseits jagen konnte.

Wann immer in den kommenden Wochen in Mashipurimo über Zauberer gesprochen wurde, wurde ich hellhörig. Als Araiba jedoch erwähnte, dass ein Zauberer regelmäßig Ameisenmartern über sich ergehen lassen musste, um seinen Mut zu beweisen und sich abzuhärten, verlor der Gedanke, selber einmal Zauberin zu werden, vorerst seinen Reiz für mich. Es hatte mir gereicht, Inainas Qualen mitzuerleben. Mit Schaudern dachte ich an seine Initiationsmarter zurück. Zauberer zu sein, hatte ich mir irgendwie schmerzfreier vorgestellt.

Fasziniert war ich aber von den Schilderungen über die übersinnlichen Fähigkeiten, mit denen ein Zauberer gesegnet war. Am Abendfeuer wurde erzählt, dass die Wanderer zwischen den Welten sogar mit den Geistern der Verstorbenen sprechen konnten. Das stellten wir uns spannend vor. Koi krähte in die Runde, dass sie mithilfe eines Zauberers mit ihrer verstorbenen Großmutter Oloitö sprechen wolle, der großen Geschichtenerzählerin, die in einem Dorf am Fluss Maicurú gelebt hatte und deren Namen beinahe jedes Aparai-Kind kannte. Ich überlegte, mit wem ich durch die Vermittlung des Zauberers sprechen könnte. Doch mir fiel beim besten Willen keiner ein. Alle, die ich liebte, lebten noch, und diejenigen aus meiner Familie, die bereits gestorben waren, kannte ich nicht. Nein, gab ich Koi zu verstehen, ich wolle mich lieber nicht mit den Verstorbenen unterhalten, mir reichten die Leute in unserem Dorf. In Wirklichkeit hatte ich einen Heidenrespekt vor den Toten, und die Aussicht, mit ihnen zu sprechen, war mir viel zu unheimlich.

All diese Erzählungen führten dazu, dass ich mir im Laufe der Zeit ein ganz bestimmtes Bild von Zauberern machte. Ich stellte mir vor, dass diese Mächtigen der alten Zeit außergewöhnlich schöne Tanzmäntel mit prächtigen Federkronen trugen und dass sie lange Pfeifen rauchten, wodurch sie in Trance versetzt wurden und mit den Geistern der Ahnen sprechen konnten. Ich war fasziniert und erschrocken zugleich, wenn ich nur daran dachte, eines Tages vielleicht so einem mächtigen Zauberer zu begegnen. Ob er auch meine Gedanken lesen und in die Zukunft sehen konnte?

Großvater Araiba machte mir da wenig Hoffung. Die wirklich großen Zauberer seien inzwischen allesamt verstorben. Oder von christlichen Missionaren vertrieben worden. Behauptete er zumindest. Und Araiba musste es ja wissen. Weil es kaum etwas gab, was er nicht wusste. Gut, ein paar Zauberer gebe es heute schon noch, aber die ließen sich ihre Dienste mit Perlen, Messern und Angelruten bezahlen, was die Zauberer der alten Zeit natürlich gar nicht nötig gehabt hatten. Araiba schüttelte verächtlich den Kopf. Nein, nein, so würdevolle Zauberer wie in der alten Zeit … und gute Heiler seien sie auch nicht mehr. Besser, man verließ sich auf Medikamente, die mehr halfen als der Tabakqualm eines Zauberers, setzte Araiba hinzu.

Araiba hatte die Zeit der Zauberer wehmütig für beendet erklärt, aber ich wollte mich damit nicht zufrieden geben. Beiläufig erkundigte ich mich eines Abends, wie man überhaupt zum Zauberer bestimmt werde. Das Kochfeuer von Antonia knisterte leise. Und Araiba, der hinter meiner Frage eine bestimmte Absicht erkannte, murmelte, dass man nicht einfach so zum Zauberer werde. Jedenfalls nicht so, wie man durch Übung zum Jäger, zum Fischer oder zum Bootsbauer werde. Zum Zauberer müsse man schon von Geburt an bestimmt sein. Nur ein alter Zauberer könne erkennen, ob ein Kind dazu auserkoren sei oder nicht. Erst dann nehme er es unter seine Fittiche. Der Nachwuchszauberer müsse zum Beispiel Ereignisse in seinen Träumen vorher-

167

sehen können. Doch so sehr ich auch darüber nachdachte, weder in Mashipurimo noch in Aldeia Bona kannte ich ein Kind, auf das diese Beschreibung passte. Aber wenigstens hatten Koi und ich wieder mal einen neuen Zeitvertreib. Wir spielten Zauberer, überlegten uns abenteuerliche Zeremonien – und übten angestrengt, in die Zukunft zu sehen.

Palaver im Rundhaus

Großmutter Antonia hatte unser Spiel schon eine Weile kopfschüttelnd beobachtet, als sie mich eines Tages zur Seite nahm. Wenn mich das wirklich so interessiere, dann wolle sie mich in das Protokoll für den Besuch eines Zauberers einführen, aber nur, wenn ich verspräche, keine weiteren Dummheiten zu machen. Keine weiteren Spielchen mit ausgedachten Zauberformeln, dafür sei der Anlass zu ernst. Mit der Zauberei mache man nämlich keine Scherze. Mir verging das Lachen, als ich die Entschlossenheit in ihren Augen erkannte. Zauberformeln seien nur etwas für Menschen, die mit dieser Macht umzugehen verstünden. Manchmal hatte ich den Verdacht, dass in Antonia selbst eine Portion Zauberin steckte. Sie war unbestritten weise, sie war mutig, nahm kein Blatt vor den Mund und segnete das Essen mit Schutzformeln aus uralter Zeit. Überhaupt wusste Antonia einiges über die alten Bräuche, und selbst mit Tinkturen aus der Natur kannte sie sich einigermaßen aus. Ihr Schutz hat mich schon vor so manchem Unheil bewahrt. Zumindest bin ich davon überzeugt, dass ich auch dank ihres Segens manch schlimme Situation unbeschadet überstanden habe.

Nach dem gemeinsamen Mittagessen – Klammeraffe im Pfeffersud – bat mich Antonia, noch ein Weilchen zu bleiben, und bedeutete mir, auf Araibas Holzbänkchen Platz zu nehmen. Das allein war schon eine besondere Geste. Sie nahm ihre Aufgabe,

Rohling eines Aparai-Tierbänkchens

mich in der Aparai-Tradition zu unterrichten, sehr ernst, dozierte im Stehen und erklärte, wie man sich beim Besuch eines Zauberers zu benehmen hatte. Zuerst einmal hatte man einen Zauberer angemessen zu begrüßen, indem man ihm Respekt erwies. Man musste also besonders höflich sein und Ehrfurcht zeigen. Das fing schon mit der Begrüßungsformel an. Antonia ließ mich wissen, dass man einen Zauberer in etwa so begrüßte, wie einen Häuptling aus einem fernen Dorf: voller Hochachtung. Anschließend sollte man den Zauberer in das schönste Haus im Dorf führen oder besser noch ins *Polootoppo*. Dort halte man eine Weile Palaver, um ihn milde zu stimmen, und rauche eine Zigarre mit ihm. Wobei der Zauberer auf dem schönsten Tierbänkchen Platz nehmen dürfe, während man selbst im Schneidersitz auf dem Boden verharren müsse.

»Und wenn man gar nicht rauchen mag, weil es so furchtbar

stinkt und danach ganz schlimm im Hals kratzt?«, erkundigte ich mich.

Antonia betrachtete mich mit hochgezogenen Augenbrauen. Langsam schien ihr zu dämmern, dass Großvater Araiba, der hinter dem Dorf eine kleine Tabakplantage für den Eigenbedarf betrieb, mich an seinen selbstgedrehten Zigarren hatte paffen lassen, was ihr gar nicht gefallen wollte.

»Dann raucht man trotzdem eine Zigarre, denn es gehört sich so. Es ist Teil der Begrüßungszeremonie«, antwortete sie bestimmt. Nichts schien sie heute aus der Fassung bringen zu können. Hatte sie sich einmal etwas in den Kopf gesetzt, dann hielt sie es auch durch. Heute wollte sie mich erziehen, was ihr oftmals besser gelang als meinen Eltern.

Danach müsse man mit dem Zauberer Gespräche über dies und jenes führen. Man könne sich zum Beispiel nach seinen Erfolgen erkundigen.

»Und wenn man sich vor lauter Angst gar nicht traut, mit ihm zu sprechen?«, hakte ich nach. Bei erwachsenen Besuchern aus anderen Aparai-Dörfern verschlug es mir nämlich oft die Sprache. Nicht selten flüchtete ich bei Anlässen, bei denen ich offiziell vorgestellt werden sollte.

»Dann lässt man sich die Angst einfach nicht anmerken und erzählt etwas über das Wetter oder den Wasserstand des Flusses oder über die Jagd oder über die neuen Boote«, fuhr Antonia unbeirrt fort. »Dann verfliegt die Angst ganz von alleine, weil man nicht mehr an sie denkt.«

An diesem Nachmittag lehrte mich Antonia nicht nur, wie man höflich Konversation macht, sondern noch etwas viel Wichtigeres: dass man Respekt niemals mit Angst verwechseln darf.

Hatte man diesen Teil der Zeremonie einigermaßen überstanden, führte man den Zauberer zur Mitte des Dorfplatzes, wo in der Zwischenzeit von den Anwohnern eigens für diesen Anlass ein *Toponokari* errichtet worden war. Von der Funktion her war der Palmblätterverschlag so etwas wie ein Beichtstuhl. Der Zauberer war von den anderen durch ein Holzgestell mit einem Palmblättervorhang getrennt. Man sprach miteinander, konnte sich dabei aber nicht in die Augen sehen.

Als ich später in Deutschland zum ersten Mal in einer Kirche einen Beichtstuhl betrachtete, fiel mir die ähnliche Anordnung auf. Der Beichtstuhl schafft eine eigenartige Nähe zwischen Beichtvater und Beichtendem, während die Trennwand gleichzeitig für Distanz sorgt. Der Geistliche war mit dem »Heiligen Geist« verbunden, während der Gläubige dessen Rat suchte. Oder um Vergebung bat oder beides. Man vertraute sich einem vollkommen Fremden an, der sich dieses Vertrauen durch seine Spiritualität erworben hatte.

Ganz ähnlich verhielt sich das auch bei einer Sitzung mit dem Zauberer. Aus dem *Toponokari* konnte der Zauberer einen mächtigen Geist ins Jenseits schicken. Der Palmblätterverschlag gab dem Zauberer dabei den nötigen Sichtschutz, damit er unbeobachtet von neugierigen Augen mit den Geistern der Ahnen sprechen konnte, wenn er darum gebeten wurde. Oder wahlweise mit gefährlichen Geistern, die es zu beruhigen galt.

Antonia zeichnete die Sitzordnung in die Luft. Alle Dorfbewohner mussten um das *Toponokari* herumsitzen und ganz still sein, um zu hören, was der mächtige Zauberer sagen würde. In Trance und mit einer fremden Stimme würde er all das verkünden, was er im Jenseits vernommen hatte. Manchmal durfte man ihm auch Fragen stellen, und der Zauberer würde mit Warnungen oder Prophezeiungen antworten. Am Ende musste man ihn höflich und voller Demut verabschieden und ihm viele, viele Geschenke mitgeben, bevor er wieder in sein Boot stieg und davonfuhr. Vielleicht würde er dann – sozusagen als Abschiedsgeschenk – auch eine Schutzformel über das gesamte Dorf sprechen.

»Vorher muss man ihn aber noch bewirten, oder?«, bemerkte ich naseweis.

»Das versteht sich von selbst«, antwortete Antonia, irritiert, dass ich es wagte, sie zu belehren. »Dem Zauberer werden natürlich die besten Speisen und Getränke gereicht, die man zu bieten hat. Sogar in Zeiten des Hungers und auch dann, wenn man danach selber nichts mehr zu essen hat.« Ich überlegte mir, dass es praktisch sein musste, ein Zauberer zu sein, weil man dann immer und überall etwas zu essen bekam und niemals hungern musste. Das Jagen erübrigte sich damit.

Eines Tages kam tatsächlich ein Zauberer in unser Dorf. Nur, dass ich von seiner Ankunft nicht viel mitbekam, weil die Kinder gar nicht ins Rundhaus durften, während die Erwachsenen dort saßen, Unterhaltungen nach dem Zeremoniell führten und dabei rauchten. Wir konnten nur von Weitem die Rücken von einigen Männern ausmachen, nicht aber den berühmten Gast selbst.

Auch als der Zauberer ins *Toponokari* geführt wurde, durften wir nicht dabei sein. Wir mussten so lange vor Kois Hütte warten, bis wir hinzugerufen wurden. Und von der Sitzung bekam ich höchstens die Hälfte mit, weil der Zauberer breites Wajana sprach, aber kaum ein verständliches Wort Aparai. Das Einzige, was ich aufschnappte, war, dass die Dorfbewohner einzelne Bitten in knappen Worten an den Zauberer richteten, auf die er lang und salbungsvoll antwortete. Aus dem Palmblätterverschlag stiegen kleine Rauchkringel auf. Der Zauberer paffte einen ganz ordentlichen Tabak. Guten Mashipurimo-Tabak, wie ich später von Araiba erfuhr. Die Palmblätter raschelten leise im Windhauch, Koi und ich kicherten und schubsten uns vor lauter Langeweile gegenseitig, bis wir von einer andächtig lauschenden Frau mit kahl geschorenem Kopf mahnende Blicke einfingen. Die Witwe wollte vermutlich mit ihrem verstorbenen Mann sprechen, doch sie kam erst gar nicht dazu. Denn der Zauberer verkündete, dass er nun erschöpft sei und Hunger verspüre – nach so einer anstrengenden Sitzung. Enttäuscht von der langweiligen Darbietung, um die so viel Aufhebens gemacht worden war, stürmten Koi, ich und die anderen Kinder davon. So hatten wir uns das nicht vorgestellt.

Später, als wir an der Feuerstelle Kulapalewas vorbeiliefen, sahen wir den Zauberer umringt von lauter ehrfürchtigen Gästen. Kois Mundwinkel klappten nach unten. Sie zischte mir zu, dass der ja nicht mal einen schönen Lianenmantel trage, geschweige denn einen Federhut mit Kopfschmuck. Der Zauberer sah aus wie ein ganz normaler Mann. Statt langer Haare zierte eine tonsurartige Glatze die Mitte seines Schädels, und an seinem wohlgenährten Bauch ließ sich ablesen, dass der Zauberer einen ganz ordentlichen Appetit hatte. Pulupulu, die Erstfrau Kulapalewas, nickte uns freundlich zu, was so viel hieß wie: Ihr könnt dem Zauberer ruhig guten Tag sagen. Aber wir rannten weiter. Dieser seltene Gast war in unseren Augen nicht länger interessant. Er hatte so gar nichts mit den mächtigen Zauberern aus der alten Zeit gemein, von denen wir am Lagerfeuer gehört hatten.

Einige Tage lang schwiegen wir uns über den Besuch des Zauberers aus. Unsere Zeremonien und Zauberformeln hatten ihren Reiz verloren. Enttäuscht schnippte ich ein paar Maniokschalen ins Feuer, vielleicht sagte ich auch so etwas wie: »Pah, Zauberer!« Jedenfalls gab Araiba, der mir gegenübersaß, nach ein paar Schweigeminuten mit einem Schulterzucken zu, dass die meisten Zauberer heutzutage nur noch Wert auf einen großen Auftritt legten. Viel Tamtam und wenig dahinter. Aber viel gutes Essen hinterher.

»Trotzdem musst du einen Zauberer immer achten, denn schickt er dir einen bösen Geist, bekommst du Kopfschmerzen.«

»Ich glaube nicht an Zauberer, die Kopfschmerzen machen können. Sie können ja nicht mal ihre eigenen Kopfschmerzen wegmachen. Deshalb kommen sie auch zu Mama und Papa und fragen heimlich nach Aspirin.«

Gefährliche Stromschnellen

Tückische Tropen

Jener Tag, der als »Tag der Hornissen« in meine Erinnerung eingegangen ist, begann wie jeder andere. Wie jeden Morgen weckte uns das laute Kikeriki des Dorfgockels. Das penetrante Schrillen eines Weckers ist nichts dagegen. Und wie jeden Morgen tranken meine Eltern ihren stark gebrühten Kaffee mit viel Rohrzucker darin, während ich darauf wartete, zur Hütte von Großmutter Antonia rennen zu dürfen. Ausnahmsweise bestanden meine Eltern darauf, dass ich mit ihnen frühstückte. Meine Mutter hatte mir kurz nach dem Aufstehen eröffnet, dass wir einen Tagesausflug machen würden. Es ging um ein Treffen mit einem Arzt aus der Stadt, zu dem ich sie nach Aldeia Bona begleiten sollte, während Papa in Mashipurimo zurückbleiben würde, um in Ruhe zu arbeiten.

Etwas lustlos kaute ich auf einem steinharten Biskuit-Cracker herum, den mir meine Eltern aus einer Aluminiumbüchse reichten. Unsere Notration für magere Tage, an denen es kein frisches Brot gab, das Mama allwöchentlich in ihrem Lehmofen buk. Das staubtrockene Backwerk bekam ich kaum hinunter, es schien geradezu im Hals stecken zu bleiben. Es wurde nicht einmal durchs Tunken weicher. Die »Milch« in meiner Campingtasse bestand aus etwas Trockenmilchpulver, verrührt mit abgekochtem Flusswasser. Wenn man nicht schnell genug umrührte, bildeten sich kleine weiße Klümpchen, die wie Inseln auf der Oberfläche schwammen. Wenn man in sie hineinbiss, schmeckte das grässlich. Etwas unwillig verzog ich mein Gesicht zu einer Grimasse, woraufhin mich meine Eltern belehrten, die Milch sei gut für die Knochen, da sei Kalzium drin. Was auch immer

175

Kalzium sein mochte, ich verabscheute das Milchpulver. Wie gerne hätte ich bei Antonia ein Stück Fisch oder Fleisch zum Frühstück gegessen. Unruhig rutschte ich auf unserer Küchenbank hin und her, doch es war nichts zu machen, keine Chance auf eine Stippvisite bei meiner Aparai-Familie. Ich sollte warten, bis meine Mutter ihre Siebensachen zusammengepackt hatte, dann würde es bald losgehen. Klare Ansage. Ich grübelte, was an unserem heutigen Ausflug wohl so wichtig war, dass ich vorher nicht noch mal kurz durch unser Dorf stromern durfte. Gebadet hatte ich auch noch nicht. Sicher wurde ich am Fluss schon von Koi und Sylvia vermisst.

Meine Eltern unterhielten sich derweil über Medizinisches. Ihr Wissen erweiterten sie ständig im alltäglichen Umgang mit den Kranken. Und die Urwaldapotheke brachte sie ebenfalls ein gutes Stück weiter. Wenn es darum ging, den Menschen vor Ort zu helfen, tauschten sich meine Eltern am liebsten mit Ärzten aus der Stadt aus. Bei einem der letzten Besuche in Belém do Para hatte sich meine Mutter deshalb mit einem Mediziner der Funai, der brasilianischen Indianerschutzbehörde, zu einem Treffen in Bona verabredet. Heute war es so weit: Wenn nichts dazwischenkam, sollte in Aldeia Bona ein kleines Flugzeug mit jenem Arzt und einer Krankenschwester an Bord landen. Deshalb mussten wir beizeiten aus Mashipurimo aufbrechen.

Es war das einzige Mal während unseres Aufenthalts in Brasilien, dass ein »echter« Doktor aus der Stadt in den Urwald kam. Natürlich freute ich mich auf den hohen Besuch und war gespannt, ob er uns etwas mitbringen würde. Die eingeschweißten Plastikspritzen, die mein Vater für Notfälle aufbewahrte, waren die allertollsten Spritzpistolen. Ohne Nadel, versteht sich. Vielleicht hatte der Doktor ja welche dabei. Und mit ein bisschen Glück würde ich noch ein paar Pflaster für meine Freundinnen in Mashipurimo abstauben können.

In Aldeia Bona wollten sich die Erwachsenen darüber austau-

Kindheitsparadies – Lianenschaukel in Mashipurimo

Der Regenwald – unzählige Schattierungen von Grün

Oben: Bei traditionellen Tanzfesten treten nur Männer auf
Unten: Junger Aparai mit Federkrone

In der Bucht von Mashipurimo (unten bei Niedrigwasser)
– provisorische Holzbrücken erleichtern den Weg

Vertäutes Einbaum-Boot

»Großmutter« Antonia

Sylvia, meine Patenschwester und beste Freundin

Oben: Kulapalewa schnitzt ein Tierbänkchen
Unten: Frauenrunde in Bona, rechts meine Mutter und ich

Oben: Perlenschmuck selbst für die Kleinsten
Unten: Frauen beim Perlenknüpfen

Vorbereitung für das Tanzfest

Oben: Koi und Sylvia sowie Malina und ihre Tochter Tanshi
Unten: Chico und ich; zwei Aparai-Mädchen im heiratsfähigen Alter

Aparai mit traditioneller Rückenbemalung, Durchziehlatz und Gürtel

Wieder in Mashipurimo – oben mit Antonia und ihrer Urenkelin Imatata; unten mit Antonia und Talorno, die *Aipu* herstellen

Oben: Mit Malina
Unten: Araiba, inzwischen über hundert Jahre alt, schält eine Mango

Die Aparai nehmen die Bilder, die mein Vater von ihnen gemacht hat, wieder in Besitz

schen, welche Krankheiten im Gebiet der Aparai-Wajana grassierten. Die Erfahrungen meiner Eltern waren für die Indianerschutzbehörde interessant, schließlich gab es nicht so viele Menschen im Urwald, die detailliert Auskunft darüber geben konnten, was zum Schutz der Indianer benötigt wurde. Umgekehrt waren meine Eltern für jeden medizinischen Rat und für jede kleine Lieferung aus der Zivilisation dankbar. Besonders wenn es um Nachschub für die Urwaldapotheke ging. Denn inzwischen hatte sich abgezeichnet, was für ein schwieriges Unterfangen die Führung der Apotheke war. Die Vorräte gingen viel schneller zur Neige als erwartet, und mit dem Nachschub haperte es.

Nach dem Frühstück machten wir uns auf den Weg. Papa versprach, ein paar Stunden später nachzukommen. Aber nur, falls er bis dahin sein Arbeitspensum geschafft hatte. Als ich mich von ihm verabschieden wollte, war er gerade damit beschäftigt, Texte mit seiner Reiseschreibmaschine auf dünnes Papier zu hämmern. Jedes Blatt war mit einem weiteren Bogen versehen. Dazwischen klebte ein lila glänzendes Kohlepapier. Falls eine Aufzeichnung abhandenkam oder uns etwas passierte, war somit immer eine Kopie vorhanden.

Ein Stapel an Forschungsberichten sollte dem Arzt in die Stadt mitgegeben werden, von dort aus wurde es in die alte Heimat geschickt. Ich stand eine Weile vor dem Eingang von Papas Bürohütte und beobachtete, wie konzentriert er arbeitete. Er schien mich überhaupt nicht zu bemerken. Als er kurz aufschaute und mich vor der Hütte entdeckte, nickte er mir mit einem kurzen Lächeln zu, um gleich darauf wieder in seiner Arbeit zu versinken. Klack, klack, klack, klack, ping. Danach ging es wieder von vorne los. Klack, klack, klack, klack, ping. Die Typenhebel, die mich an Spinnenbeine erinnerten, schlugen die Buchstaben präzise aufs Papier. Wenn ich heute auf der Tastatur meines Computers herumtippe, dann frage ich mich, wie ein vernünftiger Text ohne Lösch- und Kopiertasten überhaupt entstehen konnte.

»Hier steckst du also!«

Die Stimme meiner Mutter ließ mich zusammenzucken. Sie hatte mich schon überall gesucht und tadelte mich, ob ich überhaupt eine Ahnung hätte, wie spät es sei. Wenig schuldbewusst grinste ich sie an. Im Urwald war es einfach nicht wichtig, pünktlich zu sein. Und Eile an sich war etwas, das ich bislang kaum kannte. Mama erklärte, dass uns heute ein paar Männer aus dem Dorf nach Aldeia Bona fahren würden. Dass man die nicht warten lassen durfte, sah selbst ich ein.

Meine Mutter hatte ihre schönen kastanienbraunen Haare zu einem strengen Knoten hochgesteckt. Eine Frisur, über die sich die Aparai anfangs sehr amüsierten. Mit der Zeit gewöhnten sie sich an die ungewöhnliche Haartracht, waren sich aber nach wie vor einig, dass meine Mutter damit *schipölo nümmele*, also »nicht gerade schön« aussah. Wenn sie ihre Haare offen und wie sonst üblich nur ein Bikinioberteil und ihr rotes Hüfttuch trug, konnte man sie beinahe für eine Indianerin halten. Heute hingegen hatte sie leichte Sommershorts und eine selbstgenähte weiße Bluse mit zartroten geometrischen Linien übergezogen. Das Muster erinnerte mich ein wenig an die traditionellen Muster, mit denen die Aparai ihre Haut bemalen. Mama hatte gleich einen ganzen Ballen des Stoffes mit in den Urwald gebracht, aus dem sie jene Bluse und auch noch ein Hängekleid für mich genäht hatte. Das sollte ich heute tragen. Meine Mutter besaß die Gabe, selbst dem unscheinbarsten Stoffrest ein schönes Kleidungsstück abzuringen. Ich liebte den Geruch, der von dem frischen Baumwollstoff ausging, und das Rattern der alten Nähmaschine, die sich mithilfe eines Fußpedals betreiben ließ. Für Tanshi hatte sie einmal aus einem Stoffrest, kaum größer als eine Postkarte, einen Lendenschurz genäht. Ich war mächtig stolz, als ich ihn meiner kleinen Patenschwester das erste Mal anlegte.

Meine Mutter beim Morgenkaffee

Während wir durch das Dorf zum Fluss liefen, brach allmählich die Sonne durch die Baumkronen. In der Ferne erklang das Gebell streunender Hunde, um die Feuerstellen vor den Hütten scharten sich die ersten Aparai. Ich schlenderte ein paar Schritte hinter meiner Mutter her. Großmutter Pulupulu riss mich aus meinen Gedanken: »*Olymo pitiko!* Hey, kleines Mädchen!« Freundlich, aber bestimmt winkte sie mich herbei. Ich schlug einen kleinen Haken zu ihrer Hütte, was meine Mutter nicht einmal bemerkte. Pulupulu gab mir ein Stück frisches Maniokbrot in die Hand und stopfte den Rest in meinen Henkelkorb.

Dankbar über ein bisschen Aparai-Essen strahlte ich Pulupulu an. Bevor ich sehen konnte, um was es sich handelte, drückte sie mir einen glatt geschliffenen Gegenstand in meine andere Hand und schloss meine Finger darum. Was immer es war – es hatte eine scharfe Spitze, die mich schmerzhaft in

179

den Handballen piekste. Als ich meine Faust öffnete, lag ein großer, elfenbeinfarbener Jaguarzahn auf meiner Handfläche. Ein Schutzamulett gegen böse Geister. Dieser Zahn war noch beeindruckender als der, den ich von Sylvia bekommen hatte. Vermutlich ein Eckzahn. Ich bedankte mich mit einem strahlenden Lächeln: Womit hatte ich den nur verdient? Ich war mir zwar nicht sicher, weshalb ich einen Talisman benötigte, aber ich versprach Pulupulu, ihn in Ehren zu halten. Dann rannte ich, so schnell ich konnte, hinter meiner Mutter her zum Ufer. Mit zwei Schutzamuletten in meiner Sammlung konnte wirklich nichts mehr schiefgehen.

Angriff auf das Kanu

Am Ufer warteten bereits unsere Begleiter auf uns. Zum Zeitvertreib kauten sie Tabak, den sie in regelmäßigen Abständen in hohem Bogen auf den Boden spuckten. Ich freute mich riesig, Jackä zu sehen, denn er war immer für einen Spaß zu haben. Alle paar Monate kam er zu uns nach Mashipurimo; er war ein gern gesehener Dauergast. Im Gegenzug besuchten wir ihn und seine Familie hin und wieder in seinem Dorf oberhalb Mashipurimos.

Die Tirio waren den Aparai in vielerlei Hinsicht ähnlich, auch wenn sie inzwischen allesamt an den Herrn Jesus glaubten und nicht an Naturgeister wie wir Aparai; sie hatten sich schon vor langer Zeit taufen lassen. An ihrer Lebensweise hatte das jedoch wenig geändert. Außer dass sie der Mehrehe abgeschworen hatten. »Offiziell zumindest«, pflegte Papa zu sagen, was nichts anderes bedeutete, als dass in Wirklichkeit alles beim Alten geblieben war.

Lachend lupfte Jackä seine Baseballkappe an, um sie mir anschließend mit einem Patsch auf den Kopf zu setzen. Die Müt-

Chico borgt sich unser Kanu.

ze rutschte mir fast bis zur Nasenspitze, ich konnte gerade noch darunter hervorlugen.

»*Katarischi pitiko*«, rief er mir zu, und dann folgte sein unnachahmliches Lachen.

»Ich bin kein k l e i n e s Cathrinchen«, muffelte ich zurück, aber Jackä setzte gleich noch eins drauf: »*Olymo pitiko pitiko nümölo*«, was so viel hieß wie: ein ziemlich kleines Mini-Mädchen, eine »zu kurz Geratene«.

Mein eingeschnappter Gesichtsausdruck brachte ihn nur noch mehr zum Lachen, und ich ging im Geiste die übelsten Schimpfwörter durch, mit denen ich ihm antworten konnte. *Kaikushi molele*, stinkender Hund, erschien mir am passendsten. Tatsächlich mochte ich den Geruch von Kautabak nicht leiden. Mir wurde ein bisschen übel davon. Aber Jackä nahm das nicht krumm.

Inaina strich mir kurz über die Haare, dann begrüßte er meine Mutter mit einem breiten Lächeln. Vermutlich amüsierte er sich über unsere ungewohnte Aufmachung.

Bevor wir aufbrachen, fegte Inaina das Boot mit einem Besen aus Palmwedeln aus. Das Wasser, das noch im Rumpf stand, wurde mit einer kleinen Kalebasse abgeschöpft, den Rest würde die Sonne trocknen. Er legte noch ein paar Holzstangen quer in den Bootsrumpf, auf denen wir unser Gepäck etwas erhöht ablegen konnten. Falls während der Fahrt Wasser ins Boot schwappte, würde unser Proviant dennoch trocken bleiben. Eine einfache, aber wirkungsvolle Erfindung, die für die Aparai-Wajana typisch war.

Während meine Mutter ihre Handtasche und ein paar Körbe mit Proviant verstaute, schwatzte sie mit den Männern über den aktuellen Wasserstand im Fluss und über die Zeit, die wir für die Fahrt nach Aldeia Bona brauchen würden. Hauptsache, es würde schneller gehen als sonst.

Dass die Männer uns begleiteten, war gut, schließlich war es eine Kunst, den Felsen und Sandbänken im Fluss beizeiten auszuweichen, bevor man auf Grund lief oder sich ein unnötiges Leck in den Bootsrumpf riss. Beide waren erfahrene und geschickte Bootsfahrer und kannten die Tücken der Flussläufe im Amazonasgebiet. Meine Mutter war erleichtert, den weiten Weg nicht allein mit einem kleinen Kind antreten zu müssen.

Jackä hatte spontan seine Dienste angeboten, weil die Fahrt nach Aldeia Bona ein bisschen Abwechslung versprach. Inaina wollte wegen Tauschgeschäften mitkommen. Ein wenig Nachschub an Munition für die Jagd vielleicht, ein paar Angelhaken, die aufgrund ihrer Beschaffenheit langlebiger waren als die selbst gebastelten Haken aus Vogelknochen oder über dem Feuer gehärteten Dornen. Außerdem traf man in der Stadt immer auch schöne Mädchen. Als Jackä ihn damit aufzog, lief Inaina derart rot an, als wäre sein Gesicht frisch mit *Ononto* bemalt.

Sanft stieß Inaina das Boot mit seinem Fuß vom Ufer ab. Ein letztes Knirschen im Sand, dann lag unser Gefährt im Wasser. Während Jackä hinten am Motor saß, nahm meine Mutter mit ihren langen Beinen hinter dem Bootsführer Inaina Platz. Seit seiner Marter war er deutlich gereift. Er hatte ein ebenmäßiges Gesicht mit großen Mandelaugen, dichtes, glänzendes Haar und einen durchtrainierten, makellosen Körper. Die Wunden, die der Initiationsritus auf seinem Rücken hinterlassen hatte, waren längst verheilt. Ich war mir sicher, dass Inaina uns vor sämtlichen Stromschnellen und Riesenschlangen im Rio Paru beschützen würde.

Während wir uns langsam vom Ufer entfernten, setzte sich Mama eine übergroße Sonnenbrille auf die Nase. Ihre Augen verschwanden samt Brauen hinter einem undefinierbaren Schwarz, welches das gleißende Licht der Tropensonne ein wenig erträglicher machen sollte. Mich erinnerte sie mit diesem Riesending im Gesicht immer ein wenig an eine Fliege. Ehe ich mich darüber lustig machen konnte, zog sie mir die Baseballkappe vom Kopf und stülpte mir einen Strohhut aufs Haar, der nach ein paar Minuten bereits auf der Kopfhaut zu jucken anfing. Kein Aparai-Mädchen trug so einen dämlichen Hut. Im nächsten unbemerkten Moment musste ich ihn unbedingt unter meiner Sitzplanke verschwinden lassen. Jackä kicherte. Im Gegensatz zu mir war er stolz auf seine Kopfbedeckung. Ein Hut oder eine Baseballkappe war in seinen Augen ein echtes Statussymbol. Die Aparai nannten ihn einen »Halbzivilisierten«, weil er manchmal sogar ein richtiges T-Shirt trug und fließend Niederländisch sprach. Er war einer der ersten Indianer, den ich bis dahin mit so einem Oberteil gesehen hatte. Es wurde gehegt und gepflegt, bis es in seine Einzelteile zerfiel und sein Träger wieder zum Adamskostüm überging. Im Gegensatz zu den anderen Tirio trug Jackä auch nicht mehr die traditionelle Frisur des Stammes, dazu hatte er zu wenig Haare. Während sein Haar ganz kurz geschnitten

Anakonda beim Sonnenbad

war, hatten die meisten Tirio einen dicken, geraden Pony, der sich sanft über der Stirn wellte und bis über die Ohren reichte, ähnlich der Frisur der Yanomami, nur, dass die Tirio ihr Haar im Nacken lang trugen. Eine Art Vokuhila-Frisur, die ich als Kind grenzenlos bewunderte und mir sehnlichst auch für mich gewünscht hätte. Leider konnten meine Eltern meinem Faible für diese Haartracht nichts abgewinnen.

Fast lautlos glitt unser langes Einbaumkanu dahin. Die Männer wollten so lange rudern, bis das Boot in der tiefen Flussmitte lag, sicher vor den Felsbrocken und Baumstümpfen, die das Navigieren in Ufernähe erschwerten. Erst dann wollten sie den Außenbordmotor anwerfen. Der Motor, der etwas verloren am Heck unseres Einbaums hing, war Jackäs wertvollster Besitz. Er konnte ihn komplett zerlegen und anschließend wieder vollständig zusammenbauen, ohne dass auch nur eine einzige Schraube übrig blieb. Er wurde nicht müde, uns seine Fähigkeiten darzulegen. »Ich habe euch sicher noch nicht erzählt, wie schnell sich ein Außenbordmotor wieder zusammensetzen lässt«, pflegte er bei fast jedem seiner Besuche zu erwähnen, worauf die Anwesenden meist mit Augenrollen reagierten. Zu dumm nur, dass dem lieben Jackä fast immer das Benzin für seinen Außenbordmotor fehlte. Und so hing der Motor meist unnütz am Boot herum, notdürftig mit einem ölverschmierten Tuch oder einer Plane abgedeckt.

Die Wasseroberfläche schien wie glatt geleckt. Ein paar Mücken tanzten ihr Wasserballett, es sah beinahe so aus, als könnten sie mit ihren dünnen Insektenbeinen auf dem Fluss laufen. Die üppige Ufervegetation verdichtete sich mit jedem Meter, den wir uns von unserer Bucht entfernten, zu einem Labyrinth aus Luftwurzeln und Lianen. In solches Gestrüpp zogen sich Schlangen gerne zu ihrem Mittagsschlaf zurück. Mit etwas Glück konnte man das abgelegte Schuppenkleid einer Schlange in einer Astgabel entdecken. Eine Kostbarkeit, die der Finder anschließend stolz im Dorf herumzeigte.

Jackä und Inaina tauchten ihre Stechpaddel mit der Gleichförmigkeit eines Uhrwerks ins Wasser. In Gedanken paddelte ich mit. Der Rhythmus des Plätscherns versetzte mich für gewöhnlich in einen leichten Dämmerschlaf. Diesmal hielt ich die Augen offen, denn unser Einbaumkanu lag tief und etwas windschief im Wasser. Es war mit allerlei Gütern beladen, und der schwere Außenbordmotor tat ein Übriges. Ich überlegte mir, was wohl passieren würde, wenn das Boot kenterte. Schon einmal hatte ich eine solche Katastrophe erlebt – Papa und Inaina waren dabei über Bord gegangen. Ich hatte mich gerade noch festkrallen können und versucht, das volllaufende Boot mit einer Kalebasse auszuschöpfen. Ich mochte gar nicht an die riesigen Wasserschlangen denken. Manche von ihnen konnten mühelos ein kleines Pakira-Wildschwein verschlingen, das sie anschließend wochenlang an einem verborgenen Ort verdauten. Andere wickelten sich mit Vorliebe um einen Bootsrumpf, weil sie ihn für einen Tapir hielten. Aber heute war von den Wasserungeheuern nichts zu sehen, alles schien ruhig und friedlich. Das Hundegebell aus dem Dorf hatten wir längst hinter uns gelassen, und auch sonst war kaum ein Laut zu vernehmen. Es schien, als hätte der Urwald sämtliche Geräusche verschluckt. Hin und wieder sprang ein Fisch aus dem Wasser, um nach einer Fliege zu schnappen, ansonsten rührte sich nichts. Angestrengt und etwas schläfrig versuchte ich, irgendetwas im Dickicht des Ufers zu entdecken, was die eintönige Bootsfahrt ein wenig abwechslungsreicher machen würde. Ein paar Frösche vielleicht, schillernde Riesenlibellen, unscheinbare Sittiche, die sich durch das Grün ihres Gefieders nur unmerklich vom Laub der Bäume abhoben. Oder einen schuppigen Leguan, der sich sonnte. Doch Fehlanzeige. Nicht einmal ein paar kreischende Affen konnte ich ausmachen, die sonst ein Boot für ein paar Minuten auf seinem Weg begleiteten, indem sie sich am Ufer angeberisch von Ast zu Ast schwangen. Auch keine *Araras* (Aras) oder *Künolos* konnte ich entdecken, jene prächtigen bunten Papageien mit ihrem schillernden Regenbogengefieder, aus dem die Männer ihren Federschmuck für die Tanzfeste machten.

»Irgendetwas stimmt hier nicht«, hörte ich Jackä sagen. Inaina schien ebenfalls beunruhigt. Er schaute nach hinten, nach vorne, er spähte angestrengt nach links, dann wieder nach rechts. Es schien, als scanne er jeden Meter des Ufers mit seinen Augen ab. Unvermittelt blieb sein Blick plötzlich an einem Baum hängen, wo er offenbar etwas entdeckt hatte, das die eigentümliche Stille erklärte.

»Da!«, stieß Inaina aus und zeigte hastig auf irgendetwas in den Bäumen, das ich nicht einmal mit zugekniffenen Augen ausmachen konnte.

»Wo?«, fragte Jackä, der seine Hand über die Augen legte, um die Sonne ein wenig abzuschirmen. Sinnigerweise trug er den Schirm seiner Baseballkappe im Nacken. Auch meine Mutter starrte angestrengt in die Richtung, in die Inaina zeigte. Während ich immer noch nichts erkennen konnte, brach im Boot Unruhe aus.

»Oh, nein«, hörte ich, und: »Die Geister mögen uns beistehen.«

Als ich aufstehen wollte, um besser sehen zu können, drückte mich meine Mutter energisch auf die Sitzplanke zurück. »Wir müssen jetzt ganz, ganz still sein, hörst du?«, beschwor sie mich mit versteinertem Gesicht und legte den Zeigefinger an die Lippen. Ich versuchte an ihr vorbeizuschauen und kniff meine Augen angestrengt zusammen. Doch ich konnte absolut nichts erkennen.

»Sobald wir vorbei sind, schmeißen wir den Motor an und geben Gas, bis wir sie hinter uns gelassen haben«, flüsterte Inaina.

Wovon sprachen die nur? Nirgendwo war etwas Bedrohliches zu sehen, kein Jaguar, keine Ituakeré, jene wilden Waldmenschen, die wir fürchteten, auch keine bewaffneten Goldschürfer, welche die Aparai als Räuber ihrer Bodenschätze bezeichneten.

Inaina gab ein Handzeichen, dann tauchten die Männer die Paddel lautlos ins Wasser. Selbst meine Mutter griff jetzt zum Ruder. Ihre übergroße Sonnenbrille steckte auf ihrem Kopf wie ein Haarreifen. Zwischen ihren Augen hatte sich eine kleine, steile Stirnfalte gebildet, um ihren Mund zeichneten sich zwei feine Furchen ab. Sie war offenbar höchst angespannt. Inaina flüsterte meiner Mutter etwas zu. Sie nickte und beugte sich zu mir: »Wir sind in großer Gefahr. Sei schön still und duck dich nach unten.«

Nun bekam ich es mit der Angst zu tun. Vielleicht ging es hier ja um böse *Jolokos,* um Geister? Mein Herz klopfte so laut, dass ich meinte, die anderen könnten es hören. So etwas hatte meine Mutter noch nie zu mir gesagt.

Und dann passierte, was nicht passieren durfte. Nach einem weiteren Handzeichen von Inaina versuchte Jackä mit einem kräftigen Zug am Anlasserkabel den Außenborder anzuwerfen. Nach einem kurzen, sehr lauten Ratterratterrat soff der Motor ab. Jackä zog erneut am Anlasser. Mit ohrenbetäubendem Krach setzte sich der Motor in Gang, unser Boot schob sich mit einem Ruck ein paar Meter vorwärts – und blieb wieder stehen. Noch einmal gab Jackä alles. Es musste einfach klappen, der Motor lief doch sonst wie geschmiert. Aber es nützte nichts, nach einem kurzen Stottern verstummte der Motor jedes Mal. Der Benzingestank hüllte uns wie eine Wolke ein. Jackä zog die Schultern hoch, er schien ratlos. Inaina und meine Mutter griffen verzweifelt zu ihren Paddeln und begannen wieder zu rudern.

Sehr weit kamen wir jedoch nicht.

Ein riesiger Schatten löste sich aus dem Dickicht des Ufers und hielt direkt auf uns zu. Er kam näher und näher, mit einem bedrohlichen Summen, das immer stärker anschwoll. Jackä zerrte verzweifelt am Anlasser. Wenn der Motor sich doch nur endlich in Gang setzen ließe! Laut schimpfend trommelte er auf die Abdeckung des Außenborders ein. Was er sagte, konnte ich nicht verstehen, er sprach Tirio, wenn er fluchte. In seinem Gesicht stand die schiere Verzweiflung. Aus den Augenwinkeln sah ich, wie die Wolke zunächst Geschwindigkeit aufnahm, dann für einen kurzen Moment in der Luft stehen zu bleiben schien, bevor sie sich auf uns herabsenkte. Die Erwachsenen schmissen sich panisch und ohne Vorwarnung mit voller Wucht auf mich. Ich weiß nur noch, dass ich verzweifelt nach Luft japste und meinte zu ersticken. Geistesgegenwärtig hatte Mama ein Tuch auf mich geworfen, bevor sie, Jackä und Inaina sich kreuz und quer über mich gelegt hatten. Eine gefühlte Tonne Menschenmasse drückte mich unter die Sitzplanken in den Bootsbauch. Das Gepäck unter mir bohrte sich schmerzhaft in meine Rippen, das Schilfrohr der geflochtenen Körbe begann unter dem Gewicht bedrohlich zu knacken. Meine Mutter schrie vor Schmerz auf, Inaina und Jackä wimmerten. Ein klägliches Jaulen, wie das der Hunde im Dorf, wenn sie von einem Holzscheit getroffen wurden. Dazwischen das Summen und Brummen unzähliger angriffslustiger Hornissen. Danach verlor ich kurzzeitig das Bewusstsein.

Als ich wieder zu mir kam, waren das Brummen und die Schmerzensschreie einer unheimlichen Stille gewichen. Nur das sanfte Klatschen der Wellen gegen unser Boot, das ziellos über den Fluss schaukelte, war zu hören. Zwei unserer drei Paddel waren bei dem Angriff der Insekten über Bord gegangen. Ein Boot ohne Ruder und ohne funktionierenden Motor war dem reißenden Strom wie eine Nussschale ausgeliefert.

Die Erwachsenen waren am ganzen Körper mit Stichen übersät. Sie hatten den Angriff des Hornissenschwarms ungeschützt abbekommen, jeder Einzelne von ihnen hatte mehr Stiche, als er zu zählen vermochte. Besonders am Kopf, über den Augen und im Nacken. Mama, deren Haut mit dicken roten Pusteln überzogen war, erkundigte sich besorgt, ob mit mir alles in Ordnung sei. Ich nickte stumm. Das Gleiche hätte ich sie auch gerne gefragt, doch ich traute mich nicht, so schlimm sah sie aus. Jackä und Inaina konnten sich kaum auf den Beinen halten. Immer wieder schöpften sie mit den Händen Wasser aus dem Fluss, um die Schwellungen in ihren Gesichtern zu kühlen. Es dauerte, bis Jackä seine letzten Kräfte mobilisieren konnte, um sich noch einmal mit dem Motor abzumühen. Mit einem Paddel allein würden wir es nie bis Aldeia Bona schaffen. Wir hatten Glück im Unglück, der Stottermotor sprang problemlos an, als wäre nichts gewesen.

Als unser Boot Bona endlich erreichte, waren die Erwachsenen schier ohnmächtig vor Schmerzen. Jackä musste von vier Männern die steile Uferböschung hinaufgetragen werden. Er hatte am meisten abbekommen. Inaina mühte sich, aufrecht die Böschung zu erklimmen, zwei kräftige junge Jäger, kaum älter als er selbst, stützten ihn unter den Schultern. Mama und ich wurden von den Frauen und Kindern in Empfang genommen und von ihnen zur provisorischen Krankenstation der Indianerschutzbehörde Funai begleitet. Die Station war ein kleiner Bretterverschlag, ausgestattet mit dem Allernötigsten. Als uns der Arzt aus der Stadt, mit dem meine Mutter verabredet war, erblickte, konnte man ihm das Entsetzen am Gesicht ablesen. »Meu Deus!«, entfuhr ihm auf Portugiesisch. Er redete aufgeregt auf uns ein, was um Himmels willen mit uns passiert sei, ob wir Schmerzen hätten, wie viele Stiche wir abbekommen hätten. Meine Mutter bemühte sich, möglichst sachlich zu berichten, was geschehen war. Der Arzt schaute sie ungläubig an, und ich bemerkte, wie viel Kraft es Mama kostete, nicht laut loszuheulen.

»Mein Gott, Schlangenbisse, unzählige, ja. Aber so etwas ...«, fassungslos schüttelte er den Kopf, während er mit der Behandlung begann. Ich erinnere mich noch vage daran, dass die Männer hohes Fieber hatten und der Arzt ihnen und meiner Mutter eine Spritze verpasste. Vermutlich Schmerzmittel. Anschließend wurden die Hornissenstiche mit einer übel riechenden Paste eingeschmiert und verbunden.

Zu mir sagte der Doktor: »Das ist unglaublich! Du musst wirklich mehr als einen Schutzengel gehabt haben!« Während er das sagte, machte er Flatterbewegungen wie ein Vogel. Dabei verstand ich sehr wohl, was er mit Schutzengel meinte. Ich glaubte nur nicht daran.

In den Seitentaschen meines Hängekleids tastete ich nach dem Jaguarzahn, den mir Pulupulu am Morgen geschenkt hatte. Ich hatte einen guten Geist als Beschützer!

»Die Kleine hat nicht einen einzigen Stich«, murmelte er noch einmal, als eine Krankenschwester mit kühlenden Kompressen in die kleine Station kam. Die Schwester nickte und tätschelte mir die Wange, als sei das allein mein Verdienst.

»Die Stiche, die der da abbekommen hat«, sagte der Arzt und deutete auf eine mumiengleich verpackte, stöhnende Gestalt namens Jackä, »hätten die Kleine in ernsthafte Schwierigkeiten gebracht.« Jackä hatte ganz hinten im Boot gesessen und sich als Letzter über uns alle geworfen. Er musste noch zwei Tage auf der Krankenstation bleiben.

»Tut es sehr weh?«, fragte ich Mama voller Anteilnahme.

»*Nümolö*«, stöhnte sie, »ziemlich.«

Die junge Krankenschwester brachte uns ein Glas Limonade. Pisuku, wenn ich mich recht erinnere, ein Brausepulver, das in den siebziger Jahren in Brasilien in Mode war. Eine Art Ahoi-Brause, die man aus einem Papiertütchen in ein Glas Wasser schüttete, das sich daraufhin gelb, orange, grün oder rot färbte. Während die Krankenschwester mit einem Löffel das Brausepulver verquirlte, kam plötzlich mein Vater herein. Erschrocken schaute er von einem zum anderen.

»Was ist denn mit euch passiert?«

Der Doktor begrüßte meinen Vater mit einem Klaps auf die Schulter und erzählte ihm die Geschichte vom Hornissenüberfall. Mein Vater war sprachlos. Von einer solch heftigen Attacke hatte auch er noch nie gehört.

Am Abend wurden wir von den Frauen von Bona am Lagerfeuer großzügig bewirtet. Sie wurden nicht müde, danach zu fragen, wie viele Hornissen uns überfallen hatten. Und wie groß die Viecher gewesen waren. Aus »so lang wie mein kleiner Finger« wurde im Laufe des Abends ein halber Meter. »Riesige Hornissen waren das«, sagte Inaina und zwinkerte mir zu.

Der Arzt trank einen kräftigen Schluck aus einer Tasse mit einem silbernen Sieblöffel darin. Er reichte sie meinen Eltern, die dankend ablehnten. Der Matetee war ihnen zu bitter. Beim fri-

Das Rundhaus von Aldeia Bona

schen Maniokbier passte wiederum der Doktor. Die Menschen aus der Stadt mochten keine mit Spucke vergorenen Getränke.

Am nächsten Morgen setzten sich meine Eltern mit dem Doktor zusammen, um das Nötigste zu besprechen. Der Arzt sah müde aus. Auf seiner Runde hatte er schon mehrere Dörfer besucht; Bona war sein letzter Zwischenstopp, am folgenden Tag wollte er zurück nach Belém fliegen.

Unsere Helden lagen derweil von neugierigen Kindern umringt in den Hängematten des Rundhauses. Es ging ihnen bereits deutlich besser, selbst Jackä meinte, in ein paar Tagen sei die Sache sicher wieder vergessen. Was seien schon ein paar Hornissenstiche gegen die Schlangen- und Krokodilbisse, die er im Laufe seines Lebens weggesteckt habe? Einige Narben oberhalb der Handgelenke zeugten davon. Nur Inaina, eigentlich abgehärtet durch seine Initiationsmarter, gab zu, dass die Hornissenstiche noch um einiges schlimmer waren als alles, was er jemals zuvor erlebt hatte. Doch was einen nicht umbrachte, machte einen – nach Ansicht der Aparai – nur härter. Die Liste für den Arzt aus der Stadt wurde jedenfalls um ein wichtiges Präparat erweitert: eine wirksame Salbe gegen Insektenstiche.

Am Tag des Fischfests

Piranhas zum Frühstück

Mashipurimo bereitete sich auf ein Festmahl vor, Jakono hatte seine Nachbarn und Freunde zum »Mittrinken« eingeladen. Durch gemeinsame Gelage frischten die Aparai alte Freundschaften auf und pflegten Bekanntschaften sowie die Beziehungen zu ihren Verwandten, die oftmals weit entfernt wohnten. Das Gebiet der Aparai-Wajana erstreckte sich schließlich über mehrere Landesgrenzen. Viele der Angereisten mussten tagelange und beschwerliche Reisen in Kauf nehmen, um einem solchen Gelage beizuwohnen. Doch die Essens- oder Festeinladungen waren das Salz in der Suppe des Alltags. Alle freuten sich darauf, und niemand wäre auf die Idee gekommen, sich über die damit verbundenen Strapazen zu beklagen, im Gegenteil. Selbstverständlich waren solche Einladungen auch mit Erwartungen verbunden – Gradmesser der Gastfreundschaft waren Menge und Zubereitungsart der Speisen.

Diesmal ging es aber nicht um eine gewöhnliche Runde, bei der ein paar Spontangäste mehr oder weniger nichts ausmachen. Diesmal hatte Jakono einladen lassen, und das hochoffiziell. Schon Wochen zuvor waren einige Männer als Boten in die anderen Dörfer ausgeschwärmt. In Mashipurimo waren derweil alle mit den Vorbereitungen für das Festmahl beschäftigt. Tagelang flitzten die Frauen wie Ameisen umher. Beladen mit Unmengen an Bittermaniok-Knollen, mit denen sich ein ganzes Dorf für Monate versorgen ließ. In ungekochtem Zustand war Bittermaniok hochgiftig. Es gab auch ungiftigen Maniok, den mochte allerdings niemand. Also plagte man sich lieber mit der komplizierten Prozedur des Entgiftens ab.

Koi und ich verkrümelten uns in Richtung Fluss, um dem Gewusel im Dorf zu entfliehen. Dort war es schön still, und wir standen niemandem im Weg. Also stromerten wir flussabwärts, dort gab es eine stille Bucht, in der wir uns auf die Lauer legen wollten, um Tiere zu beobachten.

Auf einmal wurde Koi ganz zappelig. Sie deutete auf eine Stelle im Schilf. Tatsächlich, da schwammen lauter kleine gallertartige Blasen auf der Wasseroberfläche. Vorsichtig knieten wir uns ans Ufer, um das Gebilde genauer unter die Lupe zu nehmen. Wie sich das wohl anfühlte? Koi war der Ansicht, dass die merkwürdige Blase unter Umständen gefährlich sein könnte, und meinte, wir sollten besser Großvater Araiba holen. Gesagt, getan. Araiba lachte, als er die geheimnisvollen Blasen sah. Es war nichts anderes als ganz gewöhnlicher Froschlaich. Im Laufe der Zeit würden die schwarzen Pünktchen in den Blasen immer größer, bis ihnen eine Art Schwanzflosse wachse, erklärte Araiba. Aber da waren wir längst nicht mehr bei der Sache. Kaulquappen kannten wir schließlich, wir hatten sie schon oft gegessen. Eine große Delikatesse, in gekochtem wie in rohem Zustand. Ich erinnere mich noch an den Gesichtsausdruck meiner Eltern, als ich ihnen einmal erzählt hatte, wie gut mir die Kaulquappen schmeckten. Ich kann verstehen, dass diese Vorstellung für Europäer etwas Befremdliches hat, aber damals machte mein Magen glücklicherweise alles mit. Und Aparai-Kinder sind nicht gerade zimperlich, wenn es darum geht, etwas Neues zu probieren. Koi und ich wurden zu wahren Kaulquappengourmets. Wir tranken sie als Suppe, wir begeisterten uns für eine Art Kaulquappenpudding, und wir schluckten sie sogar roh. Sie schmeckten ein bisschen bitter, aber übel wurde mir davon nicht.

Araiba ließ seinen Blick prüfend über das Wasser gleiten. Tatsächlich entdeckte er in Ufernähe weitere Blasen mit Froschlaich, auch einige Kaulquappen wuselten bereits dazwischen herum.

Mit einer Kalebasse würde er sie später abschöpfen, als leckere Ergänzung zum Festmahl.

Als wir wieder zurück ins Dorf kamen, war der Berg aus Maniokknollen weiter angewachsen. Wir fragten uns, wer das bloß alles essen sollte.

»Na, ihr, wollt ihr uns nicht beim Schälen helfen?«

Nein, wollten wir nicht. Als wir versuchten, uns mit einer Ausrede davonzustehlen, lachten die Frauen uns aus. Es waren sowieso nicht genug Messer vorhanden. Und das war auch gut so, denn vom Maniok Schälen bekam man ohne Übung fürchterliche Blasen an den Fingern. Gute Schälmesser waren in Mashipurimo Mangelware. Die Aparai versuchten sich damit zu behelfen, dass sie Messer aus dem Metall ausgedienter Kochkessel herstellten. Aber die hatten mitunter scharfe Kanten und drückten nur noch mehr in der Hand.

Um den Maniokhaufen hockte rund ein Dutzend Indianerinnen, mit ausgestreckten Beinen, die Füße übereinandergeschlagen. Es war ein mühsames Unterfangen, bis unter der erdverkrusteten Schale das schneeweiße Fruchtfleisch der Knollen zum Vorschein kam. Wenn eine gewisse Menge zusammengekommen war, stellten sich die Frauen nebeneinander an den »Manioktisch«, ein rund zwei Meter langes Holzbrett, beinah so breit wie ein Türblatt, nur dass es u-förmig nach oben gebogen war. Auf diesem Tisch wurden die Maniokknollen mithilfe kleinerer Reibebretter zu Brei verrieben. Zwei der Aparai-Frauen hatten noch traditionelle Maniokreiben aus Holz, eine andere benutzte eine Aluminiumplatte, in die sie mit Nägeln kleine Löcher hineingeschlagen hatte. Das Ganze sah aus wie eine übergroße Käsereibe. Auf einem solchen Brett ließ sich der harte Maniok besonders gut abreiben. Diese »modernen Reiben« wurden aus alten Aluminiumkanistern hergestellt, in denen zuvor importiertes Speiseöl aufbewahrt worden war. Jeder Gegenstand aus der

Beim Maniokschälen, im Hintergrund die Maniokpresse

Die Presslinge werden nach dem Trocknen zu Mehl gesiebt

Zivilisation war kostbar. Und ging er einmal kaputt oder erfüllte seinen ursprünglichen Zweck nicht mehr, wurde sogleich eine neue Verwendung für ihn gefunden. Besonders modische Aparai-Frauen trugen in den 1970er Jahren sogar silberfarbene Armreifen aus alten Aluminiumtöpfen, in die sie traditionelle Muster eingraviert hatten.

Während Knolle für Knolle zu Brei verrieben wurde, lachten und schwatzten die Frauen, als handelte es sich nicht um eine anstrengende Tätigkeit, die gehörig in die Arme ging, sondern um das reinste Vergnügen. Langsam lief die giftige Flüssigkeit des Bittermanioks über den Tisch hinab, wo sich Tröpfchen für Tröpfchen in einem Topf unter der Arbeitsfläche sammelte. Wenn ein Dorfhund an dem Behälter mit der säuerlich riechenden, giftigen Flüssigkeit entlangstrich, um daran zu schnuppern, wurde er unsanft mit einem Fußtritt verscheucht. »*Schuuh, schuuh, Kaikushi Kapele*«, mach, dass du fortkommst, garstiger Hund!

Koi und ich standen immer noch etwas unschlüssig herum. Das Maniokreiben schien doch eine recht lustige Sache zu sein, ganz anders als die Schälerei. Koi hatte schon mehrfach beiläufig erwähnt, dass sie gerne eine eigene Reibe hätte, was bislang aber nicht auf offene Ohren gestoßen war.

Pulupulus Stimme riss uns aus unseren Gedanken. »Na? Wollt ihr euch doch nützlich machen?« Wir nickten energisch. Pulupulu verschwand kichernd in der Kochhütte von Jakonos Familie. Als sie wieder herauskam, überreichte sie uns beiden je ein kleines Reibebrett.

Das Maniokreiben gestaltete sich allerdings schwieriger als erwartet. Der Tisch, der in der Mitte eine große Vertiefung hatte, war nämlich zu hoch für uns. Selbst wenn wir uns beim Maniokreiben auf die Zehenspitzen stellten, blieb die Arbeit anstrengend. Unsere Reiben rutschten immer wieder ab und landeten mitten im Maniokmatsch, was die Frauen mit einem nachsichtigen Lächeln kommentierten: »Versucht es noch mal. Bald könnt ihr das so gut wie wir.« Doch egal, wie sehr wir uns auch anstrengten, die Maniokknollen wurden einfach nicht kleiner. Sie waren steinhart. Schon nach kurzer Zeit wurden mir die Arme müde. Koi schien es ähnlich zu gehen. Auch sie sah etwas mitgenommen aus. Aber wie immer wollte sich keine vor der anderen eine Blöße geben. Und so machten wir weiter, bis unsere Hände ganz rot waren und unsere Arme kribbelten, als liefen Tausende von *Maikwattos,* kleine Ameisen, darüber.

Die alte Pulupulu beobachtete uns eine Weile. Schließlich erwähnte sie beiläufig, dass sie frisches Flusswasser gebrauchen könne. Erleichtert ließen wir unsere Mini-Maniokreiben sinken und stoben mit dem Wasserkessel davon. Als wir wiederkamen, waren die Frauen bereits beim spannendsten Teil der Maniokverarbeitung angelangt. Inzwischen hatten sie den ganzen Maniokberg zu Brei gerieben, dabei war der giftige Saft unaufhörlich in den großen Topf unter der Platte getropft. Jeder Tropfen war kostbar. Gekocht war der Manioksud die stärkehaltige Basis für beinahe alle Speisen.

Zwei Frauen kamen nun aus der Kochhütte heraus. Auf ihren Schultern trugen sie die schlauchförmige Maniokpresse. Der geflochtene Schlauch war im Durchmesser etwa so dick wie ein Arm und am oberen wie am unteren Ende mit einer Schlaufe versehen. Die Frauen hoben den Schlauch gemeinsam in die Höhe und balancierten auf Zehenspitzen, bis er am vorstehenden Dachbalken der Kochhütte aufgehängt war. Das war an sich schon eine spannende Angelegenheit. Es erforderte einiges Geschick, bis der Schlauch genau dort hing, wo man ihn haben wollte. Durch die untere, schmalere Schlaufe wurde eine Holzstange gesteckt. Sie musste so stabil sein, dass man sich darauf setzen konnte, ohne dass sie dabei entzweibrach.

Jetzt waren wir an der Reihe. Während die Frauen von oben den frisch geriebenen Maniokbrei in den Schlauch füllten, pieks-

Der Maniokfladen wird gebacken

Woi *auf dem Trockengestell*

ten Koi und ich uns gegenseitig erwartungsvoll in die Rippen. Wer würde wohl als Erster an der Reihe sein?

»Du.«

»Nein du, ich bin bestimmt nach dir dran.«

Am Ende hockten wir uns beide nebeneinander auf die Hebelstange, die mit ihrem anderen Ende an einem Pfosten befestigt war. Der Schlauch, der durch unser Gewicht auf der Stange in die Länge gezogen wurde, spannte sich. Er wurde schmaler und länger, was den Maniokbrei in seinem Innern zusammenpresste. Aber das war ja der Sinn der Angelegenheit. Unter uns tröpfelte ein dünnes Rinnsal Manioksaft in einen Tontopf hinein. Als nichts mehr nachkam und wir vorsichtig von der Stange rutschten, schnellte der Schlauch sofort in die Höhe. Die Frauen befüllten ihn erneut mit frischem Maniokmatsch, und wir durften wieder Platz nehmen, um den Hebel nach unten zu drücken. Nach jeder Runde wurde die Konstruktion vom Dachbalken heruntergenommen und ausgeleert. Die Presslinge wurden in handliche Stücke zerteilt, die anschließend auf ein Trockengestell in die Sonne wanderten. Rollen wie übergroße Kreidestücke, die einen leicht säuerlichen Geruch verströmten.

Am Nachmittag ging es weiter. Die getrockneten Maniokrollen wurden zu Mehl gesiebt, aus dem später das köstliche Fladenbrot gebacken wurde. Koi und ich rüttelten gemeinsam am quadratischen Korbsieb, durch das nun das feine Mehl wie Trockenschnee hinabrieselte. Hin und wieder halfen wir mit einem Schaber nach, damit sich das Mehl nicht zu einem Klumpen auf der Oberfläche verdichtete. Schon nach kurzer Zeit waren unsere Haare mit feinem Mehlstaub bedeckt.

Unterdessen wurde nebenan *Kashiri Kononto* aufgesetzt. Zwei Frauen rührten den frischen Maniokmatsch mit ihren Kochpaddeln zu Brei, während die Flammen des Feuers an den Seitenwänden des stattlichen Tontopfs hochschlugen. Zwischendurch spuckten sie in die Brühe, damit der Brei später zu Alkohol vergor.

Kaviar des Dschungels

»Wer hat Lust, mit zu den Palmen zu gehen?« Sofort ließen Koi und ich alles liegen und stehen, um zu Großvater Araiba zu stürmen. Doch Mikulu war schneller als wir. »Iiiich komme auch mit!« Die kleine Maläto aus dem Nachbardorf war ebenfalls mit von der Partie. Ihre Eltern waren als Erste angereist, um bei den Vorbereitungen für das Festessen zu helfen.

Dass Araiba uns mit zu den Palmen nahm, konnte zweierlei bedeuten: Entweder ging es darum, frische Palmbeeren zu ernten, aus denen *Aipu* gemacht wurde. Der Palmbeerensaft gehörte mit zu den köstlichsten Getränken am Amazonas. Oder wir durften Engerlinge aus dem morschen Palmholz herauspulen. Auch die konnte man beim Festmahl gut gebrauchen. Solche Delikatessen servierte man ausschließlich zu besonderen Anlässen. Rückblickend betrachtet, waren sie der Kaviar des Dschungels.

Araiba führte uns zu den Palmen, die etwas abseits des Dorfes hinter einer Rodung wuchsen. Im Gänsemarsch stiefelten wir hinter ihm her, dabei mussten wir uns bemühen, mit ihm Schritt zu halten. Trotz seines Alters war Araiba flink wie ein Wiesel und bewegte sich mit traumwandlerischer Sicherheit durch das Dickicht, als folge er einem inneren Kompass. Er kannte die Stellen, an denen sich Heilkräuter gegen alle möglichen Krankheiten finden ließen, und er wusste, welche Tiere an welchen Stellen des Urwalds lebten.

Unser Weg führte uns über einen schmalen Trampelpfad zwischen orangerot leuchtenden Cashewbäumen hindurch, bis wir schließlich an einer Stelle ankamen, die wir noch nicht kannten. Umgeben von hohen Bäumen, die Schatten spendeten, lag vor uns eine Insel aus Palmen. Große Palmen, junge Palmen und umgeschlagene Stämme, die auf dem Boden lagen und vermoderten. Wir hockten uns auf einen umgefallenen Baum, während Araiba in verwitterten Palmholzstücken nach Engerlingen suchte.

Sie ernährten sich ausschließlich von morschem Kokosholz. Mikulu und ich schubsten uns gegenseitig von unserem Sitzplatz herunter, was jedes Mal mit einer Lachsalve endete, wenn einer von uns im Dreck landete. So verging die Zeit, bis Araiba endlich mit einigen Holzstücken zurückkam. Mit dem kräftigen Schlag eines kleinen Haumessers spaltete er das morsche Holz. Jetzt durften wir pulen.

Das poröse Holz war durchlöchert wie ein Schweizer Käse, und wenn man mit den Fingern nur tief genug im weichen Holz herumstocherte, erwischte man ganz mühelos einen kleinen dicken Engerling. Vom Aussehen her ähnelten sie in etwa Shrimps. Die kokosfarbenen rundlichen Maden versuchten mit ihrer ganzen Kraft, sich unserem Griff zu entwinden. Sie beim Herauspulen nicht zu zerdrücken oder zu verletzen, war eine Kunst. Die Kokosengerlinge landeten in einem Tontopf, wo sie zu Hunderten übereinanderlagen und um ihr Leben zappelten.

Uns lief beim Anblick der fetten Larven bereits das Wasser im Mund zusammen. »Probier doch mal, ob die gut sind«, forderte mich Koi auf. Fragend schaute ich Araiba an. Araiba spähte in den Topf. Er war inzwischen randvoll mit weißen Kokos-Maden. »Kostet ruhig alle mal, wir haben ja genug davon.« Normalerweise aßen wir Engerlinge in gebratenem Zustand. Im eigenen Fett geröstet, schmeckten sie ganz köstlich nach dem Kokos der Palmen. Das zappelnde Ding in meiner Hand war aber noch recht lebendig. Beim Reinbeißen musste man aufpassen – so eine Made konnte einen ordentlich in die Zunge zwicken. Gespannt beobachtete Mikulu, was ich als Nächstes tun würde. Auch er schien noch etwas unentschlossen, wie sich die Made am besten vertilgen ließ. In einem Happen? Einfach runterschlucken? Den Kopf zuerst abbeißen, so wie Koi das gerade machte?

Vorsichtig drückte ich der Made den Kopf mit den Fingern ein, so wie es mir Großmutter Antonia beigebracht hatte. Dann stopfte ich mir das ganze Tier in den Mund. Ein leises Knacken des weichen Panzers, dann trat das nach Kokos schmeckende Fett aus. Das Fleisch war zart und wirklich köstlich. Beinahe wie Shrimps in Kokosmilch, nur ein wenig fettiger.

Als wir mit den Engerlingen nach Mashipurimo zurückkamen, waren die Vorbereitungen für das Festessen fast abgeschlossen. Während Jakono inzwischen würdevoll auf seinem Holzbänkchen saß, schleppten die Frauen die ersten Kessel mit delikaten Speisen herbei, die direkt vor dem Gastgeber auf die Erde gestellt wurden. Ein großer Kessel voller Tapirfleisch in Pfeffersud. Ein weiterer Kessel mit Fischsuppe. Das ging so lang, bis ein ganzes Büfett auf dem Boden herum stand. Eine Ansammlung von Töpfen, Schalen, Schüsseln und Matten.

Endlich ließ der Gastgeber zum Essen bitten. Doch anders als hierzulande, wo Pünktlichkeit zum guten Ton gehört, war es bei den Aparai-Wajana ein Gebot der Höflichkeit, den Gastgeber erst einmal warten zu lassen. Mindestens zehn Minuten lang. Als die ersten Gäste nach einem gegenseitigen Begrüßungspalaver mit gehöriger Verspätung eintrudelten, zeigte sich Jakono völlig entspannt. Nacheinander überreichten ihm seine Gäste kleine Mahlzeiten. So wie man hierzulande dem Gastgeber als Dank für die Einladung möglicherweise eine Flasche Wein mitbringt, eine Schachtel Pralinen oder Blumen, bekam Jakono von jedem Gast einen Teller oder eine Schüssel mit sorgfältig arrangierten Speisen überreicht, von denen er eine symbolische Menge kostete, um die Aufmerksamkeiten seiner Gäste gebührend zu würdigen.

»Ah, was für köstliche Bohnen, solche guten Bohnen wachsen bei uns gar nicht.«

Oder: »Nein, was für ein schönes Stück Fleisch, so etwas Gutes hast du mir mitgebracht, das ist sehr großzügig von dir.« So in der Art ging das vonstatten. Anschließend wurden die Gastgeschenkshäppchen weitergereicht, bis jeder davon gekostet hatte. Dann begann das eigentliche Essen, das ganze Gelage dauerte bis tief in die Nacht. Solche Festessen habe ich in allerschönster Erinnerung. Wir durften ausnahmsweise so viel in uns hineinstopfen, wie wir wollten. Noch Wochen später zählten wir uns gegenseitig auf, wer was und wie viel verdrückt hatte, wobei die Mengenangaben natürlich immer größer wurden. Zum Schluss hatte Koi einen ganzen Tapir alleine vertilgt. Und hätte es Elefanten im Urwald gegeben, Mikulu hätte eine ganze Herde von ihnen verspeist.

Manche Gäste blieben anschließend noch fast eine Woche in unserem Dorf. Denn Gastfreundschaft wurde unter den Aparai-Wajana groß geschrieben, und so lange genug Essen vorhanden war, gab es keinen Grund, Freunde und Verwandte wieder fortzuschicken.

Hunger im Paradies

So wie auf den Genuss vieler guter Getränke in der Regel ein schwerer Kopf folgt und auf die Zeit der Völlerei vielleicht ein verdorbener Magen, hieß es nach einem Festgelage in Mashipurimo, dass die Gürtel wieder enger gebunden werden mussten.

Für das Festmahl war fast die gesamte Maniokernte verbraucht worden. Tag für Tag kehrten die Frauen mit leichteren Rückenkiepen von den Pflanzungen heim, bis diese eines Tages vollkommen leer blieben. Die Bananenstauden waren ebenfalls abgeerntet. Keine einzige Kokospalme weit und breit, in deren morschem Stamm sich noch Engerlinge finden ließen. Dass auch die Wälder überjagt waren, lag allerdings weniger am Festessen, es entsprach der Jahreszeit. Und Jungtiere zu schießen, war tabu. Jetzt gab es täglich nur noch Fisch. Doch auch hier wurden die Rationen immer mickriger. Anstelle von delikaten *Akarai*, Harnischwelsen, wanderten nun sogar die ungeliebten Piranhas in die Kessel.

Allmählich wich die ausgelassene Stimmung im Dorf einer seltsamen Melancholie. Wem der Magen knurrt, dem bleibt weniger Energie für Späße. Und während ich sonst kaum durch unser Dorf laufen konnte, ohne von jemandem herbeigewunken zu werden, drehten sich mir auf einmal alle Rücken zu, wenn ich zufällig an einer Essensrunde vorbeikam. Wen man nicht sah, den musste man auch nicht zum Essen einladen. Nur Antonia reagierte beinahe beleidigt, wenn ich ihr in solchen Zeiten nicht zur Last fallen wollte und daher mittags oder nachmittags bei meinen Eltern blieb. Lieber hätte sie gehungert, als mich nicht satt zu bekommen.

Das Verhalten der anderen Familien im Dorf war reiner Selbstschutz. Sie hatten kaum genug für ihre eigenen Angehörigen. Irgendwann platzte ich mitten in die Runde von Kois Familie, wo es gerade eine Art Süßspeise aus Maniokstärke gab. Eigentlich ein Abfallprodukt, das erst durch die Beigabe von etwas Zucker genießbar wurde und einen Geschmack hatte wie gesüßte Sülze. Koi stürzte auf mich zu und hielt mir die Leckerei vor die Nase. Kulapalewa bedachte uns mit einem so strengen Blick, dass ich erschrocken ein paar Schritte zurücktaumelte. Ganz sicher wollte ich meiner Freundin Koi nichts wegessen, doch bevor ich überhaupt etwas sagen konnte, drehten mir alle den Rücken zu. Sie behandelten mich wie Luft. Nur Koi schaute über ihre Schulter und zwinkerte mir zu.

Traurig schlenderte ich zum Fluss. Dort ließ ich mich auf das sandige Ufer fallen und starrte in den Himmel. Alles kam mir wie verhext vor. Doch bevor ich weiter Trübsal blasen konnte, rüttelte eine kleine braune Hand mit schmutzigen Fingernägeln an meiner Schulter. »Buh!« Kois Atem kitzelte an meinem Ohr. »Los!«, forderte sich mich auf, »wer zuerst im Fluss ist, hat gewonnen.«

Zum ersten Mal schwammen wir, so weit wir konnten, bis zur Flussmitte hinaus. Vor Piranhas brauchten wir uns nicht mehr in

207

Acht zu nehmen. Der Fluss war beinahe leer gefischt, der Hunger machte auch vor den räuberischen Aasfressern nicht Halt. Am Ende der Fastenzeit gab es nämlich nur noch Piranhas zum Frühstück.

Spannung vor dem großen Tag

Wenn wir uns an besondere Momente unserer Kindheit erinnern, gehen wir in Gedanken zurück zu jenen Ereignissen, die sich wie markante Punkte in unser Gedächtnis eingebrannt haben. Ein bestimmter Moment an einem bestimmten Weihnachtsabend wird zum Bild aller Weihnachten der eigenen Kindheit, ein schöner Hochsommertag an einem See zum Inbegriff aller Kindheitssommer. Unsere Erinnerungen mögen inzwischen verblichen sein wie vergilbte Fotos, die Konturen aber bleiben deutlich erkennbar. Der Tag der Fische ist ein solcher Erinnerungspunkt für mich, auch wenn die Aparai darüber vermutlich nur müde mit den Schultern zucken würden. Für mich war es ein besonderes Ereignis, das in meinem inneren Fotoalbum einen wichtigen Platz einnimmt, weil es nicht alltäglich war.

Mindestens einmal im Jahr wurde in unserem Dorf der Tag für den Fischzug mit Lianengift bestimmt. Es gab kein festgelegtes Datum dafür, nur die Jahreszeit war immer gleich. Im Sommer, wenn die Flüsse niedrig standen und sich das Wasser unterhalb der kleinen Stromschnelle leicht in der Bucht stauen ließ. Die Wälder waren zu dieser Zeit überjagt, Fleisch gab es seltener als sonst, und die Kessel auf unseren Kochstellen blieben öfter halb leer, als dass sie voll waren. Anders als im tropischen Herbst, wenn die Jäger aufbrachen, um prächtige Tapire zu erlegen, fette Klammeraffen, Vögel und Wildschweine, blieben die amazonischen Sommer in kulinarischer Hinsicht eher bescheiden. In jenen Tagen dominierte in Mashipurimo Eintönigkeit: Es gab gewürzte Maniokbrühe, getrocknetes Fladenbrot und Piranhas. Während wir etwas lustlos auf den Fladen herumkauten, malten wir uns aus, wie es wäre, wenn wir uns endlich wieder den Bauch vollschlagen könnten. Trotz der unfreiwilligen Fastenzeit mochte nämlich niemand in unserem Dorf langfristig auf größere Gelage verzichten. Zumal der Sommer die absolute Hochphase war, um künftige Schwiegertöchter und -söhne auszuspähen, Handelsbeziehungen zu anderen Dörfern zu festigen und die Kontakte zu Freunden und Verwandten von den oberen und unteren Flussläufen lebendig zu halten. Und die galt es natürlich gebührend zu bewirten. Doch womit, wenn nicht einmal genug da war, um selbst satt zu werden?

Eines Tages erwähnte Antonia beiläufig, dass das Fischfest unmittelbar bevorstand. Sylvia und ich schauten uns ungläubig an. Hatten wir da gerade richtig gehört? Schon seit Wochen hatten wir auf diesen Tag hingefiebert und versucht, die Erwachsenen aus der Reserve zu locken: »Das Wasser steht ganz schön tief im Fluss ...«

»Hmmm«, machte Antonia.

»Und wir haben neulich von den Jägern gehört, dass die Lianen inzwischen armdick sind.«

»So ist es.« Araiba ließ sich nicht beirren.

Und zu Inaina gewandt: »Viel hast du ja heute nicht heimgebracht.«

»Hmmm.«

Mehr war auch aus ihm nicht herauszubringen gewesen. Ruhig schnitzte er an einem neuen Fischpfeil herum. Der Pfeil hatte eine Art Widerhaken am Ende, den Inaina nun über dem Feuer zu einer glasharten Spitze aushärtete. Zum Test piekste er sich damit in den Finger, den er sofort zurückzog. Ein roter Blutstropfen glänzte in der Sonne. Inaina leckte sich kurz den Daumen ab und machte weiter, als wäre nichts passiert.

Und nun war es endlich so weit! Einige Gäste aus den umlie-

*Flussstaubsauger –
die Harnischwelse*

genden Dörfern waren bereits eingetroffen, und der Wasserstand im Fluss versprach gutes Gelingen. Überall ragten Steine und Felsen aus dem Wasser. Koi und ich hatten schon oft geübt, die im Uferschlamm lebenden Harnischwelse zu fangen. Das war nicht besonders schwer, denn diese Urzeitfische waren äußerst träge. Koi behauptete, dass sie auch nicht gut sehen konnten.

»Sie leben in Höhlen im Flussbett, weißt du das nicht?« Um so einen kleinen Knochenfisch zu fangen, benötigte man nicht einmal Lianengift. Man musste sich nur in Geduld üben und lange genug auf den Schlamm starren, bis sich etwas darunter bewegte. Dann griff man beherzt zu, packte den überrumpelten Fisch an der Schwanzflosse und schleuderte ihn mit Schwung an Land. Dabei bekamen wir auch die interessante Unterseite der Fische zu Gesicht. Die Lippen der Harnischwelse waren zu einer Saugscheibe geformt, mit der sie Flusssteine und Uferwurzeln auf der Suche nach Nahrung gut absuchen konnten.

Mithilfe von Lianengift ging so eine Jagd natürlich noch viel besser; das Gift betäubte die Fische, die anschließend reglos an der Wasseroberfläche trieben. Dort ließen sie sich mühelos einsammeln. Und vor den wenigen Piranhas, die sich um diese Jahreszeit noch im Fluss tummelten, brauchte man sich dabei auch nicht in Acht zu nehmen, denn bei Niedrigwasser verzogen sie sich in die kühlere Mitte des Flusses.

In Mashipurimo teilten wir die Fische in drei Arten ein. Da gab es die Fische zum Essen, dann jene, vor denen man sich in Acht nehmen musste, wie zum Beispiel vor Piranhas, Zitteraalen, Stachelrochen mit einem Giftstachel am Schwanzende und einer bestimmten Sorte von Riesenwelsen. Und schließlich gab es Fische, die man selten und nur durch Zufall entdeckte. Nicht zu vergessen natürlich die sogenannten Riesenfische, die allerdings nur in den Märchen und Mythen der alten Zeit eine Rolle spielten. Für mich gab es allerdings noch eine weitere Kategorie: Fische, die man zwar essen konnte, die aber nicht besonders gut schmeckten. Dazu gehörten die *Pakus,* die weißes, nahrhaftes Fleisch hatten, mehr aber auch nicht. Selbst reichlich gewürzt, schmeckten sie einfach nur fad.

Nachdem wir nun wussten, dass am kommenden Tag der Fischzug bevorstand, wurden wir ganz hibbelig. In den prächtigsten Farben malten wir uns aus, wie jeder von uns haufenweise Beute machen würde. »So einen großen Fisch werde ich fangen«, prahlte Mikulu und hielt seine Arme so weit auseinandergestreckt, wie er konnte. Koi, Sylvia und ich grinsten. Solche Riesenfische gab es im Rio Paru tatsächlich, aber die hielten sich selten in Ufernähe auf. Schon gar nicht bei Niedrigwasser. Außerdem war es wahrscheinlicher, dass der Fisch den kleinen Mikulu erbeutete als umgekehrt. Beim Fischen mit Lianengift ging es abgesehen davon auch eher um die Mengen, die gefangen wurden, nicht um Trophäen, mit denen man hinterher durchs Dorf stolzierte.

Während meiner Kindheit lebten in den weitverzweigten Flussläufen des Amazonas über 1500 bekannte Fischarten, neben zahlreichen noch Unentdeckten. Wissenschaftler schätzen, dass insgesamt über 5000 Fischarten in den Amazonasgewässern heimisch sind. Ein Artenreichtum, der heute durch die Quecksilbervergiftung und zahlreiche Staudammprojekte bedroht wird. Dieser Reichtum an Wassertieren hat die Kultur der Aparai immer begleitet. So bezeichnen sich viele Völker am Amazonas selbst als diejenigen, die einst aus dem Wasser kamen. Als Wasservölker, deren wichtigste Lebensgrundlage der Fluss ist. Ein sauberer Fluss.

Am Abend kehrte eine kleine Gruppe von Männern und Frauen aus dem Urwald zurück. Ihre Rückenkiepen waren randvoll mit zusammengeschnürten und verschlungenen Kletterpflanzen. Einige Männer trugen die Lianenbüschel auf ihren Schultern, andere transportierten die giftigen Blätterschlangen in eingerollten Bananenblättern. Jedes Lianenstück hatte eine Länge von gut einem Meter. Neugierig strichen wir um die Sammler herum. Anakalena schritt mit stolz geschwellter Brust und feierlichem Gesichtsausdruck den anderen voran. Er war diesmal von der Dorfgemeinschaft zum »Herrn der *Aissali*«, dem Herrn der Giftlianen, bestimmt worden und hatte den Tag für das Fischfest in Mashipurimo festlegen dürfen.

Folglich oblag es auch Anakalena, den Männern und Frauen des Dorfes die Stelle im Urwald zu zeigen, an der sich ein lohnender Bestand giftiger Lianen finden ließ. Nur die *Aissali* enthielten den Saft des »ewigen Schlafs«, ein kurareartiges Lähmungsgift, das in alter Zeit auch zum Bestreichen von Pfeilen bei der Jagd benutzt wurde. Wobei Kurare eigentlich eher eine Sammelbezeichnung für verschiedene Arten von Gift ist, deren Bedeutung nur die Völker des Regenwalds genau kennen.

Offensichtlich hatte sich der Ausflug in den Urwald gelohnt. Die Männer und Frauen stellten ihre vollgepackten Kiepen und Körbe vor unserem Rundhaus in der Dorfmitte ab. Ungläubig rieb sich Mikulu die Augen. Auch Koi und ich waren an-

212

gesichts der großen Mengen erstaunt. Das war ja genug, um alle Fische im Fluss in Tiefschlaf zu versetzen. Dass Anakalena so viel gefunden hatte, war wirklich Glück. Es kam durchaus vor, dass man im tiefen Dickicht des Regenwalds nicht fündig wurde oder die Lianen noch zu jung waren und man mit leeren Händen ins Dorf heimkehrte. Überall gab es verschlungene Lianen, Luftwurzeln, symbiotische Gebilde aus Bäumen und Epiphyten, jene Gewächse, die es sich auf den Ästen und in den Kronen der anderen Pflanzen bequem machten – gewissermaßen vegetarische Vampire. Gerade wegen der Vielzahl an Kletterpflanzen musste man genau wissen, welche giftig waren und welche nicht, welche Kombination sich für welchen Zweck eignete. Als Gift, als Betäubungsmittel, als Material für Flechtwerk und Tanzmäntel oder als robustes Bindematerial beim Bau einer neuen Hütte. Wer sich nicht so gut mit den Pflanzen des Regenwalds auskannte wie Großvater Araiba, der konnte eine Katastrophe anrichten.

Voll des Lobes für die Hilfe seiner Gefolgsleute, nahm der »Herr der *Aissali*« eine Kiepe nach der anderen in Verwahrung. Keiner sollte auf die Idee kommen, über Nacht damit Unfug anzustellen. Bündel für Bündel wurde an die Stützpfosten unseres *Polootoppos* gehängt. Sicher war sicher. Am kommenden Morgen sollten die Lianen auf den Felsbänken am Ufer ausgeklopft werden. Eine spannende Angelegenheit, die wir auf keinen Fall verpassen wollten.

In der Nacht vor dem großen Fischzug bekam ich kaum ein Auge zu. Koi und ich waren zuversichtlich, dass wir den ganzen Fluss ausräumen würden und alle Nebenflüsse dazu. Anschließend würden wir so viel geräucherten Fisch in uns hineinstopfen, bis er uns wieder zu den Ohren herauskäme. Im Halbschlaf wimmelte es vor meinen Augen nur so von Harnischwelsen, Pakus, Zitteraalen, Riesenfischen und kleinen Pitus.

Am nächsten Morgen wurde ich von einem sanften Kitzeln auf meiner Stirn geweckt. Vermutlich ein kleiner Käfer, der einen Spaziergang über mein Gesicht machte. Ich drehte mich in meiner Hängematte um, um weiterzudösen, doch es kitzelte erneut, diesmal stärker. Das musste schon eine ausgewachsene Spinne sein. Erschrocken öffnete ich die Augen. Doch es war Koi, die sich über mich gebeugt hatte. Was da so fürchterlich kitzelte, war nur eine kleine grüne Feder von einem *Pirischi,* einem grünen Papagei. Kois Grinsen zog sich von Ohr zu Ohr. »Psssthh!«, machte ich, meine Eltern sollten auf keinen Fall geweckt werden. Aber genauso lautlos, wie sie aufgetaucht war, hatte sich Koi schon wieder nach draußen verkrümelt.

Aus der Ecke, wo die Hängematten meiner Eltern hingen, ertönte gleichmäßiges Schnarchen. Mein Vater murmelte irgendetwas, das nach *Aissali* klang, es konnte aber auch *Alimi* heißen, ich war mir nicht sicher. Nicht annähernd so lautlos wie Koi stieg ich aus meiner Hängematte und eilte nach draußen. Mit etwas Glück würde ich Koi noch einholen.

Als ich bei den Felsbänken am Ufer ankam, war schon das halbe Dorf auf den Beinen. Koi und Mikulu begrüßten mich mit freudigem Gejohle. Die kleine Tanshi saß zwischen ihnen und streckte ihre Ärmchen nach mir aus. Auf den Felsen hockten ein paar Frauen, die emsig mit Holzscheiten auf unzählige Lianenbündel eindroschen. Tock, tock, tock, hallte es ohrenbetäubend über die ganze Bucht, wie das Klopfen wild gewordener Spechte. Auch Antonia saß über ein Bündel Lianen gebeugt, auf das sie im Wechsel mit einer alten Frau aus dem Nachbardorf einschlug. Nach ein paar Hieben war die Liane zerfasert, und eine neue wurde auf den Felsen gelegt.

Malina wies uns an, uns unter gar keinen Umständen an den *Kataulis,* den mit Lianen gefüllten Kiepen, zu schaffen zu machen. Das Gleiche hatte uns Großmutter Antonia bereits am Vortag mit strenger Miene verkündet: »Hört ihr auch genau zu?

Keeeeiiiner von euch wird sich auch nur in die Nähe der *Aissali* wagen, oder er bekommt es mit mir zu tun!« Eine Drohung, die durchaus Eindruck auf uns machte; denn war die sonst so würdevolle Antonia erst einmal in Rage, gab es kein Halten mehr. Wenn sie etwas sagte, hatte das mehr Gewicht als eine Ansage von zehn Amazonashäuptlingen zusammen. Für mich war sie die höchste Instanz von Mashipurimo.

Die Lianen wurden durch das Geklopfe immer dünner und zerfaserten; nur so würden sie später ihr tückisches Gift im Flusswasser abgeben. Als wir schon nicht mehr damit rechneten und nur noch ein paar Stücke übrig waren, durften die Kinder den Rest ausklopfen. Unter Aufsicht, versteht sich. Doch bevor ich mir eine der Lianen greifen konnte, wurde ich von meinem Vater zur Zuschauerin degradiert. Schmollend wandte ich mich ab – und entdeckte das erste Boot in unserer Bucht. Da kamen ja unsere Gäste! Wir rasten ihnen entgegen, um ihnen einen würdigen Empfang zu bereiten.

Zwei fröhliche Wajana-Frauen trugen gemeinsam einen schweren Kessel, jede hielt einen Henkel in der Hand. Vorsichtig balancierten sie mit ihrem Gastgeschenk über die Felsen. Koi und ich vermuteten in dem Kessel frisch gebrautes Maniokbier, das zu jedem Fest gehörte.

Nach einer Weile gab Anakalena den anderen durch ein flüchtiges Nicken zu verstehen, dass es nun an der Zeit war. Nacheinander rappelten sich alle auf, und die gesamte Gruppe setzte sich in Richtung der kleinen Stromschnelle in Bewegung; sie lag etwas unterhalb des großen Wassersturzes von Mashipurimo. Hier sprudelte der Fluss so flach über die Felsen, dass man in der Trockenzeit beinahe zu Fuß die Mitte seines Bettes erreichen konnte. Gleich unterhalb machten sich ein paar Männer und Frauen daran, eine Art Becken aus Felsbrocken zu errichten, damit sich das vergiftete Wasser in der Bucht staute.

Oberhalb der Stromschnelle wartete die Gruppe mit dem Lianengift. Anakalena stieß einen kurzen, gellenden Ruf aus. Vorsichtig wateten die Männer und Frauen mit Schalen und Körben in den Fluss. Die Lianen wurden so lange im Wasser geschwenkt, bis sich die blassweißen Farbwolken des austretenden Gifts scheinbar in nichts aufgelöst hatten. Wie schnell das Lianengift wirkte, bemerkten wir daran, dass bereits kurze Zeit später die ersten betäubten Fische an die Wasseroberfläche trieben. Leblos rutschten die silbrigen Fischkörper die Felsriffe hinab, direkt in die gestaute Bucht hinein, wo wir zum Platzen gespannt darauf warteten, bis auch uns ein kurzes Zeichen gegeben wurde.

Das Fischfest

Endlich klatschte der »Herr der *Aissali*« in die Hände und lächelte uns zu. Wie eine Horde wild gewordener Wasserbüffel sprangen wir ins angestaute Wasser. Unser Geschrei konnte man sicher noch kilometerweit im Regenwald vernehmen. Das Gekreische der Brüllaffen war nichts gegen den Krach, den wir veranstalteten. Jubelnd stürzten wir uns auf die unzähligen, an der Wasseroberfläche treibenden Fische. Anfangs flutschten sie uns noch zwischen den Fingern hindurch, aber schon bald gewöhnten wir uns an ihre glitschige Haut und fanden eine Technik, mit der sich die narkotisierten Viecher am besten packen ließen. Wir formten die Hände einfach zu einem Trichter, den wir über der Schwanzflosse zuschnappen ließen.

Sobald wir einen Arm voll hatten, rannten wir zurück ans Ufer. Dort wuchs der Haufen silbrig schimmernder, kaum merklich zuckender Fischkörper stetig an. Großmutter Antonia und Tante Malina verpassten jedem Fisch mit einem Holzscheit einen Schlag auf den Kopf. Das war kein schöner Anblick, aber schlimmer als dieser schnelle Tod wäre das qualvolle Ersticken der Fische an Land gewesen. Tierquälerei war bei den Aparai

Lianen werden für den großen Fischzug ausgeklopft

tabu. Doch wer essen wollte, der musste auch töten. *Toipä*, so war das nun einmal.

Koi, Mikulu, Waranaré und Sylvia standen bis zur Hüfte im Wasser und hatten einen Kreis gebildet. In ihrer Mitte fingen sie alle Fische auf, die von der Stromschnelle heruntergespült wurden. Maláto, das Mädchen aus dem Nachbardorf, und ich zwängten uns dazwischen. Wir steigerten uns in einen regelrechten Sammelrausch.

Großvater Araiba verfolgte das übermütige Treiben vom Ufer aus. Als ich mich später erschöpft, aber glücklich, zu ihm hockte, sagte er: »Ja, ja, ein großer Spaß. Nur schade, dass die ganzen Jungfische dabei ebenfalls zu Tode kommen.« Das Gift betäubte alle Fische gleichermaßen. Bei aller Freude, so ermahnte uns Araiba, sollten wir nicht zu gierig sein. Habsucht sei die Vorstufe zum Untergang. Wer heute den ganzen Fluss ausräumte, hatte morgen nichts mehr zu essen. Glücklicherweise verteilte sich das Gift immer nur in einem Teil des Gewässers, ähnlich wie ein

Tropfen Tinte in einem Wasserglas. Bereits nach wenigen Stunden war die Wirkung des Lianengifts verflogen, der Fluss auch für die Fische wieder harmlos.

Diese Art des Fischzugs war ein uralter Brauch vieler Völker Amazoniens. Sie wussten damals, dass er nicht beliebig oft hintereinander wiederholt werden durfte. Dass heutzutage manche Dörfer auch im Alltag überwiegend mit Gift fischen, liegt daran, dass sich ihr Verhältnis zur Natur verändert hat. Und daran, dass die uralten Riten und Feste zunehmend an Bedeutung verloren haben. Die Menschen wurden von den Verheißungen des Fortschritts verführt, während ihre ursprünglichen Fähigkeiten und Kenntnisse zunehmend schwinden. Nach traditionellen Bräuchen steht heute nicht mehr allen Indianern der Sinn. Wer keine Zukunft für sich sieht, wird sich kaum noch für seine Vergangenheit interessieren.

Während Malina und die anderen Frauen etwas abseits auf den Felsen die Fische schuppten und ausnahmen, machte sich Araiba ans Schüren des Feuers. Gewissenhaft errichtete er eine Art kegelförmigen Grill. Anschließend spießte er die gesäuberten Fische jeweils auf einen langen, angespitzten Stock. Vor unseren Augen entstand ein großer Kreis aus Stöcken, der in der Mitte auf eine gemeinsame Spitze aus Fischen zulief.

Schon bald vermischte sich der appetitliche Duft von geräuchertem Fisch mit dem Geruch von Holzkohle und Baumharzen. War ein Fisch fertig gegrillt oder geräuchert, wurde er aus dem Feuer genommen und durch einen neuen Fischspieß ersetzt. Araiba ging dieser Arbeit mit der Ruhe und Konzentration eines Zen-Mönchs nach. Während ich Araiba noch bei der Arbeit beobachtete, sammelte Koi die herumliegenden Fischschuppen auf und klebte diese wie Pailletten auf ihre nassen Arme. Sie sah aus wie ein richtiges Wasserwesen. Eine tolle Verkleidung, fanden Araiba und ich.

Mit Pfeil und Bogen – ein Aparai-Junge nimmt einen Fisch ins Visier

Koi ließ sich auf den Boden neben mir plumpsen. Interessiert betrachteten wir unsere Hände und Fußsohlen, die inzwischen so verschrumpelt waren, wie die Haut der alten Peputo. Außerdem hatten wir von der Rennerei über die schroffen Felskanten im Fluss zahlreiche Blessuren davongetragen. Müde, aber überglücklich über unsere Ausbeute machten wir uns über die kleinen Stücke geräucherten Fischs her, die Araiba uns zusteckte. Wir waren die Vorkoster, bevor es mit dem richtigen Abendmahl losging. Die Gräten warfen wir hinter uns ins Gestrüpp, wo sie von den herumstreunenden Hunden dankbar aufgeschnappt wurden.

Das Festgelage im Dorf dauerte bis tief in die Nacht. Anakalena wurde nicht müde, seine Gäste großzügig zu bewirten, und fand aufmunternde Worte für jeden der Anwesenden. Die Frauen brachten unentwegt Schalen mit frischem *Kashiri Kononto*. Die Gäste bedankten sich, indem sie Balladen zum Besten gaben.

Alle durften so oft zulangen, bis niemand mehr »Papp« sagen konnte. Jeder Fisch schmeckte ein wenig anders, und man überbot sich gegenseitig darin, den Geschmack zu beschreiben und ihn mit einer anderen Sorte von Fischfleisch zu vergleichen. Wenn jemand einen besonders delikaten Fisch erwischt hatte, nahm er sich nur ein kleines Stück davon, um den Rest an die anderen in der Runde weiterzureichen, die ihrerseits regelrechte Lobeshymnen anstimmten. »So ein guter Fisch schwimmt ganz sicher nur in der Nähe von Mashipurimo herum. Köstlich!« Kein Stückchen durfte übrig bleiben. Kühlschränke gab es am Amazonas schließlich nicht. Nur Fleisch wurde manchmal für Notzeiten durch Räuchern haltbar gemacht.

Die für die Aparai so übliche Zurückhaltung beim gemeinsamen Mahl, die Vorsicht, nicht zu gierig zu erscheinen, auch wenn der Magen noch knurrte, war bei solchen Festgelagen außer Kraft gesetzt. Wer nach mehreren Stunden der Völlerei schlappmachte, gab nicht viel auf seinen guten Ruf. Es würde die Aparai und die Wajana schockieren, wenn sie wüssten, wie viele Nahrungsmittel wir täglich wegwerfen.

Nach einer kurzen Tropendämmerung, die den Himmel mit einem dramatischen Purpur überzog, legte sich die Dunkelheit über Mashipurimo. Der Schein des Feuers tauchte die Gesichter der Feiernden in ein sanftes, rotblondes Licht. Den ganzen Abend wurden lustige Geschichten über die Riesenfische aus der alten Zeit erzählt, und irgendwo im Hintergrund erklangen die hellen Töne einer Knochenflöte und der dumpfe Rhythmus eines gestrichenen Schildkrötenpanzers.

Mit einem wohligen Gefühl im Bauch stieg ich in meine Hängematte. Mein Vater machte sich im Schein unserer Kerosinlampe noch ein paar Notizen. Er schrieb die Namen der Fische auf kleine Karteikarten – auf Aparai, Wajana und Deutsch, sofern bekannt. Durch eine Lücke im Blätterdach unserer Hütte sah ich das Kreuz des Südens am Sternenhimmel funkeln. In den Balken hoch über meinem Moskitonetz vernahm ich das leise Flattern der Fledermäuse.

Bevor ich endgültig einschlief, hatte ich noch einen schönen Gedanken: Eines Tages, wenn ich groß und erfahren genug war, würde ich gemeinsam mit den anderen tief in den Urwald hineingehen, um nach der Liane *Aissali* zu suchen. Seite an Seite mit Sylvia, Koi, Tanshi und Mikulu. Einer von uns wäre der Herr oder die Herrin der Lianen. Und dann würden wir an den Tag zurückdenken, an dem wir gemeinsam im Fluss stehend einen Kreis um die Fische gebildet hatten.

Dass es dazu wohl nicht mehr kommen wird, liegt nicht so sehr an der Entfernung zwischen Europa und Südamerika, die sich mithilfe eines Flugzeugs überwinden lässt. Sondern an der tödlichen Bedrohung durch das Quecksilber, das illegale Goldschürfer diesseits und jenseits der Grenzen Guayanas, Surinams und Brasiliens tagtäglich in die Flüsse spülen. Gift, injiziert in die Lebensadern der Amazonasvölker, das dazu benutzt wird, den feinen Goldstaub von der rotbraunen Erde zu trennen. Allein in den letzten zehn Jahren wurden auf diese Weise über 2000 Tonnen Quecksilber in die Amazonasflüsse geleitet. Das hochgiftige Schwermetall macht nicht vor den Fischen halt, nicht vor den Flussdörfern, in denen Menschen leben, die nichts dafür können, dass ihr Paradies verseucht wird, die hilflos mitansehen müssen, wie ihre eigenen Kinder vergiftet werden. Die Flüsse sind ihre Lebensgrundlage. Sie baden in ihnen, sie trinken Wasser und beziehen einen Großteil ihrer Nahrungsmittel aus ihnen. Bald wird es keinen einzigen Fisch im Amazonas mehr geben, der noch frei von Quecksilber ist. Und jene Menschen, die über Jahrtausende die Natur respektiert und nach ihren Regeln gelebt haben, werden fortan kranke und behinderte Kinder zur Welt bringen.

Tamoko-Tamuro – Herrscher der Urwaldungeheuer

Der Tanz des Urwaldungeheuers

Seit einigen Wochen war Mashipurimo wie verwandelt. Großvater Araiba, der sonst immer ein offenes Ohr für uns Kinder
hatte, war ständig unterwegs, und wir trafen ihn nur kurz zum
gemeinsamen Mittagsmahl. Kaum angekommen, war er auch
schon wieder verschwunden. Es schien, als wäre er mit tausend
Dingen gleichzeitig beschäftigt, ohne dass wir wussten, weshalb.
Offensichtlich war Antonia eingeweiht, denn die beiden warfen
sich Blicke zu, während ich immer noch grübelte, was in Mashipurimo eigentlich los war.

Auf dem Weg zum Flussufer bekam ich zufällig mit, wie sich
Araiba angeregt mit Tumaläpo unterhielt. Die beiden standen
mitten auf dem Dorfplatz, umringt von neugierigen Zuschauern. Tumaläpo war der Großonkel von Koi und kam regelmäßig nach Mashipurimo, um seine Verwandten zu besuchen. João
Batista, wie Tumaläpo mit weltlichem Namen hieß, war ein klu-
ger Mann und immer zu Scherzen aufgelegt. Er sprach leise und
sagte nichts, was nicht gründlich durchdacht war. Das machte
ihn auch zu einem willkommenen Gast im Gartenhaus meines
Vaters. Er war ein wunderbarer Chronist der Geschichten und
Geschehnisse aus alter Zeit und hatte die Gabe, sie so zu vermitteln, dass auch die zeitlichen Abläufe annähernd Sinn ergaben. Bei den Aparai und Wajana war das keine Selbstverständlichkeit. Denn ein Gefühl für Zeit im Sinne von Monaten oder
Jahren haben sie nicht. Mein Vater und Tumaläpo waren bereits
seit Mitte der 1950er Jahre miteinander befreundet. Halb im
Scherz, halb im Ernst bezeichnete mein Vater Tumaläpo deshalb
als seinen Lehrer. Die beiden hatten sich damals in einem kleinen

Aparai-Wajana-Dorf am mittleren Lauf des Rio Maicurú kennengelernt. Zuvor hatte mein Vater fünf Jahre in einem Wajana-Dorf am Rio Alitani zugebracht, wo er die Sprachen und Gepflogenheiten der dort lebenden Menschen studiert hatte. Der Alitani war der Grenzfluss zwischen Französisch-Guayana und dem damals noch niederländischen Surinam. Als mein Vater Tumaläpo am Fluss Maicurú begegnet war, hatten die beiden rasch einen guten Draht zueinander gefunden. Bei Tumaläpos Erzählungen über die gefährlichen Tiere und Waldwesen im Urwald war immer wieder ein Name gefallen, den mein Vater schon häufiger bei den Aparai gehört hatte. Es ging um ein seltsames Wesen namens Tamoko. Doch mein Vater würde sich noch beinahe zwei Jahrzehnte gedulden müssen, bis das Geheimnis des Tamoko gelüftet wurde.

Während sich Tumaläpo und Araiba nun auf dem Dorfplatz angeregt über ein bevorstehendes Ereignis unterhielten, hingen die anderen Männer gebannt an ihren Lippen. Darunter auch Inaina. Als sich Tumaläpo nach einer kurzen Verabschiedung auf den Weg ins Unterdorf machte, verweilten die Männer noch kurz bei Araiba, bevor sich die Gruppe wieder auflöste und jeder seines Weges ging. Araibas Rat war in diesen Tagen sehr gefragt. Die jungen Männer beklagten sich über den Umstand, dass sie im Urwald nicht genug *Änö* fanden. Bienenwachs sei inzwischen weitaus seltener aufzufinden als in alten Zeiten.

Araiba hockte sich auf den Boden und ritzte mit einem dünnen Ast eine Wegbeschreibung in den Sand. Es gab eine Lichtung flussabwärts, auf der laut Araiba Wildbienen flogen. Er skizzierte die Anzahl von Stromschnellen, die es zu überqueren galt, und die großen Felsen, an denen man sich orientieren musste; als Fixpunkt diente ein gewaltiger Flussfels mit einer kreuzförmigen Markierung in der Mitte des Paru – eingeritzt durch die Erosion im Lauf der Jahrtausende. Je nach Einstrahlung der Sonne warf das Kreuz einen Schatten, was den Steinbrocken zu einer Art Wahrzeichen machte. Erst wenn man diesen Koloss passiert habe, stoße man am linken Ufer auf besagte Lichtung. Dort sei es ein Leichtes, einen Bienenstock zu finden, meinte Araiba.

Ich stellte mich auf die Zehenspitzen, um einen Blick auf die Karte am Boden zu erhaschen. Ob es da wirklich genug Bienenwachs gab? Inaina blieb skeptisch.

Falls nicht, riet Araiba mit einem verschmitzten Grinsen, könne man ja mal meinen Vater fragen, ob der nicht zur Not Bienenwachs in Belém besorgen könne. Was er dann bei nächster Gelegenheit auch tat, so viel ich weiß.

Jakono hingegen wollte von Araiba wissen, wie dick der Stab für eine große Peitsche sein müsse. Araiba zeigte es ihm. So dick, dass man ihn kaum umfassen konnte. Am besten verwendete man *Wäwämpo* dazu, denn altes, abgelagertes Holz war deutlich robuster als frisch geschlagenes.

Was er wohl mit einer Peitsche vorhatte? Ich konnte mir keinen Reim darauf machen.

Araiba hingegen schon. Er schien für jedes Anliegen eine passende Antwort zu haben.

Als die Männer merkten, dass ich angestrengt lauschte, steckten sie die Köpfe zusammen und setzten ihre Unterhaltung im Flüsterton fort. Offensichtlich hatten sie etwas vor, was nicht unbedingt für die Ohren eines kleinen Mädchens bestimmt war.

Es ging also um Bienenwachs und um eine Peitsche, so viel hatte ich verstanden. Nun wollte ich unbedingt herausfinden, was die Männer vorhatten. Weshalb machten sie überhaupt so ein großes Geheimnis daraus? Umgehend eilte ich zu Antonia. Meine Sorge, dass unser Dorf bald in einen Krieg gegen ein anderes Dorf ziehen würde, quittierte sie mit schallendem Gelächter. Sonst so bedächtig und ernst, konnte sie sich gar nicht mehr einkriegen. Nein, wie ich nur auf so eine alberne Idee kommen könne.

Doch als Antonia meinen skeptischen Gesichtsausdruck bemerkte, wurde sie schnell wieder ernst. Beruhigend versicherte sie mir, dass die Aparai und Wajana schon vor einiger Zeit ihre Waffen niedergelegt hätten. Und dass es überhaupt keinen Grund gebe, wieder in den Krieg zu ziehen, weil uns mit den Nachbarn, zum Beispiel den Tirio, inzwischen tiefe Freundschaft verbinde. Und jene Stämme, denen die Aparai nicht so wohl gesonnen seien oder umgekehrt, ignoriere man einfach. Schließlich sei es klüger, sich von nicht so guten Menschen fernzuhalten, als sich gegenseitig die Köpfe einzuschlagen. Das führe zu nichts.

Dennoch ließ ich nicht locker. Was war denn mit den Weißen, von denen man sagte, sie würden sich den Urwald am liebsten ganz einverleiben? Antonia schwieg für einen Moment. Nein, nein, versicherte sie mir mit einem Seufzen, die Männer planten nur ein ganz besonderes Tanzfest. Einen Tanz zu Ehren des Tamoko. Über weitere Einzelheiten wollte sie allerdings noch nicht sprechen. Es bringe kein Glück, wenn man vor so einem Fest zu viel mitbekomme.

Beruhigt machte ich mich auf den Weg ins Unterdorf. Mal sehen, was Malina und die anderen Frauen so machten. Auch im Unterdorf, in der Nähe des Ufers, war alles in Aufruhr. Überall fegten die Frauen ihre Hütten aus, der helle Lehmboden unseres Dorfplatzes war so blank, dass er beinahe glänzte. Das *Polootoppo* war blickdicht mit Palmmatten verhängt und nicht offen wie sonst. Ich meinte den Rücken von Tumaläpo zu erkennen, neben ihm Kois Vater Kulapalewa, dessen Neffe.

Koi stand etwas verloren in der Gegend herum und blickte düster in Richtung Rundhaus. Offensichtlich hatte ihr Kulapalewa zu verstehen gegeben, dass unser *Polootoppo* in diesen Tagen für neugierige kleine Mädchen tabu war. Alle jungen Männer, darunter auch Kois Halbbruder Chico, waren zur Jagd ausgezogen, und der Rest hatte sich im Rundhaus versammelt,

226

Alltagsbeschäftigung – Frauen bei der Baumwollverarbeitung

um im Schutz der Palmmatten etwas zu machen, was vor unseren Blicken verborgen blieb.

Selbst die Frauen, die sich sonst so liebevoll um uns kümmerten, uns Süßigkeiten aus Zuckerrohrsaft und Maniokstärke zusteckten und Scherze zuriefen, wirkten beschäftigt und wortkarg. Sie drehten uns den Rücken zu, was auf Aparai so viel heißt wie: Ich will nicht gestört werden. Unaufhörlich sponnen sie Baumwollbüschel zu gleichmäßigen Fäden. Die frisch gepflückten Watterbällchen lagen derweil ausgebreitet in großen, quadratischen Siebschalen in der prallen Sonne zum Trocknen. Flauschige Baumwollbälle, wie aus Zuckerwatte geformt. Die Frauen aus Mashipurimo saßen wie üblich im Kreis, doch anstelle des gewohnten Geschnatters herrschte konzentrierte Stille. Die Spindeln aus Kürbisschalen drehten sich so schnell zwischen den Handflächen der Frauen, dass mir vom bloßen Zuschauen bei-

Aparai beim Knüpfen eines Lendenschurzes

nahe schwindelig wurde. Kaum war die Spule voll, wurde sie in die gegenüberliegende Hütte weitergereicht. Die Knüpferinnen saßen dort im schützenden Schatten der Palmdächer vor ihren Webrahmen. Zwei in die Erde gerammte Holzpflöcke, auf denen die Gürtel für die Lendenschurze der Männer gewebt wurden sowie der Brustschmuck für die Frauen.

Vor einem der Webrahmen hockte eine ganz junge Frau im Schneidersitz, beinahe selbst noch ein Kind. Sie hatte erst den Ansatz eines winzigen Busens und war doch schon dabei, die feinen Baumwollfäden zu einer Babytrage zu knüpfen – ein Zeichen dafür, dass sie bereits ein Kind erwartete. Eine ältere Frau aus dem Nachbardorf, deren Namen ich nicht kannte, kaute emsig Kautabak, während ihre rauen Fingerkuppen die feinen Baumwollfäden in gleichmäßige Reihen kämmten. Hin und wieder spuckte sie den nassen Tabak an einen Pfosten in der Hüttenecke. Die dunkle Schlacke landete mit einem lauten Klatschen auf dem Holz. Zielsicher. Ich versuchte nicht hinzuschauen. Eklig war das. Ansonsten verzog die Alte keine Miene, nur ihre Finger bewegten sich unaufhörlich auf und ab. Ein emsiges Krabbeln, wie von zwei flinken Spinnen. Auf dem Webrahmen zeichneten sich schon bald die Umrisse einer wunderschönen Hängematte ab. Sie war viel breiter als unsere Alltagshängematten und zudem noch verziert. Die Hängematten in unseren Hütten waren über die Jahre durch das Waschen im Fluss eingelaufen und hatten inzwischen die Farbe von Tee angenommen. Ihre Fäden waren so ausgedünnt, dass man beim Hineinkrabbeln aufpassen musste, den Stoff nicht mit den Händen oder Füßen zu durchstoßen.

Ganz anders die neue Hängematte: Wie gerne hätte ich auch so eine feine Schlafstätte gehabt. Dafür hätte ich sogar meine Puppe Alicechen eingetauscht. Doch Antonia, von der ich mir insgeheim ein wenig Verständnis erhoffte, als ich ihr meinen Wunsch vortrug, schüttelte bestimmt den Kopf. Hängematten wie diese waren nur für unsere stolzen Tänzer bestimmt. Nicht für kleine Mädchen.

Am Nachmittag traf ich auf Koi, diesmal mit Tanshi und Mikulu im Schlepptau. Die drei waren ähnlich ratlos wie ich. »Ich fühle mich wie ein *Kaikushi schipölö*«, sagte Koi und deutete mit einer dramatischen Handbewegung auf ihre abgeschnittenen Haare. Eine Maßnahme ihrer Mutter Malina, welche das Läusesuchen einfacher machte. Doch ein hässlicher Hund war Koi ganz bestimmt nicht, auch wenn der Vergleich passte: Wir wurden in diesen Tagen genauso verscheucht wie sonst nur die herumstreunenden Hunde. Normalerweise wurden wir Kinder in alles mit eingebunden.

Etwas beleidigt beschlossen wir, den Erwachsenen aus dem Weg zu gehen. Vielleicht war ja ein seltsamer Geist in sie hineingefahren? »Der Ahnengeist des Tamoko«, unkte Mikulu.

Das »Brauhaus« von Mashipurimo: Kashiri Kononto *darf bei keinem Fest fehlen*

War das nicht das schreckliche Urwaldungeheuer, das Menschen fraß? Wir beschlossen, der Sache auf den Grund zu gehen.

Wir hockten uns auf den Baumstamm, der seit einigen Wochen auf dem Dorfplatz herumlag. Die Männer wollten daraus einen Einbaum fertigen, sobald das Holz trocken genug war. Der Stamm lag in der Sonne wie ein riesiges Holzkrokodil beim Mittagsschlaf. Von hier aus konnten wir das Treiben im Dorf verfolgen.

In der Hütte vor uns wurde in großen Mengen Maniokbier gebraut. Schildkröte Pulupulu, die Erstfrau von Kois Vater, rührte unaufhörlich den dickflüssigen Maniokbrei mit einem Kochpaddel um. Neben ihr stand Malina und half. Als sie fertig waren, kauten sie ein bisschen von dem Brei und spuckten ihn anschließend wieder in den Kessel zurück. Vorsichtig füllten die beiden Frauen die Flüssigkeit in größere Kalebassen, um sie für ein paar Tage in der Erde zu vergraben. Wenn sie wieder ans Tageslicht befördert wurden, war der Trinkbrei bereits zu Alkohol vergoren.

»Diesmal werde ich trinken, bis ich umfalle«, prahlte Mikulu. Da wir Kinder dieselben Rechte wie die Erwachsenen hatten, waren auch alkoholhaltige Getränke wie *Kashiri* erlaubt. Selbstredend nur in symbolischen Mengen und nicht, um sich zu betrinken. Mit dem ausdrücklichen Segen meines Vaters und der Bemerkung, dass dies den anderen Aparai-Kindern ganz offensichtlich auch nicht schade, kostete ich die alkoholischen Getränke. Und während ich diese Zeilen aufschreibe, ist mir klar, was meine europäischen Landsleute vermutlich dazu sagen werden.

Tatsächlich mochte ich das Maniokbier sehr gerne. Es schmeckte zwar etwas herb und breiig, hatte aber einen angenehm erfrischenden Nachgeschmack und machte vor allem satt. Dass Spuren vergorener Spucke darin herumschwammen, störte mich nicht im Geringsten. Meine Mutter verzog hingegen jedes Mal leicht das Gesicht, wenn die Schale mit Maniokbier bei ihr landete. Wenn sie dann den Kalebassenrand an ihre Lippen setzte, meinte ich zu beobachten, dass sie nur so tat, als ob sie einen Schluck daraus nähme.

Mein Vater hingegen trank und trank, wie es sich für einen Mann von seiner Statur gehörte. Überhaupt war er ziemlich schmerzfrei, wenn es um die archaischen Bräuche der Amazonasvölker ging.

Am kommenden Morgen vibrierte der Boden unter unseren Füßen. Das gesamte Dorf schien in Alarmbereitschaft. Wir Kinder trauten uns nur noch zu flüstern und versuchten, uns möglichst unsichtbar zu machen. Als wir an den Fluss kamen, um zu baden, bemerkten wir, dass auch hier die sonst so fröhliche Stimmung in angestrengte Geschäftigkeit umgeschlagen war. Die Frauen schrubbten ihre Kochtöpfe mit Sand und legten ihre frisch gewaschenen Lendenschurze zum Trocknen auf die Felsbänke. Bei Festen musste alles blitzblank sein. Jeder war bemüht, sich von seiner besten Seite zu präsentieren. Selbst die Einbaumboote, die sonst eher durcheinander am Ufer herumdümpelten, lagen nun ordentlich vertäut in der Bucht.

Die Vorbereitung auf dieses geheimnisvolle Fest fühlte sich an wie der Aufbruch zu einem Kriegszug. Nur die alte Peputo blieb erstaunlich gelassen. Während wir ins Wasser sprangen, huschte ein Lächeln über ihr Gesicht. »So ein Fest habe ich zuletzt als sehr kleines Mädchen erlebt. Das war mal ein ordentliches Fest«, gurrte sie mit ihrem Taubenlachen. Liebevoll zog sie mich an sich, als ich aus dem Wasser kam.

Nur selten erzählte die weise Frau, deren Augenlicht inzwischen getrübt war, etwas über die Vergangenheit. Peputo sprach viel lieber über die Gegenwart. Die Vorbereitungen für das Tanzfest hatten sie zurückversetzt in längst vergangene Zeiten. Und nun sprudelte es beinahe aus ihr heraus. Sie berichtete uns von schlimmen Jahren, in denen die Aparai und Wajana wie die Fliegen starben, weil Kriege herrschten und Seuchen ganze Völker dahinrafften. Aus ihrer großen Familie war die junge Peputo die Einzige, die überlebt hatte. Was folgte, waren Jahrzehnte, in denen niemand mehr ans Feiern dachte, nur noch ans Überleben. Jetzt, wo es den Aparai und den Wajana wieder besser ging, war es an der Zeit, die alten Bräuche wiederaufleben zu lassen.

Als Peputo anbot, uns die Schritte für den Tamoko-Tanz zu zeigen, waren wir begeistert bei der Sache. Obwohl wir wussten, dass bei den Festen nur die Männer tanzten – sehr zur Belustigung von Frauen und Kindern. Die Zeremonienmeisterin ließ uns nach links stampfen, dann wieder nach rechts, und so lernten wir, uns zu bewegen wie jene großen, gruseligen Urwaldungeheuer, die einst viel Macht über die Menschen gehabt hatten. Nach kurzer Zeit war Peputo ganz außer Atem, setzte sich auf den nächsten Felsen und gab uns von dort aus Anweisungen. »Ihr dürft nicht vergessen, dass Tamokos übersinnliche Kräfte haben. Das muss man euren Bewegungen ansehen.«

Als wir mit unserem Tanz fertig waren, ließ Peputo uns wissen, dass sie in letzter Zeit viel Besuch bekomme. Von Erinnerungen aus ihrer Vergangenheit. Und schließlich begann Peputo mit bedeutungsvoller Miene, uns den uralten Mythos vom Urwaldungeheuer Tamoko und seiner schrecklichen Rache an den Menschen zu erzählen.

Die Rache der Tamokos

»Eines Tages lief ein Aparai-Jüngling tief in den Urwald hinein. Dort ließ er sich in der Nähe eines früchtetragenden Baumes nieder, wo er aus Palmblättern ein kleines *Tato* baute, einen Unterstand. Hier wollte er im Verborgenen auf Wild oder Kulusi-Vögel warten, die durch die heruntergefallenen Früchte herbeigelockt wurden. Dabei musste sich der junge Jäger in Geduld üben und eine lange Zeit ganz still verharren. Nicht die kleinste Regung durfte ihn verraten. Nur so würde es ihm gelingen, reiche Beute zu machen.

Doch aus der Tiefe des Urwalds flatterte kein einziger Vogel herbei, nicht einmal ein *Kapau*, ein Reh, ließ sich blicken. Das einzige Tier, das der Jäger schließlich erspähte, war ein kleines schwarzes Wesen, von Kopf bis Fuß dicht behaart und mit einem prächtigen Federkamm auf dem Kopf. So etwas hatte der junge Aparai noch nie gesehen. Er staunte, als das seltsame Tier immer näher kam, dabei fröhlich vor sich hin krähte und unbekümmert von den süßen Früchten aß, die in Hülle und Fülle unter dem Baum auf der Erde lagen. Dabei bewegte es sich auf-

Araiba bei der Anfertigung eines Tamoko-Tanzmantels

recht, beinahe wie ein Mensch. Der junge Jäger hatte dem Treiben eine Weile zugeschaut, dann schoss er einen seiner Pfeile ab. Das getroffene Wesen brüllte vor Schmerz laut auf und rannte, so schnell es konnte, in den Urwald hinein.

Zurück im Dorf, erzählte der Jäger den anderen Aparai von seinem Abenteuer. Er prahlte geradezu damit, ein wildes, bedrohliches Untier in die Flucht geschlagen zu haben. Die älteren Jäger warfen sich erschrockene Blicke zu. Wieder und wieder ließen sie sich das Wesen beschreiben. Kein Zweifel: Es musste ein Tamoko gewesen sein. Sie bekamen es mit der Angst zu tun.

Und tatsächlich dauerte es nicht lange, da schwärmten die Tamokos in großer Zahl aus. Zunächst erschienen nur kleinere, dann folgten größere und immer größere, bis zuletzt der riesige Tamoko-Tamuru, das große Urwaldungeheuer erschien. Die Untiere stampften unentwegt auf den Boden und stießen fürchterliche Geräusche aus, während sie den Kreis um das Dorf immer enger zogen. Die Aparai flohen in die Obergeschosse ihrer

Pfahlbauten, wo sie starr vor Angst verharrten. Das sollte ihnen aber nichts nützen, denn die Tamokos führten gewaltige Peitschen mit sich, die sich wie Tentakel eines Kraken um die Pfosten der Pfahlbauten schlangen, und die Hütten mit einem Ruck wie Kartenhäuser in sich zusammenfallen ließen. Selbst das massive Rundhaus knickte ein, als wäre es aus Streichhölzern.

Man muss sich nur vorstellen, welche unermesslichen Kräfte dazu nötig waren«, raunte Peputo mit tiefer Stimme. Beklommen schauten wir uns an.

»Als die Hütten zusammenfielen, purzelten die Aparai wie kleine Ameisen auf den Boden.« Peputu machte eine Handbewegung, als zerstreue sie Pfeffer. »Die rachsüchtigen Tamokos stürzten sich auf die Menschen und verschlangen sie allesamt mit Haut und Haaren. Auf dem Dorfplatz blieben nur noch ein paar Blutflecken zurück.

Nachdem die Tamokos nun das Dorf des jungen Aparai-Jägers ausgelöscht hatten, marschierten sie zur nächsten Siedlung, der das gleiche Schicksal widerfuhr. Niemand wusste, ob die Tamokos auch das aus Rache taten oder inzwischen einfach nur Geschmack an Menschenfleisch gefunden hatten. Jedenfalls ging es Dorf für Dorf so weiter, bis eines Tages ein mächtiger Aparai-Zauberer eine große Zigarre rauchte und in Trance den Stammvater der Tamokos anrief. Nach zähem Ringen gelang es ihm, den großen Urahnen der Ungeheuer zu besänftigen. Die rachsüchtigen Wesen zogen sich daraufhin wieder in den tiefen Urwald zurück und wurden seither nie mehr gesehen.«

Nachdem Peputo geendet hatte, schloss sie die Augen, was so viel hieß wie: Nun lasst mich wieder in Ruhe. Eine Weile saßen wir noch etwas unschlüssig auf den warmen Felsen herum und ließen die grausige Geschichte auf uns wirken. Koi fand als Erste die Sprache wieder. Sie packte mich am Handgelenk und zog mich hoch. Etwas zerstreut schlenderte ich hinter ihr ins Dorf zurück, wo die Spannung inzwischen allgemeiner Fröhlichkeit gewichen war. Immerhin wussten wir nun, weshalb das Tamoko-Fest so etwas Besonderes war. Es war die mahnende Erinnerung an einen Rachefeldzug gegen hochmütige Menschen. Wer die Natur ohne Grund herausforderte, wurde grausam bestraft. Den Vorfahren der Aparai und Wajana waren die schrecklichen Ereignisse eine Lehre, nie wieder nur zum Spaß auf ein Tier zu schießen.

Wochenlang hatten die Männer an ihren geheimnisvollen Maskenkostümen und kunstvollen Tanzmänteln gearbeitet. Da das letzte Tanzfest dieser Art bereits viele Jahrzehnte zurücklag, reiste eine Abordnung aus Mashipurimo einige Bootsstunden flussaufwärts. Dort trafen sie eine alte Aparai, die als junge Frau noch Tamokos hergestellt hatte. Unter den prüfenden Blicken der Siebzigjährigen wurden die traditionellen Muster korrigiert und die Knoten für die Bindungen der Fransen so lange verbessert, bis sie annähernd perfekt waren. Glücklicherweise gab es bei uns in Mashipurimo genügend Flechtmaterial für die langen Fransenmäntel. Die Frauen schleppten körbeweise Baumrindenbast herbei, der anschließend mit den Füßen im matschigen Uferschlamm gestampft wurde, um den Baststreifen eine satte schwarze Farbe zu verleihen.

Wenn ich heute die eigentümliche Schönheit der alten Tanzmäntel betrachte, muss ich daran denken, wie schwierig ihre Anfertigung war. Allein schon für die kunstvollen Gesichtsmasken wurde ein enormer Aufwand betrieben. Die aus Schilfrohr geflochtene Basis für die Gesichtsmaske war mit zwei Öffnungen für die Augenlöcher versehen. Diese Rohmaske musste anschließend mit einer gleichmäßigen Schicht aus schwarzem Bienenwachs überzogen werden. Zu guter Letzt wurden mit Pigmentfarben die geometrischen Muster für die Gesichtszüge des Ungeheuers aufgetragen. Mit kleinen Malstäbchen und Pinseln aus Wildschweinborsten, welche die alten Pinsel aus Menschenhaar abgelöst hatten.

Erst Monate nach dem Fest zeigte uns Araiba, wie die Farben für die Wachsgesichter hergestellt wurden. Das Weiß für die Streifen gewann er aus Mergelerde, das tiefe Rot für die restlichen Verzierungen aus zermahlenen *Suupali*-Steinen. Schon oft hatte ich dabei zugeschaut, wie Araiba Steine, Rinde oder Kohle im Mörser zerstampfte, um die Pigmente anschließend mit Harzen zu einer dickflüssigen Farbpaste zu vermischen. Mit etwas Glück durften wir ihm dabei zur Hand gehen. Doch wo sich die passenden Zutaten finden ließen, das war und blieb allein Araibas Geheimnis. Neben seinen vielen anderen »Berufen« als Künstler, Historiker, Lehrer, Dolmetscher, Bootsbauer, Jäger und Sammler war er auch der Alchemist von Mashipurimo.

Ganz zum Schluss wurden noch kleine rote Halsfederchen von Papageien auf den spitz zulaufenden Teil der Gesichtsmasken geklebt. Eingefasst vom Baumrindenbast *Äto*, jenen nunmehr schwarz gefärbten Fransen, die wie lange Haare bis zum

Boden hinabhingen. Damit war das Ungeheuerkostüm des Tamoko vollendet.

Wie es genau gefertigt wurde, war ein streng gehütetes Geheimnis, das seit Generationen nur an wenige Auserwählte weitergegeben wurde. Ein Ethnologe, den ich sehr schätze, wies mich erst kürzlich darauf hin, dass der Tanz der Peitschen-Ungeheuer ursprünglich anlässlich des Baus eines neuen Rundhauses aufgeführt worden sein könnte. Ich kann das weder bestätigen noch ausschließen. Bei uns stand das *Polootoppo* bereits, und das Tamoko-Tanzfest in Mashipurimo war eher eine Kurzversion jenes ausschweifenden Festes, das Peputo vierzig Jahre zuvor noch erlebt haben mochte.

Am Tag des Tamoko-Festes wiesen die Frauen von Mashipurimo Dorfbewohner und geladene Gäste an, rund um die große Maniokhütte Platz zu nehmen. Normalerweise fanden sich hier ein Dutzend Frauen ein, um Maniok zu verarbeiten. Nun verwandelte sich die Arbeitshütte vorübergehend in eine Bühne. Die Gäste hatten sich prächtig zurechtgemacht. Die Haut war mit wohlriechendem *Ononto* bemalt, auch *Ruku* genannt. Die Männer hatten ihre Haare mit wertvollen Pflanzenessenzen auf Hochglanz geölt und mit Federn geschmückt; jeder trug Beinfransen oder Schmuckrasseln an den Waden, manche Männer sogar Oberarmfederschmuck, der an Flügel erinnerte. Die Frauen waren über und über mit Perlenschnüren behängt.

Auch ich hatte meinen Festtagsschmuck angelegt. Rote und blaue Perlenstränge, über Bauch und Rücken gekreuzt, Armbänder, Beinfransen und Oberarmbänder. Schmuck, der zusammen gut drei bis vier Kilo auf die Waage brachte. Eine Last, die mich heute in der Tropenhitze ganz schön ins Schwitzen bringen würde, mir als Kind aber nichts ausmachte. Im Gegenteil. Ohne die Perlen wäre ich mir bei so einem feierlichen Anlass nackt vorgekommen. Zum Glück hatte mir Sylvia beim Anlegen der Beinfransen geholfen. Sie verdrehten und verhedderten sich immer-zu, ein richtiger Fransensalat. Das Anziehen von Kniestrümpfen war ein Kinderspiel dagegen.

Doch wo war eigentlich Sylvia?

Koi hatte auch keinen Schimmer.

Neben dem Hauptdach der Maniokhütte hatten die Männer einen Baldachin aus Zeltplanen errichtet, die mein Vater als Son-nenschutz für das große Ereignis spendiert hatte. Das Wachs der kunstvoll verzierten Masken sollte in der Tropenhitze kei-nen Schaden nehmen. Während Koi und ich angeregt schwatz-ten, stampfte Araiba in der Art eines Zeremonienmeisters drei Mal mit einem Holzstab auf die Erde. Die Vorstellung konnte beginnen.

Kaum war Araiba verschwunden, raschelte es hinter dem Vor-hang aus Palmblättern, und der erste furchterregende Tamoko-Kopf tauchte auf. Der Blick aus seinen Augen jagte mir einen Schauer über den Rücken. Das war ja viel schlimmer als das Ungeheuer in Peputos Geschichte! Im nächsten Augenblick saus-te die geflochtene Lianenpeitsche des Tamoko mit einem lauten Knall auf den Boden, direkt vor unsere Füße. Ich hielt die Luft an. Patsch! Ein zweites Mal klatschte die Peitsche auf, diesmal knapp neben einem Kochkessel. Der zweite Tamoko, der wie aus dem Nichts plötzlich vor uns stand, war riesengroß und schwarz, sein rot-weißes Gesicht glich einer fürchterlichen Teu-felsfratze. Er schlurfte mit schweren Schritten umher und kam uns bedrohlich nahe. Koi und ich fassten uns an den Händen, um nicht loszubrüllen. Die kleine Tanshi klammerte sich an ihre Mutter Malina. Zähne zusammenbeißen, das war schließlich nur ein Tanzfest.

Ein kurzer Blick auf Antonia beruhigte mich etwas. Sie stand gelassen vor der Hütte und folgte dem Spektakel mit verschränk-ten Armen und einem zufriedenen Nicken. Wenn sie so entspannt war, dann musste die Lage doch einigermaßen sicher sein. Auch

Sylvia als mutige Wasserträgerin

bei den anderen Zuschauern schien die Neugier größer als die Furcht. Das Ungeheuer in seinem Fransenmantel schüttelte sich und stieß dabei Geräusche aus, die einem durch Mark und Bein fuhren. Mit böse funkelnden Augen hob es seine Peitsche zu einem neuen Schwung. Aus der Nähe betrachtet, sah sie wirklich so aus, als könnte man damit spielend leicht einen Pfahlbau einreißen. Da! Jetzt hatte es aus Versehen den jungen Papayabaum erwischt, den Antonia erst kürzlich gepflanzt hatte. Ein Hieb mit der Peitsche, und das Bäumchen knickte um wie ein Grashalm. Antonia bedachte das Ungeheuer mit einem strafenden Blick. In diesem Moment traten bereits ein dritter, ein vierter und ein fünfter Tamoko aus der Hütte, einer prächtiger und angsteinflößender als der andere. Sie reihten sich nebeneinander auf und begannen rhythmisch auf den Boden zu stampfen. Das dumpfe Geräusch war die einzige »Begleitmelodie« dieses Spektakels. Im Gegensatz zu anderen Festen gab es weder Musik noch Gesang.

Die Tamokos stampften immer heftiger auf den Boden, ein Zeichen, dass gleich noch etwas passieren würde. Gespannt starrten wir zum Blättervorhang vor der Hütte. Und tatsächlich: Ein gewaltiger Kopf auf einem baumhohen Körper schob sich durch die Palmwedel. In der Hand hielt das Untier eine Lianenpeitsche, die beinahe doppelt so lang war wie die der anderen Tamokos. Ich zuckte zusammen. Das musste der Tamoko-Tamuru sein, das größte und rachsüchtigste aller Urwaldungeheuer.

Koi hatte ihre Finger so fest in meinen Arm gebohrt, dass die kleinen Sicheln ihrer Fingernägel tiefe Kerben auf meiner Haut hinterließen. Wir hielten die Luft an. Was, wenn das keine Verkleidung, sondern ein echter Tamoko war? Der Tamoko-Tamuru stampfte so heftig auf, dass ich das Gefühl hatte, der Boden würde erzittern. Seine Peitsche sauste durch die Luft, schwang erst nach rechts, dann nach links, dann schleuderte das Wesen den Lianenstrang gegen einen Stützpfosten. Wie eine Schlange wickelte sich die Peitsche um das

Inaina im Lianenunterkleid

Holz. Das war ja genau wie in der Geschichte! Gleich würde der Tamoko-Tamuru das ganze Haus einreißen! Weg, nur schnell weg. Doch während ich mich aufrappelte, entdeckte ich am Handgelenk des Ungeheuers etwas, das vertraut in der Sonne glänzte. Eine silberne Armbanduhr. Kein Urwaldungeheuer trug eine Armbanduhr. Nur mein Vater.

Beinahe hätte ich einen Lachanfall bekommen. Da mein Vater mit seinen beinahe einsneunzig alle anderen Männer im Dorf deutlich überragte, hatte er natürlich das Los des Tamoko-Riesen gezogen. Hinzu kam, dass das Kopfteil, auf dem sich die Maske befand, von einer Art Haube abgerundet wurde, die deutlich höher als die der anderen war. Gekrönt von einem Büschel prächtiger Ara-Schwanzfedern. Damit war der Tamoko-Tamuru rund ein Drittel größer als die »normalen« Tamokos. Alles in allem erreichte mein Vater in dieser Aufmachung eine geschätzte Größe von zwei Meter fünfzig.

Mein kleines Geheimnis behielt ich vorerst für mich. Schadenfroh beobachtete ich die erschrockenen Gesichter von Mikulu,

Tanshi und Koi. Sylvia hingegen zeigte sich von all dem unbeeindruckt. Sie war zur Wasserträgerin auserkoren worden, deshalb hatten wir sie zu Anfang der Vorstellung auch nirgendwo entdecken können. Unter den Tanzmasken wurde es ganz ordentlich heiß. Dazu noch der schwere Lianenmantel und die kräftezehrenden Stampfschritte; das haute jeden noch so erfahrenen Tänzer irgendwann um, wenn er zwischendurch kein kühlendes Getränk bekam. Vorsichtig balancierte Sylvia die Schalen mit Maniokbier und Wasser, die sie den Tänzern unter den Lianenfransen hindurchreichte. Koi war beeindruckt, wie mutig sie war.

Plötzlich ging ein Ruck durch die Tanzgruppe, und ein Tamoko lupfte seinen Hut samt Maske und schob den Mantel zurück. Darunter kam ein weiteres Gebinde aus Lianen zum Vorschein, eine Art Tanzmantel-Unterkleid. Das war ja Inaina! Sein Gesicht glänzte in der Sonne, und er brach in schallendes Gelächter aus, als er unsere erstaunten Gesichter sah. Ein weiterer Tamoko tat es ihm nach. Es war Araiba. Euphorisch stürmten wir den Tänzern entgegen.

»Ich wäre fast in Ohnmacht gefallen, so heiß war es da drunter.« Großvater Araiba zog ein Tierbänkchen heran, auf dem er sich erschöpft niederließ. Nach und nach gesellten sich die anderen Tänzer dazu. Nur der Tamoko-Tamuru verschwand mit einem Grummeln in der Hütte. Später erzählte uns mein Vater, dass er den Tanzhut nicht ohne fremde Hilfe vom Kopf bekommen hatte. Das Stirnband aus Agavenfasern unter dem Hut habe derart fest gesessen, dass die Männer schließlich zu dritt daran ziehen mussten, damit er sich vom Kopf löste.

Endlich kam auch Sylvia zu uns. Koi klopfte ihr anerkennend auf die Schulter. Auch ich bewunderte sie für ihren Mut. Am Anfang hätten ihr noch ein wenig die Knie geschlottert, gab sie zu, aber von Runde zu Runde sei sie ruhiger geworden. Die Zuschauer waren sich einig, dass Sylvia den Tamoko-Ungeheuern das *Kashiri-Kononto*-Bier sehr würdevoll überreicht hatte. Ich war mir ganz sicher, dass auch sie die Armbanduhr am Handgelenk meines Vaters entdeckt hatte. Hatte sie aber nicht. Es waren die Füße von Araiba gewesen, die sie auf die richtige Spur gebracht hatten. Eine Narbe auf dem Fußrücken, die von einem Schlangenbiss herrührte, habe ihr den Träger des Kostüms verraten, erzählte sie mir später und grinste. Spätestens an diesem Tag wurde mir bewusst, dass Sylvia mit ihren acht, neun Jahren auf dem Weg war, erwachsen zu werden. Antonia war dabei, ihr mehr und mehr Verantwortung zu übertragen, und das Amt des Wasserträgers war eine Art Test, den meine Patin mit Bravour bestanden hatte. Bald würde auch sie eine Marter über sich ergehen lassen und ihrem Bruder Inaina in die Welt der Erwachsenen folgen.

Etliche Jahre nach unserem Tamoko-Tanzfest stöberte ich in einem »Tribal arts«-Laden in den Südstaaten der USA herum. Mich traf beinahe der Schlag, als ich einen Tamoko-Mantel entdeckte. Er sah aus wie aus dem Bilderbuch – viel glatter und perfekter als die Maskenmäntel, welche die Tänzer bei unserem Fest am Amazonas getragen hatten. Auch waren die Farben strahlender als die erdigen Pigmentfarben in meiner Erinnerung. Araiba hätte diesen Mantel mit einem Blick als plumpe Fälschung entlarvt.

Nach dem ersten Schock stellte ich fest, dass die Sehschlitze der Maske viel zu weit auseinanderstanden, die Nase zu klein und der Kopfumfang zu schmal für einen ausgewachsenen Tänzer war. Außerdem hatte die Maske des Tanzmantels einen richtigen Mund mit Lippen, anders als ein echter Tamoko-Mantel. Ich musste an die Worte von Peputo denken, die uns erzählt hatte, dass die Tamokos zwar von menschenähnlicher Gestalt seien, aber nicht sprächen. Deshalb hatten die Masken auch keinen Mund.

Die stolzen Tamoko-Tänzer (in der Mitte mein Vater)

Für die stattliche Summe von 8000 Dollar konnte man einen solchen Mantel erstehen und hinterher etwas sein Eigen nennen, von dem man vermutlich nicht die geringste Ahnung hatte. Inzwischen kann man solche vermeintlich echten Tamoko-Mäntel in einfacherer Qualität sogar unter 1000 Dollar erwerben. Serienmäßig gefertigt, weil sich indianisches Kunsthandwerk vom Amazonas so prima verkaufen lässt.

Auf einem Plexiglasschild stand zu lesen: »Ritueller Schamanen-Tanzmantel aus dem Amazonas. Herkunft: Wajana oder Aparai.« Ob der künftige Besitzer eines solchen Kostüms wohl ahnte, dass es in der Vorstellung der Aparai großes Unheil brachte, wenn ein Fremder diese Maske jemals zu Gesicht bekam?

Ich dachte an Araiba, der Mitte der 1990er Jahre im Alter von 104 Jahren verstorben war, kurz nachdem wir uns ein letztes Mal Lebewohl gesagt hatten. Wenn er wüsste, dass die sagenhaften Tanzmäntel heutzutage massenhaft für den Verkauf an Touristen hergestellt werden, würde er sich im Grab umdrehen. Oder vor lauter Zorn ein fürchterliches Gewitter auf die Erde hinabschicken.

Vor der Arbeitshütte meines Vaters

Jesus war kein Faultier

Nicht lange nach dem Tanzfest tauchte ein Ungeheuer ganz anderer Art in unserem Dorf auf.

Wie fast jeden Morgen war mein Vater schon kurz nach dem Aufstehen in seiner Bürohütte verschwunden. Es gab Zeiten, in denen er so beschäftigt war, dass ich ihm höchstens durch Zufall über den Weg lief. Wenn ich ihn sehen wollte, blieb mir also oft nichts anderes übrig, als ihn im Gartenhaus zu besuchen. Da gerade alle ausgeflogen waren und der Dorfplatz verwaist in der Morgensonne lag, machte ich mich auf den Weg zum Waldrand. Mal sehen, was mein Vater gerade so trieb. Besonders interessant fand ich das Tonbandgerät, mit dem er Stimmen aufnehmen und wiedergeben konnte. Es hatte in meinen Augen etwas Magisches. Auf unzähligen Rollen waren Gespräche mit Einheimischen, alte Mythen, Lieder und traditionelle Musik konserviert. Wenn das Tonbandgerät abgeschaltet war, teilten ihm seine Gäste manchmal auch ihre Sorgen oder Wünsche mit.

»Na? Kommst du mich mal wieder stören?« Das war meist die übliche Begrüßung, die mein Vater für mich parat hatte. Doch diesmal kam es erst gar nicht dazu. Ungefähr auf halbem Weg traf ich auf eine Gruppe von Frauen, die in Schockstarre vor einem großen Baum verharrten. Die Köpfe in den Nacken gelegt, blickten sie in die Baumkrone. Als ich mich zu ihnen gesellte, um zu sehen, was da los war, hielt mir Pulupulu die Hand vor den Mund. Sie bedeutete mir, bloß keinen Mucks zu machen. Dann setzte sich die Gruppe geschlossen und langsam rückwärts gehend in Bewegung, den Blick immer noch auf die Astgabeln geheftet. Im ersten Moment dachte ich, dort oben hinge ein riesiges

Hornissennest. Das hätte auch die Unruhe der Frauen erklärt. Doch was ich entdeckte, war alles andere als schlimm. Ein etwas erstauntes, aber gelassenes Faultier hing im Baum unweit von Papas Bürohütte. So ein Faultier hatte ich schon einmal gesehen, allerdings weniger lebendig und viel kleiner. Es hatte in einem jener Boote gelegen, mit denen die Männer ihre Jagdbeute transportierten, es war zusammengerollt und mausetot.

»*Joloko!*«, flüsterte eine der Frauen und zeigte panisch auf das Tier im Baum. Ein Geist!

»*Joloko sänto nümölö!*« Alle sprachen nun durcheinander. Ich verstand ihre Aufregung nicht. Das war doch bloß ein Tier und kein »böser Geist«. Zugegeben, es hatte ein paar furcherregende Klauen an den Pfoten, aber mit seinem zotteligen Fell sah es eigentlich recht freundlich aus. Eine Mischung aus dickem Affen und Ameisenbär. Mit putzigem Gesichtsausdruck, Knopfaugen und einer schwarz glänzenden Stupsnase. Beinahe wie ein Koalabär, nur ohne die abstehenden Ohren.

Allerdings war es tatsächlich sehr groß. Geradezu riesig und mindestens doppelt so breit wie das tote Exemplar, das ich im Boot der Jäger gesehen hatte. Und wie das Riesenfaultier da so regungslos im Baum hing, den einen Arm um den Ast über seinem Kopf geschlungen, festgehalten einzig durch seine scharfen Krallen, die Knopfaugen geradewegs auf uns geheftet, das hatte schon etwas Beeindruckendes. Faultiere bewegen sich kaum, und wenn, dann nur in Zeitlupentempo, weshalb man ihre Regungen kaum wahrnimmt. Genau das schien den Frauen Angst einzujagen. Kein Tier war so lahm, dass es bei der Begegnung mit Menschen nicht sofort die Flucht ergriff. Und normalerweise kam so ein Faultier auch nicht bis an den Dorfrand heran.

Zurück im Dorf, konnten sich die Frauen gar nicht mehr beruhigen. Sie schnatterten wild durcheinander und wollten umgehend etwas unternehmen. Die Männer mussten her. Die Frauen suchten nach Gewehren, Pfeilen und Bogen, mit denen sie das

Der Dorfrat – Männerrunde in Bona

Faultier zur Not selbst erlegen konnten. Natürlich nur, falls es uns angriff. Eine Frau wurde ausgesandt, um die Männer, die auf der Jagd waren, zurückzuholen. Das böse Geisterwesen musste aus dem Dorf vertrieben werden, bevor es Unheil über uns bringen konnte. Als ich leise Zweifel anmeldete, wurde ich darüber aufgeklärt, dass dies kein gewöhnliches Faultier sei, sondern ein Geist, der die Gestalt eines Faultiers angenommen habe. Geister traten nach dem Glauben der Aparai häufig als Tiere oder Wechselwesen auf und lebten im tiefen Urwald. Wenn sie so nah an eine menschliche Behausung herankamen, konnte das nichts Gutes bedeuten. Dann trieben sie so lange ihr Unwesen unter den Menschen, bis diese krank wurden.

Eine Frau aus dem oberen Nachbardorf, eine Tirio, die zufällig mit ihrem Boot vorbeikam, begab sich umgehend auf den Weg zum Faultier-Baum. Die Frauen, denen sie am Ufer begegnet war, hatten ihr aufgeregt von dem mysteriösen Wesen erzählt. Dort hing das Tier nach wie vor regungslos und sah immer noch alles andere als angriffslustig aus. Offiziell glaubte die Tirio-Frau nicht mehr an Geister, denn sie hatte den Vorstellungen der Ahnen abgeschworen und den christlichen Glauben angenommen. Eigentlich katholisch getauft, war sie neuerdings auch noch stolze Besitzerin einer jener protestantischen Bibeln, wie sie seit Kurzem von evangelischen Missionaren in einigen Indianerdörfern unter die Leute gebracht wurden. Mit schlichten Zeichnungen darin, kein Vergleich zu den bunten Bibelbilderbüchern, die heutzutage überall am Amazonas wie Bonbons verteilt werden.

In jenem Christenbuch gab es spannende Geschichten über das Fegefeuer und die Erlösung. Ein Faultier kam in der Bibel allerdings nicht vor. Zumindest hatte die Frau noch nichts von einem Faultier bei Jesus Christus gehört. Und so war sie sich auch nicht ganz sicher, wie man so einem Wesen am besten begegnen sollte. Vielleicht durch Beten, schlug sie vor.

Umringt von den etwas mutigeren Frauen schritt sie zur Tat – um schon nach kurzem Murmeln ins Stocken zu geraten. Das Faultier sei wirklich unnatürlich groß. Eine Erkenntnis, zu der die Frauen des Dorfes auch schon gekommen waren.

Ob das allerdings ausreiche, das arme Tier als bösen Geist zu verdammen? Überhaupt gebe es bei den Christen gar keine finsteren Urwaldgeister, sondern nur Engel, Heilige, Dämonen und einen Teufel. Die mochten in ihrer Art recht ähnlich sein wie unsere guten und schlechten Geister, aber doch ein wenig anders. So richtig erklären konnte uns die Frau die Unterschiede jedenfalls nicht. Neuerdings war sie auch ein wenig durcheinandergeraten, weil die Protestanten behaupteten, den einzig richtigen Gott zu haben, während die Katholiken das Gleiche für sich beanspruchten. Die eine Seite bezeichnete die andere deshalb hinter vorgehaltener Hand als Lügner. Was bei den Tirio und anderen bekehrten Stämmen langfristig dazu führen sollte, dass eine Gemeinschaft, die bislang geeint nach uralten Traditionen gelebt hatte, durch das fremde Gedankengut gespalten wurde. Und das alles im Namen des lieben Gottes. Die verwirrte Tirio wurde erst einmal zum Essen eingeladen. Alles andere würde sich später von selbst finden.

Erst am Nachmittag erfuhr ich, dass sich eine Aparai-Frau damit nicht hatte begnügen wollen. In größter Sorge um unser Dorf hatte sie sich mit einem Gewehr auf den Weg zur Hütte meines Vaters gemacht und tatsächlich auf das wehrlose Tier geschossen. Vermutlich zitterte sie dabei so stark, dass sie die Flinte nicht ruhig halten konnte. Auf jeden Fall war das Magazin leer, ohne dass sie das Tier getroffen hatte. Ich bekam eine Gänsehaut, als ich das hörte. Hatte sie denn nichts aus der Geschichte über die Rache der Tamokos gelernt? Wenn wir Pech hatten, bekamen wir es demnächst mit einer ganzen Armada von Faultieren zu tun. Und mit deren Ahnengeist, der sich für diese sinnlose Aktion rächen würde. Es grenzte an ein Wunder, dass das Faultier den Kugelhagel unversehrt überlebt hatte. Es war nicht tot vom Baum gefallen, sondern hing weiter an seinem Platz zwischen der Astgabel und rührte sich keinen Millimeter. Ein ganz und gar wahrhaftiges Wunder. Und der schlagende Beweis dafür, dass das Faultier in Wirklichkeit ein mächtiger Urwaldgeist war.

Als ich mich am nächsten Morgen mit Antonia auf den Weg zu Papas Bürohütte machte, hing das Faultier noch immer an der gleichen Stelle. Regungslos. Ob es vor lauter Schreck mit offenen Augen gestorben war? Ich winkte dem Faultier zu, hüpfte auf und ab wie ein Ping-Pong-Ball, doch es schien mit unbewegter Miene durch mich hindurchzuschauen.

Mein Vater war angesichts der wachsenden Unruhe in unserem Dorf besorgt. Und sicher auch ein wenig genervt, weil sich sein stilles Refugium inzwischen zu einem Wallfahrtsort für neugierige Besucher gewandelt hatte. Das Faultier war die Attraktion von Mashipurimo. Doch außer beschwichtigenden Worten und der Versicherung, dass es sich tatsächlich nur um ein etwas zu groß geratenes Faultier handele und nicht um einen unheimlichen Geist, fiel meinem Vater auch nicht viel ein, um wieder für Ruhe im Dorf zu sorgen. »Ich kann das Ding ja schlecht vom Baum nehmen! Diese Tiere sind stark und haben nicht zu verachtende Krallen. Die könnten ziemlich unangenehm werden«, sinnierte er. Meine Mutter kaute nachdenklich auf einem Frühstückscracker herum und nahm einen großen Schluck gezuckerten Kaffee. Auch sie schien ein wenig ratlos. Wenn man das Faultier doch nur irgendwie vertreiben könnte! Die Tatsache, dass es trotz des Kugelhagels vollkommen unbeeindruckt geblieben war, machte alles nur noch schlimmer. In den Erzählungen der Dorfbewohner wurde das mysteriöse, unverwundbare Wesen von Tag zu Tag mächtiger.

Kurz darauf besuchte José Ferreira, ein Mann aus Bona, unser Dorf. Er kam, sah und wusste sofort, was los war. Der Sohn des Zauberers Tooschi, inzwischen bekehrter Protestant, mit Aparai-Namen Itukaapo, war felsenfest davon überzeugt: Dieses Faultier war kein Geist! Es war Jesus! Nur Jesus war unsterblich. Auf dem Dorfplatz hob er mit dröhnendem Timbre zu einer Art Predigt an: »Eines Tages, so steht es geschrieben, wird Jesus zu den Menschen wiederkehren …« Es war ein beinah bühnenreifer Auftritt. Itukaapo alias José, ein groß gewachsener, kräftiger Mann, der seine Haare kurz geschnitten und mit einem schnurgeraden Seitenscheitel trug, stand aufrecht in der Mitte des Platzes. Die Arme verschränkt, den Bauch eingezogen und den Rücken durchgedrückt, wirkte er noch imposanter als ohnehin schon. Er benahm sich wie ein Politiker, der genau wusste, welche Knöpfe er bei seiner Wahlkampfrede drücken musste, um das Publikum mitzureißen. Zuvor hatte er sich mit dem Dorfrat abgesprochen und sorgfältig abgewogen, welche Vor- und Nachteile das Erscheinen dieses Wesens mit sich brachte. Unter seiner weisen Anleitung sei man schließlich zu dem Schluss gekommen, das Faultier sei kein böser Geist, sondern eine Botschaft des Himmels.

Die Anwesenden nickten einsichtig. Ja, so könnte es möglicherweise sein. Mit Pfeilen, Bogen und Gewehren beladen – man konnte ja nie wissen – und mit Friedensangeboten auf der Zunge machte sich schließlich eine Gruppe entschlossener Männer und Frauen auf den Weg zum Faultier-Baum. Mein Vater sah der Truppe mit einigem Kopfschütteln nach, folgte ihnen dann aber doch mit etwas Abstand. Am Baum angekommen, war das Faultier spurlos verschwunden.

Weit weniger erfreulich war, was einige Monate später mit dem Prediger geschah. Zwar kannte ich ihn von gelegentlichen Besuchen in Bona als freundlichen Gastgeber, der für meine Eltern immer ein gutes Wort übrig hatte. Allerdings sagte man ihm nach, dass er nicht nur eifrig predigte, sondern gelegentlich auch trank. Dank seiner Kontakte zu den Missionaren lebte er gut vom schwunghaften Handel mit Zivilisationsartikeln, der ihm zwar Geld einbrachte, aber kein Glück. Der Alkohol, der seine Sinne vernebelte, förderte eine Seite seiner Persönlichkeit zutage, die seinen Mitmenschen Angst einjagte. Jähzorn wurde mit der Zeit zu Josés ständigem Begleiter. Dazu kamen der Verlust der eigenen Kultur und die Macht eines fremden Glaubens, die José Ferreira schließlich zerstörten. Er war ein Wanderer zwischen den Welten, gehörte aber nirgendwo mehr so richtig dazu. Unter dem Einfluss der Gottesprediger begann er zunehmend wirr zu sprechen, vom bevorstehenden Weltuntergang, der in den Bibeln der Missionare allgegenwärtig war und es heute noch ist. Doch anstatt sich dieses armen, seelenkranken Menschen anzunehmen, wandten sich die christlichen Missionare schließlich von ihm ab, mit der Begründung, ein »Dämon« sei in ihn gefahren. Der Rat eines weisen Aparai-Heilers hätte sich möglicherweise angeboten, aber dafür war der bekehrte José schon lange nicht mehr empfänglich.

Die Begegnung am Faultier-Baum sollte unsere letzte mit José alias Itukaapo gewesen sein. Einige Wochen später erfuhren wir, dass er seinem Leben ein Ende gesetzt hatte. Angeblich hatte sich Jesus ihm leibhaftig zwischen den Wolken gezeigt und ihn zu sich gerufen.

Rast auf dem Felsen

Die Geister der Toten

Der Gedanke an unsere Endlichkeit relativiert vieles. Und er erklärt vielleicht auch, weshalb es nach der Überzeugung der Aparai ursprünglich wenig Sinn machte, mehr anzuhäufen als das, was man zum Leben brauchte. Man sollte die Welt den Nachfahren so hinterlassen wie man sie von den Vorfahren übernommen hatte. Nicht mehr nehmen als einem gegeben wurde. Und sich nicht auf Kosten anderer bereichern. Man sollte achtsam mit der Welt umgehen, im Wissen, hier nur ein Gast zu sein. Möglicherweise ist diese Form der Demut auch eine Erklärung dafür, dass die Amazonasvölker jahrtausendelang ohne größere Hierarchien auskamen und weiterhin auskommen. Für sie ist es ein hohes Gut, in einer Gemeinschaft zusammenzuleben, in der jedes Mitglied gleich viel wert ist und den gleichen Respekt erfährt. Eine Gemeinschaft, in der es keine Gewinner oder Verlierer gibt und in der man in jeder Lebenssituation aufgefangen wird.

Auch in der Trauer. Wenn ein Aparai seinen Partner verliert, kehrt er zurück in den Schoß seiner Familie. Die Männer kommen zurück in ihre Heimatdörfer, die Frauen scheren sich zum Zeichen der Trauer den Kopf kahl – damit der Geist ihres verstorbenen Mannes sie nicht an den Haaren mit ins Jenseits ziehen kann. Mit der Haarpracht legt sie symbolisch auch all das ab, was sie mit ihrem Mann verbunden hat. Ich weiß noch, wie sehr ich erschrak, als ich in unserem Dorf zum ersten Mal eine Witwe sah. Die junge Frau war so hübsch gewesen und hatte ihr langes Haar immer wieder aus dem Gesicht pusten müssen, weil es ihr beim Maniokschälen oder anderen Arbeiten in dicken Strähnen in die Stirn gefallen war. Nun sah sie aus wie eine Greisin. Da sie aus Trauer fastete, war sie ungewöhnlich mager. Und die scharfen Furchen um die Mundwinkel, die in Falten gelegte Stirn und das kahl geschorene Haupt verliehen ihr eine neuartige Strenge. Die vormals so funkelnden Augen lagen tief in ihren Höhlen. Die Frau war keine zwanzig und schon verwitwet. Bis ein neuer Gefährte für sie gefunden war, blieben sie und ihre kleinen Kinder in der Obhut der Gemeinschaft, die ihre Anteilnahme nicht durch Mitleid im Sinne von »herzliches Beileid« zeigte, sondern durch besondere Achtsamkeit und ein besonderes Ritual.

Schon von Weitem hörte ich eines Abends vom großen Feuer her einen tieftraurigen Ton. Es klang, als ob eine Frau bitterlich weinte, doch kurz darauf fielen noch weitere Stimmen in das Geheul ein. Ein ohrenbetäubender Klagegesang hob an, ein verzweifelter, vielstimmiger Chor.

Koi und ich fassten uns erschrocken an den Händen und schlichen uns an die Feuerstelle heran. Dort bot sich uns ein seltsames Bild. Während die Männer vollkommen entspannt dasaßen, hockten ihnen die Frauen mit schmerzverzerrten Gesichtern gegenüber. Lauthals weinten und klagten sie vor sich hin. Araiba bedeutete uns, an seiner Seite Platz zu nehmen. Nach einer kurzen Pause schwoll eine neue Welle der Klagen an. Manche Frauen warfen ihre Arme dramatisch den Flammen entgegen. Erst nach einer Weile bemerkten wir, dass die Frauen ohne Tränen weinten und dass es sich wohl mehr um rituelles Mitleiden als um echtes Schmerzempfinden handelte. Normalerweise war das Weinen und Klagen vor anderen nämlich tabu.

Araiba erklärte uns flüsternd, was es mit der Heulerei auf sich hatte. Auf diese Weise gedachten die Frauen der Verstorbenen. Unter gehörigem Geschrei weinten sie ihren Schmerz über den Verlust ihrer Lieben heraus. Namen wurden gerufen, die wir noch nie zuvor gehört hatten: »Er war ein guter Jäger, und er war großzügig, tapfer und mutig. Er hat sogar den Angriff eines Jaguars überstanden. Huuuhuuuhuuuu. Er hatte gewelltes Haar und zarte Hände, und er konnte so gut Flöte spielen ...«

So in der Art ging das den ganzen Abend, die Frauen weinten und klagten noch, als Koi und ich schon längst in unseren Hängematten lagen. Es war auch eine Frau dabei gewesen, die wir bis dahin noch nie in unserem Dorf gesehen hatten. Sie war, so hieß es, die beste Wehklagerin vom ganzen Amazonas und wurde daher auch zu Trauerrunden eingeladen, bei denen Verstorbene beweint wurden, die sie gar nicht persönlich kannte. In meinen Augen allerdings gebührte diese Auszeichnung Malina. Die Art, wie sie sang oder etwas beklagte, war so bewegend, dass ich Gänsehaut bekam. Ob sie dabei an ihren ersten Mann dachte?

Nacheinander hatten alle Frauen einen Verstorbenen beweint. Solche, die vor kurzer Zeit von uns gegangen waren, aber auch solche, die schon seit Jahrzehnten nicht mehr unter uns lebten. Solche, an die sie in tiefer Verbundenheit dachten, aber auch solche, denen keiner nachtrauerte, weil sie keine Verwandten hatten. Nur über Menschen, die Unheil oder Leid über andere gebracht hatten, wurde geschwiegen. Wer in der Erinnerung seiner Nachfahren keine Rolle mehr spielte, hatte umsonst gelebt.

An jenem Abend erfuhr ich eine ganze Menge über die Menschen, die vor unserer Zeit unter den Aparai und Wajana gelebt hatten. Die Flammen des Abendfeuers waren die Projektionsfläche für unsere Gedanken an die Verstorbenen. Durch die Geschichten und Schilderungen wurden sie für kurze Zeit wieder lebendig. Und bei aller ritualisierten Trauer wurde zwischendurch auch herzlich gelacht.

Am nächsten Morgen war der ganze Spuk wieder vorbei. Bestens gelaunt gingen alle ihren gewohnten Arbeiten nach, als wäre nichts geschehen. Wer richtig trauerte, war hinterher anscheinend auch richtig erleichtert. Katharsis auf Aparai. Wie oft derartige Trauerrunden abgehalten wurden, weiß ich nicht mehr, ich selbst habe sie nur zwei Mal bewusst erlebt.

Doch ich erinnere mich, dass das Thema Tod anschließend noch eine ganze Weile in unseren Köpfen herumgeisterte. Koi und ich malten uns aus, wie es wäre, wenn wir eines Tages alt und schwach in die Erde sänken. Und wir redeten uns den Mund fusselig, ob es vielleicht besser sei, in der Tradition der Aparai bestattet, also begraben, oder nach Wajana-Sitte verbrannt zu werden. Während die Aparai in der Hocke sitzend in einem Erdloch begraben wurden, bahrten die Wajana ihre Toten auf einem Gestell auf, das anschließend entzündet wurde. Ihre Asche wurde im Urwald verstreut und nicht etwa – wie bei den Yanomami – mit Bananenbrei vermischt gegessen.

»Begraben«, sagte ich.

»Nein, verbrannt«, erwiderte Koi.

»Na gut, dann halt verbrannt, dann fressen uns nicht die Würmer«, lenkte ich ein.

Darauf Koi: »Doch lieber vergraben, falls man noch nicht ganz tot ist?«

So in der Art liefen unsere Unterhaltungen ab. Zwei kleine Mädchen fabulierten über ein Thema, das sie nicht annähernd begreifen konnten.

Als ich rund zwanzig Jahre später, nicht sehr lange nach unserem Wiedersehen am Rio Paru, erfuhr, dass Koi mit nur 26 Jahren gestorben war, musste ich an diese Szenen aus unserer Kindheit denken. Ihre vier Kinder und ihre zahlreichen Nichten und Neffen werden hoffentlich noch lange ihrer gedenken. In meiner Erinnerung wird Koi jedenfalls weiterleben – als quirlige Rabaukin, als Spielgefährtin, als Freundin. Ebenso Araiba, der Held meiner Kindheit. Er bestimmt bis heute mein Denken, und ich frage ihn manchmal um Rat. Würden die Aparai und Wajana noch ihre alten Rituale zelebrieren und nicht die importierten Christenmessen, dann wäre es mir eine Ehre, einer Trauerrunde für Koi und Araiba beizuwohnen. Und für Kulapalewa, Pulupulu, Peputo und all die anderen, die noch so leben durften, wie es ihren Nachfahren heute nicht mehr vergönnt ist.

Letzte Ruhestätte

Einige Monate nach jener Trauerrunde waren die Mashipuria-ner wieder einmal unterwegs, um Freunde, Verwandte und Be-kannte in anderen Dörfern zu besuchen. Diesmal fuhren wir mit mehreren Booten im Konvoi. An die eigentliche Reise habe ich kaum noch Erinnerungen, es war eine Bootsfahrt wie jede an-dere. Unterbrochen von kleineren und größeren Stromschnel-len und von Pausen auf Sandbänken, wo wir mit Stöcken nach wohlschmeckenden Schildkröteneiern gruben. In Form und Far-be sind Schildkröteneier vergleichbar mit Hühnereiern, nur ein wenig kleiner. Doch diesmal fanden wir kein einziges Schildkrö-ten- geschweige denn Leguanei, und so setzten wir die Fahrt mit hungrigen Mägen fort. Umso schöner war es, als wir am spä-ten Nachmittag des zweiten Tages in der Ferne eine Bucht aus-machen konnten. Dahinter glänzten Palmblattdächer silbrig in der Sonne. Das musste ein Aparai-Dorf sein. Sicher würden wir gleich feierlich begrüßt und zum Essen eingeladen werden, so wie es sich für weit gereiste Gäste gehörte. Doch selbst als wir näher kamen, zeigte sich kein Mensch am Ufer. Nicht ein einzi-ges Boot lag in der Bucht. Waren alle ausgeflogen? Hatten sich die Menschen aus Angst vor uns versteckt? Sosehr wir unsere Hälse reckten, nirgendwo war Leben zu entdecken. Noch nicht einmal ein Hund streunte umher.

Langsam näherten sich unsere Boote dem Ufer. Die Männer glitten ins Wasser und zogen Einbaum für Einbaum an Land. Stumm wie die Fische, die Ohren wie Luchse gespitzt.

Vorsichtig erklommen wir den sandigen Uferweg ins Dorf. Ab-gestorbene Bäume ragten wie knochige Hände mit mahnend er-

Aufbruch zu einer Flussfahrt

hobenen Fingern aus der Erde. Als wir näher kamen, entdeckten wir, dass in manchen Hüttendächern Löcher klafften. Bei anderen lag die Dachkonstruktion rippenartig frei. Eine unheimliche Stille umfing uns. Wir passierten verlassene Schlaf- und Arbeitshütten, in denen sogar noch die Reibetische für den Maniok standen, als wären die Bewohner überstürzt aufgebrochen.

Erst auf den zweiten Blick fiel auf, dass in den Hütten keine Hängematten hingen, keine Körbe unter den Deckenbalken, keine Kessel und Schalen auf dem Boden standen. Das war keine eilig verlassene Heimstätte, das sprach eher für einen wohlgeordneten Aufbruch ohne Wiederkehr.

Während wir über den verwaisten Dorfplatz liefen, hielt ich mich so dicht hinter Araiba, dass ich ihm immer wieder in die Fersen trat. Er blieb kurz stehen und tätschelte meinen Arm. Nur keine Angst, alles ist sicher, tief durchatmen.

Verlassenes Geisterdorf

Die Stützpfähle der Hütten waren noch fest im Boden verankert, der Urwald hatte sich das Stück Land noch nicht zurückerobert. Die Böden der Hütten waren sauber gefegt, hier und dort zeugten verlassene Feuerstellen mit schwarz verkohlten Holzresten davon, dass hier vor nicht allzu langer Zeit Menschen zusammengehockt, gegessen, palavert und gefeiert hatten. Selbst ein kleines Feuergestell stand noch da. Das konnte man möglicherweise gebrauchen. Doch niemand sonst würdigte das Gestell eines Blickes. Etwas mitzunehmen, was anderen gehört hatte, ziemte sich nicht. Nur bei aufgelassenen Plantagen machten die Aparai eine Ausnahme. Sie durften von allen genutzt werden, die vorbeikamen und Hunger hatten. Jeder durfte ernten, was er benötigte, um satt zu werden. Allerdings nicht mehr.

Irgendwie war mir in diesem verlassenen Dorf nicht wohl zumute. Araiba schien ähnlich zu empfinden, jedenfalls murmelte er unentwegt Schutzformeln gegen böse Geister, während er vor mir herlief. »Geister der Ahnen, wir sind in guter Absicht gekommen, nicht um etwas zu nehmen, was uns nicht gehört. Geist des verstorbenen und hier begrabenen Häuptlings, wir machen nur eine kleine Rast, dann ziehen wir wieder fort und lassen euch und euer Dorf in Frieden zurück …« Trotzdem konnte ich das Gefühl, dass uns jemand beobachtete, nicht abschütteln.

Schließlich erreichten wir das Rundhaus. Es sah beinahe so aus wie unser *Polootoppo* und hatte sogar einen prächtigen Rundschild unter der Decke. Doch als ich das Haus betreten wollte, um es mir genauer anzuschauen, hielten mich die Männer zurück. Erschrocken blieb ich stehen. Während sich ein Teil unserer Gruppe aufmachte, um Bananen, Guaven, Passionsfrüchte und andere Früchte von den aufgegebenen Pflanzungen zu ernten, weihten mich die Männer in das Geheimnis dieses Ortes ein: Immer wenn ein Häuptling verstarb, wurden seine Überreste im Rundhaus begraben. Danach wurde das Dorf aus Respekt vor dem verstorbenen Häuptling aufgegeben. Die Angehörigen zogen weiter, aus Angst, der ruhelose Geist des verstorbenen Häuptlings würde von nun an umgehen. Das Dorf war von ihm gegründet worden, also war es sein Besitz – nach dem Tod noch mehr als im Leben. Meist wurde der Sohn eines verstorbenen Häuptlings zum Nachfolger bestimmt. Ihm oblag es auch, den Platz für das neue Dorf zu suchen.

Erstaunt betrachtete ich den Boden des *Polootoppos*. Die festgestampfte Erde war von einer feinen Sandschicht bedeckt, nichts deutete darauf hin, dass darunter der verstorbene Häuptling in Hockposition begraben war. Was für ein würdiger Platz. Von hier aus hatte der Geist des Häuptlings den besten Blick auf das Dorf, die Bucht und den Fluss. Die Männer erzählten mir, dass einzig dem Häuptling und dem Zauberer – in alter Zeit waren das ein und dieselbe Person –, die Ehre zuteil wurde, mit Grabbeigaben bestattet zu werden. Manche wurden mit Pfeil

262

und Bogen begraben, andere bekamen kostbare Tontöpfe oder Tierfiguren und Federschmuck mit ins Grab. Damit sie den Weg nach *Schipatei* mit Würde beschreiten konnten.

Inzwischen waren die Mashipurianer mit geschulterten Bananenstauden von den Pflanzungen zurück. Eine Frau hatte Maniok-Knollen in ihre Rückenkiepe gepackt. Sie strahlte über das ganze Gesicht. Die Menge reichte, um notfalls alle satt zu bekommen. Grüppchenweise schlenderten wir zum Ufer zurück. Als wir ablegten, durfte ich mich ins Bootsheck setzen. Unter meinen Füßen stapelten sich frisch geerntete Bananen. Sie waren noch etwas unreif, aber durchaus genießbar. Neben den mehligen Kochbananen lagen Schweinebananen. Die waren klein und etwas eckig, dafür umso süßer. Man sieht sie manchmal als exotische Dekoration auf deutschen Büfetts.

Das Geisterdorf entfernte sich langsam aus unserem Blickfeld, als ich plötzlich einen Mann auf dem größten Felsen der Bucht stehen sah. Breitbeinig und mit verschränkten Armen starrte er unverwandt in unsere Richtung. Sein Haar war schulterlang, und sein leuchtend roter Latz reichte beinahe bis zum Boden hinab. Ein Festtagsschurz. Aufgeregt sprang ich auf, um den anderen von meiner Entdeckung zu erzählen. Also doch! Da war jemand gewesen, und ich hatte es die ganze Zeit gespürt. Panisch trommelte ich Araiba auf den Rücken, aber als ich mich wieder umdrehte, um ihm den Mann zu zeigen, war der bereits verschwunden.

Bis heute weiß ich nicht, ob die Erscheinung nur der Phantasie eines kleinen Mädchens geschuldet war, das der Besuch im verlassenen Dorf tief beeindruckt hatte. Die Aparai würden sagen, dass sich der Geist des verstorbenen Häuptlings der reinen Seele eines Kindes gezeigt hatte. Möglicherweise war es aber nur ein ehemaliger Dorfbewohner gewesen, der zurückgekommen war, um nach dem Rechten zu sehen. Der aufpasste, dass wir die verlassenen Gärten nicht plünderten.

Bau eines Unterschlupfes aus Palmwedeln

Auf der Suche nach den Urwaldmenschen

Endlich kam die Regenzeit, und es goss wie aus Kübeln. Schwere Tropfen prasselten auf die dicht gewebten Palmblattdächer der Hütten von Mashipurimo. Unterbrochen von gelegentlichem Donnergrollen in der Ferne, untermalt von metallischem Getrommel, wenn dicke Tropfen auf den umgedrehten Kochtöpfen vor den Hütten landeten. Ping, ping, ping, dong. Ping, ping, ping, dong. Für eine kurze Zeit schien das Leben stillzustehen, alles spielte sich im Bauch der Hütten und nicht wie gewohnt im Freien ab. Sanft murmelnde Frauenstimmen, in Hängematten schaukelnde Kinder, Hunde, die im Halbschlaf knurrten. Draußen klatschte der Regen auf die durchweichte Erde, die aufspritzte wie von Kugeln getroffen. Eine bräunliche Schlammflut bahnte sich ihren Weg den Dorfhang hinab und spülte alles mit sich fort, was eben noch den Boden bedeckt hatte. Sägespäne, Holzkohle, Baumwollflocken, ausgespuckte Fischgräten. Kleine bunte Vogelfedern tänzelten auf der Oberfläche, bevor sie in der trüben Masse versanken. Alles wurde in den Fluss gespült, zurück blieb ein blitzblanker Dorfplatz.

Wer sich ins Freie wagte, kam in den Genuss einer voll aufgedrehten Himmelsdusche. Erst als sich die Wolken leer geregnet hatten, riss der Himmel wieder auf, um die Sonne für den Rest des Tages freizugeben.

Mashipurimo wurde in ein nass glänzendes Licht getaucht. Der festgestampfte Boden war mit Pfützen übersät, in die man herrlich hineinspringen konnte. Am schönsten jedoch waren die Seen, die vorübergehend im Urwald entstanden. In den Nasswiesen spiegelte sich die überbordende Vegetation. Alles wuchs und wucherte. Unaufhörlich. Ein Labyrinth aus glitzernden Blättern, Lianen, Luftwurzeln und mehreren Stockwerken von Büschen und Baumkronen, dazwischen prachtvollste Orchideen, wie Blumen von einem anderen Planeten. In den Spinnennetzen schimmerten die Regentropfen wie silberne Perlen. Käfer kamen aus ihren Verstecken gekrochen, Schlangen, Eidechsen und sonstiges Getier. Was nicht schwimmen konnte, musste sich schleunigst in Sicherheit bringen. Selbst gewöhnliche Ameisen stellten sich auf die Bedingungen der Regenzeit ein, indem sie sich zu Tausenden ineinanderhakten und mit ihren Körpern lebendige Flöße bauten, die wie kleine Inseln auf der Wasseroberfläche trieben.

Der Regenwald war ein unbeschreibliches Paradies, ein einzigartiges Biotop – bis die Menschen im vergangenen Jahrhundert mit seiner Zerstörung begannen.

Da sich während der Regenzeit selbst kleine Waldbäche in reißende Gewässer verwandelten, stieg auch der Pegel im Rio Paru bedrohlich an. Von den mächtigen Kugelfelsen im Flussbett ragten allenfalls noch die steinernen Rücken aus dem Wasser. Unser schöner Badefluss war zu einem mächtigen Strom angeschwollen, um den wir eine Zeit lang einen Bogen machen mussten. Während der Regenzeit badeten wir in einer kleineren Ersatzbucht, die am anderen Ende des Dorfes lag. Nur unweit von den Hütten meiner Eltern entfernt. Normalerweise lebten wir am äußersten Rand von Mashipurimo, doch in diesen Wochen rückte unser Domizil vorübergehend in den Mittelpunkt des Geschehens. Die kleine Badebucht war durch ein kurzes Stück Dickicht von unserem Haus getrennt. Wer sich den Weg durch Sträucher und stacheliges Gebüsch gebahnt hatte, wurde anschließend mit einem herrlichen Anblick belohnt. Eine ausladende Bucht, umrahmt von einem weitläufigen Puderstrand.

Eines Tages badeten und planschten wir übermütig in der Bucht, ein paar ältere Frauen suchten im Ufergestrüpp nach Schnecken. Die Landschaft umfing uns mit ihrem Zauber. Alles war frisch, dampfend, ein sattes, immergrünes Nass. Irgendwo schrie pausenlos ein Vogel, den man so laut nur während der Regenzeit hörte. Auf dem Rücken liegend ließ ich mich im Wasser treiben und hing meinen Gedanken nach. Wieder das Kreischen des Vogels. Mit den Ohren unter Wasser wurde es stiller. Nur das immerwährende Klicken der winzigen Kieselsteine, die gegen die größeren Felsen gespült wurden, war zu hören. Ich streckte meine Hand aus, um mich an einer Wurzel festzuhalten, damit mich die Strömung nicht fortzog.

Plötzlich sprudelte es neben mir. Erschrocken wirbelte ich herum, konnte aber nichts erkennen. Gerade als ich mich wieder zurücksinken lassen wollte, bemerkte ich, dass die Frauen, die eben noch in meiner Nähe gebadet hatten, hektisch ans Ufer stürzten und durch das Unterholz zurück Richtung Dorf. Koi und Tanshi eilten hinterher, ohne sich ein einziges Mal nach mir umzudrehen. Ich sah noch kurz ihre nackten Popos in der Sonne aufblitzen, dann waren auch sie verschwunden. Warum rannten denn alle so schnell weg? Ein Jaguar? Erst jetzt entdeckte ich eine der alten Frauen auf einem erhöhten Felsen. »Ituakeré, Ituakeré!«, rief sie aus Leibeskräften. Ich erstarrte. Warum hatte ich ihre Warnrufe nicht früher gehört?

Ich war zu weit vom Ufer entfernt. Panisch watete ich durchs Wasser. Es fühlte sich an, als hätte ich Blei an den Beinen. Mehrmals rutschte ich aus und geriet unter Wasser. Hustend und fluchend richtete ich mich wieder auf. Als ich mich umblickte, waren alle fort. Totenstille. Warum half mir denn keiner? Meine Gedanken rasten. Gleich, gleich würden mich die Ituakeré fangen. Das Blut schoss mir in den Kopf, und mein Herz hämmerte so laut, dass ich meinte, das Pochen würde von den Felsen wie ein Echo zurückgeworfen. Meine Augen wanderten zu meinen roten Flipflops am Strand. Die schönen Schlappen durften auf gar keinen Fall zurückbleiben. Wie töricht, im Zweifelsfall sein Leben für ein paar Badesandalen zu riskieren! Und doch waren sie das Einzige, worauf ich mich in diesem Augenblick konzentrieren konnte.

Wieder erklang der Ruf »Ituaaakeréeee!« Eine Warnung, diesmal für die anderen im Dorf. Ein Ruf, der aber auch den Ituakeré galt: Wir wissen, dass ihr da seid. Gebt Acht, gleich kommen unsere Männer, um euch zu vertreiben.

Doch weit und breit war kein einziger Aparai-Krieger zu sehen. Und die Ruferin war viel zu weit entfernt, als dass sie mir helfen konnte. Sie schien mich nicht einmal bemerkt zu haben. Ich sah, wie sie mit ihren Händen einen Trichter formte, durch den sie ihre gellende Warnung erneut ausstieß.

Mit den rutschigen Flipflops an den Füßen stürmte ich Richtung Dorf. Immer wieder blieb ich im dichten Gebüsch hängen. Da! Links von mir ein lautes Rascheln. Dann rechts. Und über mir. Ich saß in der Falle. Panik ergriff mich, ein Taumeln, ich hatte das Gefühl, als könne ich mich nicht mehr auf den Beinen halten. Die Ituakeré waren schneller als ich, stärker und geschickter und vor allem viel größer. Ich hatte nicht die geringste Chance gegen sie.

Ich holte tief Luft und brüllte, was meine kleinen Lungen hergaben. Ein hoher, endlos langer Schrei drang aus meinem Mund. »Aaaahhhiiiihhhhhaaaaaaaaaaaaiiiiiihhhhhh!« Beide Hände zu Fäusten geballt, so lange und so laut schreiend, bis mir fast schwindlig wurde. Bis der Druck in meinem Kopf so stark wurde wie bei einem Luftballon kurz vor dem Platzen.

Erst nach einer Weile setzte mein Verstand wieder ein, der mir sagte, dass es auch ganz praktisch wäre, noch ein bisschen weiterzurennen. Vielleicht hatte ich ja Glück und hatte den Ituakeré, die im Gestrüpp lauerten, mit meinem Auftritt einen Schrecken eingejagt. Ein ungewöhnlich blasses Aparai-Mädchen mit hellen Haaren, das sich die Seele aus dem Leib schrie, während es mit merkwürdigen Dingern an den Füßen im Dickicht herumwatschelte.

Ich riss mich zusammen und stolperte hastig weiter. Äste schlugen mir ins Gesicht, Schnittgräser, Stachelranken und Klettengewächse schürften mir die Beine auf, aber ich kam voran, wenn auch langsamer als erhofft. Kurz bevor ich das Dorf erreichte, sah ich aus den Augenwinkeln ein paar menschengroße Schatten davonhuschen. Vollkommen lautlos. Und sehr schnell.

Zurück im Dorf, holte ich als Erste die alte Peputo ein. Als sie mich bemerkte, blieb sie sofort stehen und nahm mich in ihre Arme. Allerdings nicht ohne Vorwurf. »Hast du geträumt? Oder hattest du *Maulu,* Watte in den Ohren?« Wenn Gefahr drohte, dann musste sich jeder, so schnell er konnte, in Sicherheit bringen und durfte nicht auf andere warten. Es wäre also ganz allein meine Schuld gewesen, wenn ich den Ituakeré in die Hände gefallen wäre.

Der Schreck saß tief. Koi, die ein schlechtes Gewissen hatte, weil sie ohne mich das Weite gesucht hatte, behandelte mich in den kommenden Tagen wie ein rohes Ei. Ausnahmsweise zankten wir uns kein bisschen. Und mein Vater, der von alledem erst später am Tag erfahren hatte, schnappte sich seine Flinte und lief damit mehrmals in Richtung Bucht. Doch außer ein paar abgebrochenen Zweigen fand er nichts.

Waren die Ituakeré überhaupt da gewesen? Oder hatten wir uns alles nur eingebildet? Ich jedenfalls war überzeugt davon, dass ich mit meiner Schreierei alle in die Flucht geschlagen hatte, die an jenem Tag in der Bucht gelauert hatten …

Dass aus den Indianerdörfern im Amazonasgebiet immer wieder Kinder geraubt wurden, war ein offenes Geheimnis. Der Fortbestand jeder kleinen indianischen Gemeinschaft hing entscheidend davon ab, ob genug Kinder geboren wurden. Wenn zu viele Menschen starben oder die Frauen wegen Krankheiten, Schwäche oder Vertreibung aus ihrer gewohnten Umgebung keine Kinder mehr zur Welt brachten, musste man sich anders behelfen. Notfalls mit Kindsraub, der für alle Beteiligten eine furchtbare Tragödie war.

In Mashipurimo erzählte man sich von einem Jungen, der in einem Tirio-Dorf aufgewachsen war und erst als Erwachsener davon erfahren hatte, dass er seinen Aparai-Eltern als Baby geraubt worden war. Aus Rache erschlug er seinen Ziehvater, der sich nicht einmal dagegen gewehrt hatte. Er liebte seinen »Sohn« und wusste um das Unrecht, das er ihm angetan hatte. In seinen Augen hatte der entführte Junge sogar das Recht, ihn zu strafen. Und sei es mit dem Tod.

Von solchen und ähnlichen Fällen hatten wir immer wieder gehört. Besonders die Ituakeré standen im Verdacht, Kinder zu rauben. Zwar hatte kaum jemand von uns einen leibhaftigen Waldmenschen je zu Gesicht bekommen. Doch auf ihre Spuren und Zeichen stieß man immer wieder, sofern man sich nur tief genug in den Urwald hineinwagte. Die Ituakeré markierten ihr Gebiet, in das niemand eindringen sollte. Wie andere Amazonasvölker auch hatten sie vermutlich in der Vergangenheit schlechte Erfahrungen mit Fremden gemacht. Ganze Urvölker waren den Krankheiten erlegen, die illegale Holzfäller, Gummizapfer, Goldsucher oder Missionare eingeschleppt hatten. Andere waren wie Vieh erschossen worden, weil sie auf dem Land ihrer Vorväter lebten, dem man Rohstoffe entreißen und gigantische Weideflächen abringen konnte.

Schätzungen zufolge leben heute noch an die hundert isolierte Urvölker auf unserem Planeten. Ein Großteil davon, sechzig bis siebzig, im brasilianischen Regenwald. Zurückgezogene Völker, sogenannte Unkontaktierte, wie zu meiner Kindheit die Ituakeré. Sie galten als eines der letzten Völker im Urwald, die nicht einmal den Bau von festen Hütten kannten. Geschweige denn den Anbau von Obst und Gemüse. Angeblich lebten sie in Höhlen und Erdlöchern oder schliefen, wenn sie sich bedroht fühlten, auf Bäumen. Es hieß, dass die Waldmenschen immer weniger wurden. Dass sie starben und ihre Frauen keine Kinder mehr gebaren.

Kurz nach dem Vorfall in der Badebucht erreichte die Nachricht unser Dorf, dass nach vielen Jahren der Ruhe wieder Kinder aus den Nachbardörfern verschwunden waren. Überall wurde nach ihnen gesucht, doch sie blieben wie vom Erdboden verschluckt. Alle debattierten darüber, wie wir uns schützen könnten. Die Kinder wurden ermahnt, wachsam zu sein und immer in der Gruppe zu bleiben. Alleingänge waren von nun an untersagt.

Es vergingen Monate, in denen nichts Ungewöhnliches passierte. Ein Tag glich dem anderen, und die Gefahr durch die Ituakeré verblasste für uns Kinder wie ein böser Traum, an den man sich bald schon nicht mehr erinnerte. Anders erging es den Erwachsenen, die immer wieder über die mögliche Bedrohung durch die Waldmenschen sprachen. Hin und wieder schnappten wir einige Wortfetzen der Unterhaltungen auf. Das Einfachste wäre es, hörten wir, die Ituakeré aufzusuchen und sie zu töten, damit von ihnen keine Gefahr mehr ausginge. Doch das wollte keiner. Einem Stamm, der keine Nachfahren mehr bekam, musste man vielmehr helfen. Der Rat von Mashipurimo beschloss schließlich, dass wir uns auf den Weg in den Urwald machen sollten, um den Ituakeré unsere Hilfe anzubieten. Vielleicht konnten wir ihnen den Bau stabiler Pfahlbauten beibringen; und unsere Frauen konnten Stecklinge mitnehmen, um ihnen zu zeigen, wie Maniok und Süßkartoffeln angebaut wurden. Im Gegenzug, so der Gedanke, sollten die Ituakeré versprechen, die Kinder der Aparai und Wajana zu verschonen.

Im Reich des Jaguars

Unsere »Expedition« zu den Waldmenschen begann mit einer Bootsreise; die Einbäume lagen tief im Wasser, wir hatten beachtliche Mengen Gepäck an Bord. Nach einer langen Flussfahrt vertäuten die Männer die Boote am Ufer und wir gingen zu Fuß weiter. Dabei drangen wir viel tiefer als sonst in den düsteren Regenwald vor. Das war noch einmal eine völlig andere Welt. Einige Männer gingen mit ihren Macheten voraus und hieben einen schmalen Pfad durch das Dickicht. Die anderen folgten, beladen mit Körben, Rückenkiepen und Bündeln. Dann kamen die Frauen und ich als einziges Kind. Meine Eltern hatten sich dazu entschlossen, mich mitzunehmen, weil ihnen das in diesen Tagen sicherer erschien, als mich in Mashipurimo zurückzulassen.

Hier und dort schimmerte ein wenig Licht durch die Baumkronen. Wenn ich darauf achtete, entdeckte ich Tiere und Pflanzen, die ich noch nie zuvor gesehen hatte. Wunderschöne Schmetterlinge, turmhohe Termitenhügel, ein Ameisenbär, der sich trollte, sobald wir uns näherten, ein fetter Leguan, der uns aus seinem Versteck hinter den Blättern beobachtete, während ein paar Agoutis fluchtartig im Unterholz verschwanden. Menschen kamen hier gewiss nicht alle Tage entlang.

Endlich erreichten wir das Gebiet, in dem die Jäger der Aparai und Wajana wiederholt Spuren der Waldmenschen gefunden hatten. In Form von erlegtem und angegessenem Wild, fremdartig markierten Pfeilen und aufgegebenen Nachtlagern. Die Männer hatten leere Schildkrötenpanzer entdeckt, Schneckenketten und sogar eine Keule. Sie war sehr viel einfacher, aber auch stabiler als die der Aparai, die Keulen längst nicht mehr zur Jagd, sondern nur noch zu zeremoniellen Zwecken gebrauchten. Etwas, das keiner der Aparai-Jäger je gesehen hatte, war eine Feuerstelle der Ituakeré. Deshalb hielt sich das Gerücht, die Waldmenschen würden den Gebrauch von Feuer nicht kennen.

Rio Paru hinter Bona

Unser Marsch führte uns so tief in den Regenwald hinein, dass irgendwann auch das letzte Tageslicht von den Baumwipfeln verschluckt wurde. Je dunkler es wurde, umso lauter erklangen die Geräusche um uns herum. Unzählige Vogelstimmen, Insektensummen, Gurren, Kreischen, Brüllen, Zirpen – alles durcheinander. Irgendwann hoben auch die Affen zu ihrem Konzert an. Iiiiiihhh Iiiihhh, iiiihhhh. Raaahhh, raaahh, rahhh, rahhh. Bei dem Krach sollten wir schlafen? In Mashipurimo war es nicht so laut.

Die Männer machten sich flink und konzentriert an die Arbeit, um unser Nachtlager zu errichten. Zunächst wurde ein ordentliches Lagerfeuer entfacht, für das die Frauen unaufhörlich Zweige und Rindenstücke heranschleppten. Ungefähr die doppelte Menge an Holz wie beim Abendfeuer im Dorf. Anschließend wurden alle Hängematten im Kreis um das Feuer an die Bäume geknüpft. Unser Camp, in dessen Mitte ein wärmendes Feuer flackerte, sah richtig gemütlich aus. Meine Schlafstätte war auf allen Seiten eingerahmt von den Hängematten der Erwachsenen. Ein beruhigendes Gefühl. Kein Ituakeré würde sich trauen, mich aus dieser schützenden Runde heraus zu rauben.

Knisternd und prasselnd tauchten die hellen Lichtreflexe unseres Feuers das Geäst der umstehenden Bäume in ein rotgoldenes Licht. Merkwürdige Schatten huschten zwischen den Zweigen umher. Ich musste an Antonias Erzählungen von den Baumgeistern denken, die zurückgezogen im tiefsten Urwald lebten. Ob sie sich über unseren Besuch freuten? Oder waren sie verärgert, weil wir ihre Ruhe störten? Unsicher ließ ich meinen Blick über unser Lager schweifen. Die Flammen des Feuers schlugen immer wieder so hoch, dass es den Anschein hatte, als würden sie auf unsere Hängematten überspringen. Doch das Feuer war unser wirksamster Schutz vor wilden Tieren. Schließlich befanden wir uns im Reich des Jaguars.

Von Araiba wusste ich, dass sich ein Jaguar niemals in die Nähe lodernder Flammen wagte. Hier waren wir also sicher. Dass die stolze Raubkatze heute vor den Menschen geschützt werden muss und nicht umgekehrt, hätte ich als Kind nie für möglich gehalten. Der Jaguar war für uns einfach allmächtig. Ich erinnere mich noch daran, dass ich einmal mit Koi und Mikulu ehrfürchtig den Jaguargürtel von Kulapalewa betrachtete. Ein heiliger Gürtel aus dem Fell eines heiligen Tieres. Mit den Fingern fuhren wir über das weiche, auffällig gemusterte Fell, dessentwegen das Tier so unerbittlich gejagt wurde, weil in Europa und Amerika Jaguarpelze en vogue waren. Bei den Aparai durften die Raubkatzen nur aus Notwehr oder in ganz besonderen Ausnahmefällen getötet werden. Ursprünglich war ihr Fell nur den mächtigen Zauberern und Häuptlingen vorbehalten gewesen. Und eine Kette aus Jaguarzähnen war in etwa so wertvoll wie hierzulande ein Diamantcollier.

Nicht weit von unserem Nachtlager entfernt, errichteten die Männer einen langen Tisch. Eine etwas wacklige Konstruktion,

Wildbeuter jagen das heilige Tier der Aparai

auf die Geschenke für die Waldmenschen ausgelegt wurden. Perlenketten, fein geflochtene Schmuckkämme mit bunten Vogelfedern verziert, Tontöpfe mit traditionellen Aparai-Mustern und schließlich noch blank gescheuerte Aluminiumkessel – als Zeichen dafür, dass wir in allerbester Absicht kamen. Über dem Gabentisch hing ein Gestell aus Astgabeln. Darin platzierte mein Vater weitere Geschenke; funkelnde Messer, eine Taschenlampe, Angelhaken; Dinge, die man im Urwald gut gebrauchen konnte und die sich unter den Aparai, Wajana und Tirio großer Beliebtheit erfreuten.

Danach kehrten alle ins Lager zurück und rollten sich in die Hängematten, bereit, sofort zu reagieren, falls etwas passierte. Ich lag noch eine Weile wach: ein tiefdunkler Zauberwald und ich mittendrin. Irgendwann fielen mir die Augen zu. Ich sank tiefer und tiefer in meine Hängematte, von Halbschlaf konnte keine Rede mehr sein. Natürlich träumte ich von den Waldmenschen. Davon, dass die Ituakeré während der Nacht direkt bis an unser Lager kamen. Lautlos. Neugierig streiften sie um unsere Schlafstätte herum. Ich träumte, dass sie näher und näher an unsere Hängematten kamen, um unsere schlafenden Gesichter zu betrachten. Fast konnte ich ihren Atem spüren. Ihre Haut roch ungewohnt streng. Als ich mich im Traum in der Hängematte umdrehte, sprangen sie erschrocken zurück und liefen in alle Richtungen davon. Die Ituakeré hatten offenbar mehr Angst vor uns als wir vor ihnen.

Spät in der Nacht erklang plötzlich ein ohrenbetäubender, grauenhafter Schrei. Erschrocken fuhr ich hoch. Für den Bruchteil einer Sekunde hatte ich die Orientierung verloren. Ich sah, wie die Hängematten vor und hinter mir eilig verlassen wurden. Dunkel erinnerte ich mich daran, dass ich schon einmal zuvor ein ähnliches Geräusch gehört hatte. Allerdings aus großer Entfernung, und es war mehr ein dumpfes Knurren gewesen als ein Schrei. Diesmal klang es bedrohlich nah.

Vorsichtig spähte ich aus meiner Hängematte. Ein Frosch hatte sich in meinem Moskitonetz verfangen und ruderte unbeholfen mit den Beinen. Ich schnippte ihn auf den Boden, als erneut ein Schrei durch die Nacht hallte und ich kaum noch zu atmen wagte. Ein wütender, tiefdunkler Raubtierschrei. Noch lauter als zuvor. Unbeherrscht. Außer sich, dass wir uns in sein Revier gewagt hatten. Hier war der Jaguar der unbestrittene Herrscher des Urwalds. Und wir waren nur lächerlich kleine Menschenkinder, die in seinem Territorium nichts verloren hatten.

Meine Eltern riefen beruhigende Worte in meine Richtung. »Er kommt nicht ans Feuer. Keine Bange. Alles ist gut. Der Jaguar ist ganz weit weg.« Zwei Männer hatten unterdessen ihre Gewehre geschnappt, die anderen ihre Pfeile und Bogen. Falls doch etwas Unvorhergesehenes passierte, sollte ich mich direkt mit dem Rücken vor das Feuer stellen. Doch einstweilen wurde mir bedeutet, mich nicht vom Fleck zu rühren und in der Hängematte zu bleiben.

In meinen Ohren hallte der Schrei des Jaguars noch lange nach, er verfolgte mich bis in den Traum. Dort wurde er leiser und leiser, bis er nicht mehr zu hören war.

In der kommenden Nacht währte der Schlaf ebenso kurz. Diesmal waren die Rufe meines Vaters schuld. Er und zwei Begleiter hielten abwechselnd Wache auf einem Posten, nicht weit von unserem Schlaflager entfernt. »Ituakeré! Ituakeré!«, riefen sie. Diesmal im Ton versöhnlich und nicht warnend wie an jenem Tag in der Bucht. Ein Ruf wie nach einem verloren gegangenen Kind, in der Hoffnung, es möge den Weg nach Hause finden.

»Ituakeré, Ituakeré! Kommt zu uns, wir tun euch nichts. Wir suchen eure Freundschaft.«

Mir war die Sache trotzdem unheimlich. Was, wenn die Ituakeré dieser Einladung tatsächlich folgten? Wie sollten wir uns ihnen gegenüber verhalten? Würden sie uns verstehen? Oder würden sie uns mit ihren Keulen und Speeren bedrohen?

Die meisten von uns hofften darauf, dass die Waldmenschen wenigstens zu unserem Gabentisch kämen. Falls sie unsere Geschenke mitnähmen, wünschten sie Kontakt. Zerstörten sie den Gabentisch, bedeutete das: Haltet euch fern! Wir betrachten euch als Feinde. Über eine dritte Möglichkeit hatten wir gar nicht erst nachgedacht.

Nach einer gefühlten Ewigkeit, dabei waren es nur ein paar Tage gewesen, brachen wir unverrichteter Dinge wieder auf. Sehr zum Verdruss meines Vaters, der seit Jahren einer Begegnung mit diesem geheimnisvollen und isoliert lebenden Volk entgegengefiebert hatte. Er begeisterte sich für die Vorstellung, dass es noch Menschen auf der Erde gab, die beinahe so lebten wie in den ersten Tagen der Menschheit. Durch sie könnten wir mehr über unseren eigenen Ursprung erfahren. Eine für meinen Vater einmalige Gelegenheit war ungenutzt verstrichen. Und dennoch war diese Expedition in den Urwald nicht ganz umsonst gewesen.

Stecklinge wie diese nahmen die Frauen für die Ituakeré mit

Auf unserem Gabentisch fehlte zwar kein einziger Gegenstand. Auch waren die verlockenden Sachen offenbar nicht einmal berührt worden, alles stand noch unverändert an seinem Platz.

Doch als sich die Männer daranmachten, die Gaben wieder einzupacken, entdeckten sie etwas, das ihnen die Sprache verschlug. Unzählige Fußabdrücke um den Tisch herum zeugten davon, dass doch jemand da gewesen war. Unsere Männer hatten den Boden zuvor nämlich gründlich eingeweicht, in der Hoffnung, anschließend Spuren darin zu finden. Und tatsächlich schien es, als seien die Waldmenschen mehrfach um den Gabentisch herumgelaufen. Von dort führten ihre Spuren in allen Himmelsrichtungen zurück in den Urwald, wo sie sich schon nach wenigen Metern verloren. Mein Vater nahm ein paar Messungen an den Abdrücken vor und stellte fest, dass die

Füße der Ituakeré sehr viel größer und breiter waren als die der Aparai. So riesige Füße hatte sonst keiner am Amazonas, nicht einmal mein Vater. An die fünf unterschiedliche Fußabdrücke konnten die Männer ausmachen, die bestätigten, dass die dazugehörigen Sohlen von einer sehr dicken Hornhaut überzogen sein mussten. Bei einem anderen Abdruck fehlte sogar ein Zeh. Für Forschungszwecke war diese »Ausbeute« sicher unbefriedigend. Faszinierend für uns alle war hingegen, dass die Waldmenschen uns offenbar während unserer gesamten Expedition beobachtet hatten, ohne dass wir sie bemerkt hatten. Unsere Männer stellten nüchtern fest, dass wir die Anwesenheit der Ituakeré schlichtweg verschlafen hatten. Also waren die Waldmenschen aus meinem Traum vielleicht doch keine Schattengestalten gewesen?

Etwas betrübt, aber auch erleichtert, packten wir unsere Habseligkeiten wieder zusammen. Die Frauen hüllten ihre Stecklinge in feuchte Tücher ein, die Männer schulterten das Gepäck. In ein paar Tagen würde man nicht mehr erkennen, dass wir an dieser Stelle campiert hatten. Immerhin kehrten wir mit der Gewissheit nach Mashipurimo zurück, dass die Ituakeré uns gegenüber keine feindlichen Absichten hegten. Sie wünschten bloß keinen Kontakt. Eine Erkenntnis, mit der sich gut leben ließ.

Fast zwei Jahrzehnte später stehe ich völlig unerwartet einem leibhaftigen Ituakeré gegenüber. Er ist ein bisschen jünger, doch beinahe so groß wie ich, recht ungewöhnlich für einen Amazonas-Ureinwohner. Seine Augen wirken fremdartig, irgendwie katzenhaft, sein Blick ist voller Melancholie. Über den Augen wölbt sich ein ausgeprägter Wulst, er hat hohe Wangenknochen und einen eher olivfarbenen Teint, dabei deutlich heller als der dunkelrotbraune Hautton der Aparai. Von seiner ganzen Statur her ist der Waldmensch ein wenig breiter, kräftiger und muskulöser als die Männer der Karibenvölker Amazoniens. Trotz seiner beachtlichen Größe hängen seine starken Arme beinahe hilflos herab. Wie bei einem Kind, dem nicht ganz wohl in seiner Haut ist.

Entgeistert starre ich den jungen Mann an. Mein Blick wandert zu seinen Füßen, die wirklich groß sind, vor allem breit. Der Ituakeré trägt Boxershorts. Gefasst lässt er meine Musterung über sich ergehen. Ich ringe um eine angemessene Begrüßung, doch kein passendes Wort will mir über die Lippen kommen, obwohl mir klar ist, wie unhöflich das ist. Belustigt stehen einige Aparai um uns herum. Neugierig, was als Nächstes geschehen wird. Unsere Begegnung findet nicht etwa im tiefen Urwald statt, sondern in der Nähe von Bona, jenem Dorf am Rio Paru, das inzwischen sogar mit einer eigenen Stromleitung versehen ist.

»*Emä mä manko*«, höre ich mich sagen, was so viel heißt wie: Ich bin traurig. Sofort beiße ich mir auf die Zunge. Eigentlich hatte ich sagen wollen: »*Tan kü ä assä*« – »Ich bin glücklich« (dich kennenzulernen). Was für ein Freud'scher Versprecher. Wie hatte ich das nur durcheinander bringen können? Während ich etwas hilflos versuche, mich wegen meiner inzwischen mangelhaften Sprachkenntnisse zu entschuldigen, geht der Ituakeré höflich über meinen Versprecher hinweg. »Ich weiß, wer du bist. Du bist Katarischi. Unsere Leute haben dich gesehen, als du noch ganz klein warst.« Noch entgeisterter als zuvor starre ich den Waldmenschen an. Da war er wieder, mein seltsamer Traum, der vielleicht doch keiner gewesen ist.

Im Laufe unseres Gesprächs erfahre ich, dass dieser junge Mann wohl der letzte Überlebende seines Volkes ist. Fassungslos und ohnmächtig erfahre ich, was mit den wenigen unkontaktierten Urvölkern geschieht. Im Namen der Zivilisation setzen sich Kirchen und Sekten über die offiziell verbotene Zwangsmissionierung und über Quarantänezeiten hinweg. Wer Menschen um jeden Preis bekehren will, selbst solche, die keinen Kontakt wünschen, findet heute Mittel und Wege, dies dennoch zu tun. Leichtflugzeuge, die beinahe überall landen können, und Infrarotsichtgeräte, die beim Aufspüren dieser Völker helfen, sind keine Seltenheit mehr. Die Missionare kommen in guter Absicht, beseelt von dem Gedanken, das »Wort Gottes« auch noch unter die letzten »Heiden« auf unserer Erde zu bringen.

Als ich den Ituakeré einige Tage darauf noch einmal besuchen will, ist er gerade in der »Kirche«, einem scheunengroßen Bretterverschlag. Beim Beten.

Tanshi und ich trinken Palmbeerensaft vor unserem Küchenhaus

Abschied vom Amazonas

Es war ein Schock, als mir meine Eltern eines Tages sagten, dass wir zurück nach Deutschland müssten. In das Land, in dem ich geboren worden war, an das ich aber keinerlei Erinnerungen hatte. Den Grund für unseren Weggang konnte ich mir nicht erklären. Bot uns Mashipurimo denn nicht alles, was wir brauchten? Unser Zuhause im Urwald war der schönste Ort der Welt für mich. Die Bedrohungen, die so ein Leben möglicherweise mit sich brachte, waren mir als Kind jedenfalls nicht präsent. Die Gemeinschaft der Aparai-Wajana umgab mich wie ein schützender Mantel. Und die Natur versorgte uns mit allem, was wir für ein gutes Leben brauchten. Mit frischem Wasser, Fisch, Wild, Obst und Nüssen, mit Holz, Palmwedeln und Lianen. Was konnte es in Deutschland geben, das wir hier nicht längst hatten?

Mein Vater deutete an, dass sich die Lage im Land unter der Militärdiktatur verändert hatte. Ich verstand nicht genau, worum es ging, ich begriff nur, dass wir in Brasilien nicht mehr sicher waren. Nicht einmal im Regenwald.

In den kommenden Wochen erfuhr ich von meinen Eltern nach und nach Einzelheiten über das Leben in diesem fernen Land. Dass es dort vier Jahreszeiten gab und nicht zwei wie im Urwald. Sie schilderten mir, dass die Bäume im Herbst ihre bunten Blätter verloren und dass es im Winter so kalt werden konnte, dass das Wasser in den Seen manchmal gefror. Mit etwas Glück konnte man sogar auf dem Eis laufen. Ich hörte, dass die Häuser in Deutschland aus Stein oder Beton waren, dass die Menschen dort nicht in Booten über Wasserwege, sondern mit Autos über Straßen fuhren. Autos kannte ich bereits aus Belém, doch darauf, was mich im Land des Automobils erwarten sollte, war ich natürlich nicht vorbereitet. Meine Eltern erzählten mir, dass die Kinder in Deutschland zur Schule gingen, wo sie Lesen, Schreiben und Rechnen lernten. Bislang war der Urwald meine Schule gewesen. Ich wusste, wie man sich annähernd lautlos bewegte. Wie man die Augen für all die verschiedenen Grün-Schattierungen schärfte, hinter denen sich im Urwald manches Geheimnis verbarg. Vögel, Insekten und Schlangen, die sich tarnten und kaum von ihrer Umgebung abhoben. Wie jedes Aparai-Kind konnte ich beim Sammeln von Beeren und Wurzeln die meisten nützlichen Pflanzen von den giftigen unterscheiden. Selbst auf Palmen konnte ich halbwegs gut klettern, auch wenn ich dafür noch eine Fußschlinge aus robusten Agavenfasern benötigte. Ob ich damit in Deutschland noch etwas anfangen konnte?

Die Dimensionen unseres Weggangs konnte ich damals nicht erfassen. Bei aller Traurigkeit war ich natürlich auch neugierig auf die Reise in meine fremde Heimat. Von meinen Erlebnissen dort würde ich später meinen Freunden in Mashipurimo erzählen. Ich war felsenfest davon überzeugt, dass wir nach einigen Wochen oder Monaten wieder in den Urwald zurückkehren würden. Wahrscheinlich würde diese Fahrt nicht viel anders sein als unsere Besuche in der brasilianischen Hafenstadt Belém: Diese Ausflüge hatte ich stets genossen – und noch bevor ich Heimweh nach Mashipurimo bekommen konnte, waren wir schon wieder zurück im Regenwald. Ein Aparai hält es ohne seine Gemeinschaft nicht sehr lange aus. Er wird traurig, melancholisch und verliert den Appetit. Dass es mir einmal genauso ergehen würde, ahnte ich damals freilich nicht.

Das Gezeter, das Großmutter Antonia anstimmte, nachdem sie von unserer Abreise erfahren hatte, klang mir noch lange in den Ohren. Sie argumentierte, verhandelte und flehte meinen Vater an, mich bei ihr in Mashipurimo zu lassen. Sie würde immer gut auf mich aufpassen, mir sollte es an nichts fehlen, darauf könnten sich meine Eltern verlassen. Doch all ihr Bemühen war vergebens. Als Antonia begriff, dass es sehr, sehr lange dauern würde, bis wir uns wiedersähen – wenn überhaupt –, wurde sie auf einmal ganz still. Sie war niedergeschlagen, weil man mich von ihr trennte, und überzeugt davon, dass ich nach Mashipurimo gehörte und nicht in jenes weit entfernte Land namens Deutschland. Sie sorgte sich, dass ich dort nicht glücklich werden und mir das Essen nicht schmecken würde. Womit sie Recht behalten sollte. In meinen ersten Jahren in Deutschland war die Umstellung auf europäische Kost tatsächlich eine Tortur für mich. Lieber hätte ich freiwillig Abertausende gerösteter Ameisen gegessen als Brokkoli, Kohlrabi, Blumenkohl oder grausigen Rosenkohl. Noch heute wird mir beim Geruch von gekochtem Kohl übel.

In den letzten Wochen vor unserer Abreise schien es, als habe sich ein Schatten über das Dorf gelegt, der jede Unbefangenheit verschluckte. Die Wortgeplänkel beim Essen gerieten ins Stocken, unser Gejohle beim Baden erstarb. Nicht einmal Araiba brachte noch einen Witz über die Lippen. Abend für Abend grübelte ich vor dem Einschlafen, ob es nicht vielleicht doch eine Möglichkeit gäbe, meinen Aufenthalt in Deutschland zu verkürzen. Ich wollte dieses Land besuchen und mir alles genau ansehen – und dann nach Mashipurimo zurückkommen. Notfalls ohne meine Eltern. Denn ein Leben ohne Antonia, ohne meine Wahlfamilie und meine vielen Freunde im Dorf konnte ich mir nicht vorstellen.

Unterdessen war meine Mutter damit beschäftigt, unseren Haushalt aufzulösen. Die meisten unserer Habseligkeiten verschenkte sie. Töpfe, Angelhaken, Medikamente, Planen – alles, was man im Urwald gut gebrauchen konnte. Und obwohl die Aparai sich normalerweise über solche Dinge aus der Zivilisation freuten und manchmal sogar regelrecht darum bettelten, zierten sich die Beschenkten plötzlich in ungewohnter Manier. Niemand wollte mit Freude etwas annehmen, weil das bedeutete,

dass wir wohl nicht mehr zurückkämen. Keiner wollte mein bon-
bonfarbenes Kindergeschirr aus Plastik haben, nicht einmal Koi.
Alle versicherten mir, dass ich es später noch benötigen würde,
wenn ich wieder in Mashipurimo lebte. Am Ende packte mein
Vater die bunten Teller in eine »Schatzkiste«, die wir am Dorfrand feierlich unter einem Riesenfarn vergruben. Das Geschirr
ruht seitdem in einer Aluminiumkiste in der rotbraunen Erde
Amazoniens. Verborgen unter Gestrüpp und den darüberwach-
senden Wurzeln der Baumriesen, in denen die regenbogenfarbe-
nen Aras ihre Kreischkonzerte geben. In einem Dorf, das inzwischen verlassen ist und dessen Spuren für ungeübte Augen kaum
noch zu erkennen sind. Das heutige Mashipurimo ist deutlich
kleiner und liegt auf der gegenüberliegenden Seite des Flusses.
Gelegentlich werden die alten Plantagengärten noch abgeerntet,
ansonsten verharrt das Dorf meiner Kindheit im Dämmerschlaf.

In Gedanken nahm ich mir vor, die Kiste eines Tages wieder
auszugraben. Eine ganze Weile stand ich damals noch vor dem
sorgfältig zugeschaufelten Erdloch, um mir den Ort genau ein-
zuprägen – die Entfernung zum Fluss, die Form des Riesenfarns,
der sich wie ein Regenschirm über mich spannte. Wer weiß, vielleicht finden in ein paar Jahrhunderten Archäologen eine Kiste
mit bunten Kunststofftellern am Ufer des Rio Paru …

Nachdem ich mich von meiner Schatzkiste verabschiedet hatte,
marschierte ich zu Antonia und erklärte ihr, dass ich so schnell
wie möglich zurückkommen würde. Mit zusammengepressten
Lippen schüttelte sie den Kopf und sah mich mit ernsten Augen
an. Auch in den folgenden Tagen war sie so beängstigend still,
dass sich Araiba zu sorgen begann: »Bist du krank?« Antonias
Traurigkeit schnürte mir die Kehle zu. Nichts vermochte ein Lächeln in ihr versteinertes Gesicht zu zaubern. »Du wirst wieder-
kommen, Katarischi, aber nicht so bald, wie du meinst«, sagte
sie, nachdem ich ihr zum wiederholten Mal versichert hatte, dass
ich nur kurz wegbleiben würde. Antonia nahm meinen Kopf zwi-

schen ihre rauen Handflächen, sah mir tief in die Augen und sagte, dass sie eine sehr alte Frau sein würde, wenn ich eines Tages wiederkäme. Ich schluckte, um nicht loszuheulen.

Unter jedem noch so kleinen Vorwand kam Antonia in jenen Tagen zu uns in die Hütte, um etwas zu »besprechen«. Sie zitierte mich zu sich, damit sie für einen neuen Lendenschurz aus Perlen Maß nehmen konnte. Mein Abschiedsgeschenk. Auch Tante Malina strich immer wieder um unsere Hütte herum, während sich Araiba nach der Ankündigung unserer bevorstehenden Abreise tagelang zurückzog. Er fuhr ans gegenüberliegende Flussufer, um Schilf zu schneiden. Mit der Überreichung der Körbe mit ihren kunstvollen schwarzen Mustern und den mythischen Tierfiguren wartete er bis zum letzten Moment. Als wir mit unserem Boot gerade vom Ufer ablegen wollten, überraschte er uns mit diesem wunderbaren Geschenk. Für meine Mutter hatte er ein besonders schönes *Potö* angefertigt, einen Korb mit Deckel, dessen Boden eckig war, der obere Rand hingegen kreisförmig. Das Kunstwerk erhielt später einen Ehrenplatz in unserer Wohnung, meine Mutter bewahrte ihr Handarbeitszeug darin auf.

Am Tag unseres Aufbruchs verabschiedeten wir uns von unseren Wahlverwandten so, als würden wir nur einen kurzen Ausflug machen. Rührselige Umarmungen gab es bei den Aparai nicht, und niemand wusste so recht, wie man sich der Situation angemessen verhielt. Wie sagt man schon richtig auf Wiedersehen, wenn es unter Umständen kein Wiedersehen geben würde?

Auch Koi, Tanshi, Sylvia und Mikulu hatten uns nach Aldeia Bona zur Flugpiste begleitet. Ich krabbelte auf den Rücksitz der Propellermaschine und blickte aus den zerkratzten Fensterscheiben, gegen die von außen Handflächen und Nasen gedrückt wurden. Die Zeit schien für einen Moment stillzustehen. Das Bild meiner Freunde, die das Lufttaxi umringten, brannte sich tief in meine Erinnerung ein.

Araiba arbeitet an einer Überraschung

Als die kleine Teco-Teco-Maschine vom Boden abhob, wurden die Rufe und guten Wünsche der Aparai vom gleichmäßig brummenden Motorengeräusch verschluckt, die Menschen unter uns wurden kleiner und kleiner, bis sie zu ameisengroßen Pünktchen zusammengeschrumpft waren. Die weitläufige Lichtung mit den Hütten von Bona verschwand langsam aus unserem Blickfeld. Verschluckt vom immergrünen Dickicht des Urwalds, als sei die Siedlung nur eine Fata Morgana gewesen. In diesem Moment war mir noch nicht klar, dass ich etwas hinter mir lassen würde, das ich so nie wieder in meinem Leben finden sollte.

Die Heimat schmeckt nach Spargel und Schinken

Mein Vater war ohne uns in Mashipurimo zurückgeblieben. Nur für einige Wochen, um alles in Ruhe abzuwickeln, wie er sagte. Aus den Wochen wurden Monate. Mein Vater musste den

288

Transport unserer Besitztümer organisieren, seine ethnografische Sammlung vollenden, Tonbandaufnahmen und Aufzeichnungen fertigstellen. Und Fotos machen, die ich heute archiviere.

Ich sehe ihn noch vor mir, wie er über das kleine Rollfeld humpelte und uns zuwinkte, als das Lufttaxi abhob. Kurz vor unserer Abreise hatte ihn nämlich ein Skorpion in den Fuß gestochen. Bis zum Erbrechen hatten mir meine Eltern eingebläut, unter gar keinen Umständen in einen Schuh hineinzuschlüpfen, ohne ihn vorher ausgeschüttelt zu haben. Niemals! Überhaupt musste alles umgestülpt oder mit einem Stöckchen ausgeklopft werden, bevor man es benutzte: Tontöpfe, Flechtkörbe, Kessel, Strohhüte, Federschmuck und vor allem Schuhe.

In der Hektik der letzten Tage hatte mein Vater diese eiserne Regel für den Bruchteil einer Sekunde vergessen. Als der Skorpion zustach, schrie er laut auf: »Aaaaaaaauuuhhhhh! Verdammt noch mal, das darf doch nicht wahr sein!« Dann veranstaltete er einen regelrechten Veitstanz, er hüpfte, sprang und tänzelte fluchend im Kreis herum. Er bekam massive Kreislaufbeschwerden und fürchterliche Schmerzen obendrein. Meine Mutter und ich konnten kaum mehr tun, als abzuwarten, was passieren würde. Die Aparai reagierten in solchen Fällen recht pragmatisch. Entweder starb jemand, oder er kam durch. *Toipä.* Angst vor dem Tod war den meisten Menschen im Urwald fremd. Überlebensstrategie in einem Umfeld, in dem es jeden jederzeit erwischen konnte.

Meine Mutter feuerte Papa an, durchzuhalten, bis die kritische Phase überstanden war. Nach ein paar Stunden ging die Schwellung an der Einstichstelle zurück, die Schmerzen ließen nach. Kurz darauf waren die beiden schon wieder beim Packen, als wäre nichts weiter passiert. Nur der Fuß meines Vaters blieb bandagiert.

Da schon bald keiner mehr da sein würde, der meinen Vater bekochte, er sich selbst dazu außer Stande sah und den Aparai auch nicht als »Mitesser« zur Last fallen wollte, legte meine

*Notration für meinen Vater –
Mikulu bei der Erdnussernte*

Mutter mit den Frauen des Dorfes eine Notration für ihn an. Selbst Mikulu half fleißig mit, Erdnüsse zu ernten, die wir anschließend rösteten und in luftdichte Vorratsbehälter packten. »Mit Erdnüssen und Bananenbrei kann ich mich zur Not eine Ewigkeit über Wasser halten«, versicherte mein Vater tapfer. Dabei zog er ein Gesicht, als bekäme er künftig Seife zu essen. Erst im Nachhinein erfuhren wir, dass er täglich von Antonia zum Essen eingeladen worden war. Er übernahm damit gewissermaßen meinen Platz am Kochkessel der Sippe. Für die Aparai war es eine Selbstverständlichkeit, den *Tamuaimo*, eine Art Ehrenhäuptling, und »großen Vater« zu bewirten. Als er ein Vierteljahr später in Deutschland zu uns stieß, war er äußerst wohlgenährt.

Bevor mein Vater sich auf den Weg nach Bona machte, übergab er unsere Hütten und Pflanzungen feierlich an die Bewohner von Mashipurimo. Als er sein völlig überladenes Kanu bestieg, gab ihm Araiba noch ein Geschenk für mich mit auf den Weg: eine alte, verbeulte Aluminiumdose, die sein ganzer Stolz gewesen war. In den Dosendeckel hatte er mit einem Taschenmesser fein säuberlich meinen Namen eingraviert: Ka-ta-ri-schi. In der Lautschrift, die mein Vater für die Aufzeichnung der Aparai-Überlieferungen entwickelt hatte. Im Innern der Dose lagen wie Scherben aus weißem Ton ein paar Stücke *Wöi*. Das getrocknete Maniokfladenbrot sollte mich immer an Mashipurimo erinnern. Das allerletzte Stück überstand viele Jahre versteckt in der Schublade meines Schreibtischs. Manchmal, wenn mich das

Heimweh nach Mashipurimo überwältigte, öffnete ich die Dose, um an den vertrockneten Brotreste zu schnuppern. Der Duft von frischem *Wöi* ließ sich auch nach Jahren noch aus meiner Erinnerung abrufen.

Meine Mutter und mich führte unsere Reise zunächst in die brasilianische Hauptstadt São Paulo. Unser ganzer Besitz passte in einen großen Koffer. Meine Mutter versprach, dass ich in Deutschland neu eingekleidet würde, vor allem mit warmen Sachen und festem Schuhwerk. In meinen Ohren klang das eher wie eine Drohung. Einstweilen trug ich ein altes und inzwischen viel zu kurzes Sommerkleid mit Karomuster und ein Paar Sandalen, über deren Sohlen meine Zehen ein wenig hinausragten. Aber das störte mich nicht weiter, im Gegenteil. So konnte ich meine Füße besser sehen und mit ihnen sprechen, wenn ich mich einsam fühlte. Manche Kinder haben einen imaginären Freund, ich hatte zehn Zehen, mit denen ich ganze Theaterstücke inszenierte.

Das Hotelzimmer, das wir für die nächsten Tage bezogen, wirkte ungewohnt kalt. Blank poliert, gefliest, nicht einmal eine Topfpflanze brachte etwas Leben in den sterilen Raum. Das Bett mit den glatt gebügelten Laken war unbequem, die Decke lastete schwer auf meinen Schultern. Als ich mitten in der Nacht wach wurde und aus dem Bett krabbelte, um in meine vertraute Hängematte zu klettern, stieß ich mit dem Kopf gegen den Kleiderschrank. Benommen rieb ich mir die Augen: Da war keine Hängematte, nur eine glatt verputzte Wand, an der ich mich vorsichtig entlangtastete. Ich vernahm das leise Surren des Ventilators, der die schwüle Luft umherwirbelte. Der bittere Geruch von Mottenkugeln und Insektenspray stach mir in die Nase. Meine Mutter atmete gleichmäßig. Der Bettvorleger war weich und kitzelte unter meinen Fußsohlen. Durch das Fenster funkelten die Lichter des unüberschaubaren Häusermeers, die künstlichen Sterne der Metropole. Als sich die Sonne endlich über den Dächern erhob, hatte ich mir bereits die halbe Nacht über meine Nase am Hotelfenster platt gedrückt. Wo waren die Bäume? Die Tiere? Der Fluss? Nichts dergleichen hatte ich entdecken können, und auch sämtliche Geräusche waren durch die gläserne Barriere ausgesperrt geblieben.

Am Vormittag gingen wir in eine Art Supermarkt für Textilien, in dem ich zum ersten Mal in meinem Leben in ein Paar lange Hosen schlüpfte. Meine Mutter erstand außerdem Unterwäsche und Kniestrümpfe für mich. Und ein Paar etwas zu großer Schuhe, in die meine Füße erst noch hineinwachsen mussten.

São Paulo war überwältigend. Allein beim Anblick der himmelhohen Häuser wurde mir ganz schwindlig. Es schien, als könnten diese Gebilde mit ihren unzähligen Stockwerken die Wolken berühren. »Deshalb heißen sie auch Wolkenkratzer«, erklärte mir meine Mutter. In der Stadt wurde überall gebaut. Presslufthämmer zerschlugen alte Pflastersteine in tausend Stücke, dampfender Teer, der schlimmer stank als alles, was ich je zuvor gerochen hatte, wurde wie flüssiges Wachs über die frisch planierten Flächen gegossen. Überall ragten Kräne zwischen dem Häusermeer empor, stählerne Ungeheuer, die sich wie von Geisterhand in Zeitlupe bewegten. Unheimlich war das und beeindruckend zugleich. Die Straßen schienen die Erde unter sich zu begraben. Kein Baum, kein Strauch, nicht einmal ein Grashalm, der sich in dieser Landschaft aus Stahl und Stein noch ans Licht gewagt hätte. Unentwegt fegte ein starker Wind Staub über die Erde, kleine Abfallschnipsel tanzten über den Boden. Plastiktüten und Zeitungsfetzen wirbelten wie welkes Laub durch die Luft.

In dieser befremdlichen Kulisse jagten meine Mutter und ich im Eiltempo umher, ich konnte kaum Schritt mit ihr halten. Die Gehsteige entlang, in Unterführungen hinein und über riesige Straßenkreuzungen hinweg, in deren Mitte auf einer kleinen Betoninsel ein Mann stand, der mit Armbewegungen versuchte, den Verkehr vor dem Kollaps zu retten. Ob er eine Art Häuptling war? Anstelle einer Federkrone trug er eine Uniformmütze, statt Perlensträngen einen Gurt über den Schultern. Seine Hände, die in übergroßen weißen Handschuhen steckten, wirkten wie Paddelblätter. Die Abgase der Autos stanken penetrant, sie machten mir das Atmen schwer und brachten mich pausenlos zum Husten. Meine Lungen brannten, meine Fußsohlen schmerzten, als liefe ich über glühende Kohlen. Meine Mutter schien kaum zu bemerken, wie sehr ich mich anstrengen musste, um ihr zu folgen. Ich wusste, dass wir eine Menge zu erledigen hatten, und versuchte, die Zähne zusammenzubeißen. Eine Aparai beklagt sich nicht. Aber was, wenn ich meine Mutter in dem ganzen Durcheinander aus dröhnenden Autos und vorbeieilenden Menschen aus den Augen verlor? Mama tippte auf ihre Armbanduhr. In Mashipurimo war Eile für uns ein Fremdwort gewesen. Unser Flug nach Deutschland musste gebucht, Papiere mussten besorgt werden, es fehlten noch alle möglichen Stempel, und die Strecken zwischen den Behörden waren weit. Wir bahnten uns einen Weg durch eine provisorisch abgesicherte Baustelle. Durch ein paar Löcher in den Bretterwänden sah ich rostige Stahlträger wie abgestorbenes Geäst in den Himmel ragen, an dem sich dunkle Wolken zusammenzogen. Der Wind wurde heftiger, ich kniff die Augen zusammen, damit ich nicht ständig den hochwirbelnden Staub hineinbekam. Als heftiger Regen einsetzte, spannte ich meinen Kinderschirm auf. Meine Mutter trug einen dunkelblauen Stockschirm, der ungefähr dreimal so lang war wie meiner. Ich hatte Mühe, meinen Schirm bei diesem Wetter festzuhalten. Immer wieder wurde er von Böen hochgerissen, seine Speichen bogen sich bedrohlich und drohten umzuknicken wie dünne Äste. Dieser Schirm, an den ich mich nun mit beiden Händen klammerte, war in Mashipurimo mein ganzer Stolz gewesen. Meine Eltern hatten ihn mir in der Hafenstadt Belém gekauft.

293

Während der Regenzeit hatten wir uns manchmal zu viert unter den hellgrünen Schirm gedrängt – Koi, Tanshi, Mikulu und ich. Außerdem hatte er sich prima dazu geeignet, die herabfallenden Beeren der Waipalme aufzufangen, aus denen später das köstliche *Aipu* hergestellt wurde – der Palmbeerensaft war sozusagen die Cola des Urwalds. Die meiste Zeit hatte der Schirm allerdings zusammengerollt an einem Haken über meiner Hängematte gehangen.

Am zweiten Tag unseres Zwischenstopps in São Paulo durfte ich im Hotel bleiben. Nachdem ich nach unserem Gewaltmarsch durch die Stadt beinahe kollabiert wäre, wusste meine Mutter, dass sie mir keinen weiteren Stress zumuten konnte. Die vielen neuen Eindrücke waren so überwältigend für mich, dass mein Kopf hämmerte und ich abends kaum einschlafen konnte. Die ganze Nacht über wälzte ich mich von einer Seite auf die andere, sprach im Schlaf und muss wohl auch gewimmert oder geweint haben, jedenfalls knipste meine Mutter irgendwann die Nachttischlampe an, um nach mir zu sehen. Ich war dankbar, dass die Lampe anbleiben durfte.

Am Morgen schärfte mir meine Mutter ein, dass ich während ihrer Abwesenheit auf gar keinen Fall das Hotelzimmer verlassen dürfe. Sie deutete auf die Fensterfront, die fast bis zum Boden reichte. Durch die Scheiben sah man das steinerne Panorama dieser unendlichen Stadt. »Irgendwo da unten werde ich unterwegs sein und versuchen, alles zu erledigen, damit wir bald weiterreisen können. Ich bringe dir auch etwas Schönes mit. Du kannst dich in der Zwischenzeit etwas ausruhen.« Zum Abschied winkte sie mir noch einmal aufmunternd zu. Ein letztes »Ich bin gleich wieder zurück«-Lächeln, dann hörte ich, wie das Schloss der Zimmertür mit einem leisen Klickklick zuschnappte und der Schlüssel herumgedreht wurde. Auch das war neu für mich – in Mashipurimo gab es keine Türen zum Abschließen.

Ich legte meinen Kopf auf das harte Kissen und muss kurz darauf in einen tiefen Schlaf gefallen sein, aus dem ich erst wieder erwachte, als meine Mutter erneut mit dem Schlüssel vor der Zimmertür herumklimperte. Behutsam setzte sie sich neben mich, schob die Tagesdecke zurück und stellte eine weiße Styroporschale auf das Bett. In dem rechteckigen Behälter, der ein quietschendes Geräusch von sich gab, wenn man mit dem Finger darüberstrich, befanden sich knochenweiße Stangen, um die dünne Fleischstreifen gewickelt waren. Das Ganze war mit einer durchsichtigen Haut bedeckt, die sich glatt über die Schale spannte.

»K l a r s i c h t f o l i e «, sagte meine Mutter.

»Was ist das?«, fragte ich mit ungläubigem Staunen. »Kann man das essen?«

Meine Mutter schüttelte lachend den Kopf und zog die Folie von der Styroporschale.

»Aber das hier kannst du essen. Das ist Spargel mit gekochtem Schinken, so etwas essen die Menschen in Deutschland. Probier mal.«

»S p a a a r g e l «, wiederholte ich.

Meine Mutter reagierte mit einem nachsichtigen Lächeln, als sie bemerkte, dass ich mich mehr für die Verpackung als für den Inhalt interessierte. Sie erzählte mir, dass man in den Supermärkten von São Paulo fast alles bekomme, sogar Spezialitäten aus Europa. Sorgfältig breitete sie ein paar Papierservietten auf dem Bett aus, dann biss sie in das erste Röllchen. Etwas zögerlich griff auch ich zu. Der Spargel war saftig, doch etwas faserig, nur die weichen Spitzen zergingen fast auf der Zunge. Den Schinken mochte ich auf Anhieb.

Schweigend kauten wir, bis die Styroporschale leer war.

So also schmeckte die Heimat.

Kaltes, fremdes Land

Die ersten Stunden, Tage und Wochen nach unserer Ankunft in Deutschland sind in meiner Erinnerung wie von einem grauen Schleier überzogen. Wie bei einem alten Videorekorder, bei dem man die Aufnahmen so lange vor- und zurückspult, bis sich die Bilder überlagern zu einem diffusen Eindruckswirrwarr verschmelzen und sich einzelne Sequenzen nicht mehr ordentlich voneinander abgrenzen lassen.

Das erste Bild, an das ich mich nach unserer Rückkehr bewusst erinnere, war das Dunkel einer Unterführung, die wir durchqueren mussten. Über uns erstreckte sich eine gewaltige Brückenkonstruktion aus Stahl. Auf der Oberfläche der Brückenträger prangten kreisrunde Noppen, die das Bauwerk so fest zusammennieteten, dass es mühelos dem Gewicht der darüber hinwegdonnernden Züge standhielt. An einigen Stellen schimmerte ein grell orangefarbener Anstrich, der das Ungetüm vor Rost schützte. Leuchtende Flicken, die wie Pflaster auf den Wunden der Zeit klebten. Am Ende der Unterführung ging es wieder auf die Straße hinauf, wo unzählige Autos an uns vorbeirauschten. Eine Kolonne dröhnender, rasender, qualmender Blechmonster. Die Fahrer schienen nicht die geringste Notiz von der Frau zu nehmen, die sich mit einem großen Koffer in der einen und einem kleinen Kind an der anderen Hand über den Bürgersteig schob.

Das Tempo der Stadt erschien mir um mindestens drei Takte schneller als alles, was ich bislang gewohnt war. Die Hausfassaden waren durch den Ruß der Abgase geschwärzt, die Menschen, die an uns vorbeihasteten, schauten uns nicht einmal richtig in die Augen. Dafür blickten sie umso häufiger auf ihre Armbanduhren. Selbst wenn sie sich unterhielten, schien es, als warteten sie kaum eine Antwort ab. Bestimmte Begriffe verwendeten sie in regelmäßigen Abständen, ohne dass ich ihre Bedeutung erfassen konnte: Termin, Ärger, Vorschrift, pünktlich und wichtig. Wichtig, wichtig. Die Art, wie die Menschen in Deutschland sprachen, kam mir im Gegensatz zum melodiösen Singsang der Aparai besonders hart und ein wenig monoton vor. Vor allem laut, beinah bellend. Es mag wie ein Klischee klingen, das oft bemüht wird, wenn die deutsche Sprache beschrieben wird. Aber ich kann verstehen, dass Menschen, die zum ersten Mal nach Deutschland kommen, ähnlich empfinden. Meine Eltern hatten in Mashipurimo untereinander zwar Deutsch gesprochen, aber mit einer weicheren Sprachmelodie – pfälzisch und rheinländisch eingefärbt. Das harte Hochdeutsch klang in meinen Ohren deshalb wie eine gänzlich fremde Sprache.

Nach einer gefühlten Ewigkeit erreichten wir ein ruhigeres Altbauviertel. Die Häuser waren herausgeputzt, mit gelbem oder rotem Klinker verkleidet, die Simse und Fensterrahmen mit cremefarbenem oder weißem Stuck abgesetzt, da und dort ein kleiner Balkon. Einige Fassaden waren mit Putten oder anderen Figuren geschmückt, manche davon trugen Weinreben im Haar. Im Vorbeigehen erhaschte ich einen Blick in ihre ausdruckslosen Augen. Starr und in Gips gegossen für die Ewigkeit.

Alte Bäume warfen mächtige Schatten auf die Straße. An die Gehsteige grenzten schmiedeeiserne Schnörkelzäune. Hinter einigen wuchsen Rhododendren oder Buchsbaumhecken, andere versperrten nur mühsam den Blick auf wucherndes Unkraut. U n - K r a u t , noch so ein Wort, unter dem ich mir wenig vorstellen konnte. Im Urwald hatte jedes Kraut eine Bedeutung. In Deutschland gab es offenbar Pflanzen, die keine Daseinsberechtigung hatten.

Vor einem der Eingänge blieben wir endlich stehen. Hier also wohnte meine deutsche Großmama. Meine Mutter ließ mich einen polierten Messingknopf drücken, ein schriller Klingelton folgte. Riiiiiiiinnnggg! Noch einmal drückte ich den Knopf, so fest ich konnte. Riiiiiiiinnnggg! Und noch mal. Dreimal Klingeln hieß nämlich Familie. Das Klappern eiliger Schritte, dann hörte ich, wie umständlich eine Sicherheitskette im Innern des Hausflurs beiseitegeschoben wurde. Die Frau, die im nächsten Augenblick im Türrahmen erschien, war mir auf Anhieb sympathisch. Ihre dunklen Locken waren bereits von silbernen Fäden durchzogen, ihre Augen erinnerten mich an die meines Vaters. Sie lachte, während ihr gleichzeitig die Tränen übers Gesicht liefen. Als sie mich in ihre Arme schloss, stieg mir der rosige Duft ihres Parfüms, vermischt mit pudrigem Deodorant, in die Nase. Fortan für mich der Großmuttergeruch. An heißen Sommertagen kam noch eine Spur Kölnisch Wasser hinzu. »Nein, wie schön, dass ihr endlich hier seid! Wiiiiiee schööööön!«, quietschte die Großmutter vergnügt.

Sie war herzlich, temperamentvoll, ein wenig unkonventionell vielleicht, auf jeden Fall ziemlich direkt. Sie nahm auch kein Blatt vor den Mund, wenn es darum ging, Ungerechtigkeiten anzuprangern, oder wenn ihr etwas nicht passte. Obwohl sie mit ihrer Perlenkette und dem zu dezenten Wellen gelegten Haar wie eine richtige Dame aussah, hätte Antonia sie auf Anhieb gemocht. Die beiden waren nämlich aus ähnlichem Holz geschnitzt.

Meine Großmutter erzählte mir, wie gern sie uns im Urwald besucht hätte. Einmal sei sie schon auf gepackten Koffern gesessen; die Schneiderin, Fräulein Capp, hatte ihr bereits ein luftiges Tropenkostüm genäht, als ihr der Hausarzt die gefährliche Reise wegen ihres angeblich zu schwachen Herzens untersagte. Eine Frau in ihrem fortgeschrittenen Alter in den Tropen? Nein, das konnte er nicht gutheißen. Seitdem hatte sie alles gelesen und gesammelt, was ihr über den Amazonas in die Finger gefallen war, weshalb sie eine annähernd realistische Vorstellung von den Menschen, der Pflanzen- und Tierwelt dort hatte. Und von den Bräuchen und Traditionen der Völker, die auch ihre Enkelin geprägt hatten.

Ihr Haus, nur eine knappe Dreiviertelstunde von unserer alten Wohnung entfernt, die während unserer Abwesenheit leer gestanden hatte, wurde in den kommenden Jahren zu einem wichtigen Rückzugsort für mich, wenn es mir in der neuen Welt wieder einmal zu herzenskalt wurde. Bei meiner Großmutter durfte ich sogar im tiefsten Winter barfuß durchs Haus laufen, und auch unsere Mitbringsel aus dem Regenwald fanden hier einen angemessenen Platz. Neben wuchtigen Schränken und Vitrinen mit Nippes hingen alsbald indianische Tanzmäntel von der Stuckdecke, im Wintergarten und auf dem Dachboden kamen die Pfeile und Paddel der Aparai neben allerlei anderen Gerätschaften und Kisten aus dem Urwald unter. Im kleinen Salon, wo wir Tee mit Milch und Kandiszucker tranken, stand mein Aparai-Sitzbänkchen wie selbstverständlich neben einer zierlichen Jugendstil-Garnitur. Auch wenn sich Großmutter von Zeit zu Zeit über die Unmengen der Sammlungsstücke und Kisten meines Vaters beklagte, weil sie wieder einmal den Hausflur versperrten, fand sich am Ende immer noch irgendwo ein Platz in ihrem geräumigen Gründerzeit-Haus. Der Kontrast zwischen den schweren Brokatvorhängen, antikem Mobiliar und Plüsch und den nüchternen Kisten aus Aluminium und tropenfester Pappe, in denen der Feder- und Perlenschmuck der Aparai nebst Ausgrabungsstücken, Tonwaren und Schnitzereien verpackt war, hätte kaum größer sein können. Und doch passte beides zusammen, wie zwei Seiten einer Medaille.

Bei uns zu Hause erinnerte hingegen nicht viel an die vergangenen Jahre in Mashipurimo. Einzig über der Eckbank im Esszimmer hingen ein paar antike Kupferstiche von Crevaux, welche die Amazonasindianer Ende des 19. Jahrhunderts bei ihren Tanzfesten zeigten. Sie waren nicht besonders realistisch, sahen dafür aber schön aus. In unserem neuen Leben schien nicht mehr viel Platz für Gegenstände aus dem Urwald. Deshalb hatte mein Vater sie in seinem Elternhaus untergebracht, wohin er sich mit der Zeit auch immer häufiger und länger zurückzog, bis meine Eltern eines Tages getrennte Wege gingen.

Ich versuchte mich, so gut es ging, in der neuen Welt einzurichten. Bemüht, die vielen Eindrücke aufzunehmen und bloß alles richtig zu machen. In den ersten Monaten betonten meine Eltern Fremden gegenüber immer wieder, dass wir erst vor Kurzem aus dem Urwald zurückgekommen seien und uns wieder in Deutschland einleben müssten. Wenn meine Mutter diesen Umstand irgendwo beiläufig erwähnte, damit man mich nicht schief ansah, wenn ich etwas anders machte oder mich seltsam ausdrückte, gingen die Menschen in die Hocke und schauten mich an, als käme ich von einem anderen Planeten. »Nein! Sag bloß, das war doch sicher sehr gefährlich! Gibt es im Dschungel nicht Krokodile und Riesenschlangen und Piranhas?« Mit weit aufgerissenen Augen erwarteten sie eine ernsthafte Antwort auf eine derart dämliche Frage. Natürlich gab es die! Aber gab es hier nicht auch Autos und Lastwagen auf den Straßen, die bedrohlich schnell fuhren? Und hieß das etwa, dass man absichtlich in die hineinrannte, damit man überfahren wurde? Ich sollte erzählen, wie weit der Amazonas vom Rhein oder von der Spree entfernt war. Ob man besser mit dem Flugzeug flog oder mit dem Schiff dorthin fuhr. Als ob ein Kind so etwas beantworten könnte. »Und wie war das im Dschungel? Gab es dort auch Affen?« Einen Augenblick lang zögerte ich, dann erzählte ich, dass Affeneintopf meine Lieblingsspeise gewesen sei. Ich fand nichts Verwerfliches daran. Die eben noch so nette Dame verdrehte angewidert die Augen und wäre fast in Ohnmacht gefallen. Und war im nächsten Moment überzeugt davon, dass ich ihr einen Bären aufgebunden hatte. Egal, ob wohlwollend, übertrieben neugierig oder irritiert – die Reaktionen unseres Umfelds auf unser Leben im Urwald unter Indianern waren mir suspekt. Ich wusste nicht, was die Menschen von mir erwarteten, und fühlte mich zunehmend beobachtet und begafft wie ein exotisches Tier.

Deshalb beschloss ich, nie wieder mit jemandem über meine

Zeit im Urwald zu reden. Ich wollte mir nicht länger anhören, wie Indianer als »Wilde« bezeichnet wurden oder gar als »Kannibalen«. Es stimmte einfach nicht, dass sie »splitternackt« herumliefen, und ich weigerte mich zu demonstrieren, wie man mit »bloßen Händen fraß«. Indianer fraßen keineswegs, im Gegenteil, sie hielten sich weitaus stärker zurück als die Erwachsenen hierzulande, die oftmals mehr aßen und tranken als ihnen guttat. Am Amazonas hatte ich jedenfalls keinen einzigen Übergewichtigen mit Kreislaufbeschwerden und Bluthochdruck gesehen. Andere wiederum verklärten die Indianer zu edlen Wilden, die in ewiger Harmonie leben. Dem war nun auch nicht so. Es machte mich fassungslos und manchmal auch wütend, wie wenig Ahnung die Leute hatten. »Erzähl der Tante doch mal vom Urwald, Cathrinchen. Davon, wie schön du mit deinen Freundinnen im Fluss gebadet hast«, ermutigte mich meine Mutter, als eine ihrer Bekannten mehr über unser altes Leben erfahren wollte. Doch meine Lippen blieben versiegelt. Stumm wie ein Fisch. Ich wollte mich nicht länger vorführen lassen, auch wenn hinter dieser Aufforderung ganz sicher keine böse Absicht gestanden hatte. Es war auch nicht so, dass ich nicht länger das »Mädchen vom Amazonas« sein wollte. Das blieb ich weiterhin. Noch Jahre später fühlte ich mich in Deutschland, als hätte man mich an den falschen Ort verpflanzt. Ich gehörte einfach nicht hierher.

Äußerlich passte ich mich bald an, so wie alle Kinder, die bemüht sind, nicht aufzufallen, wenn sie in ein neues Umfeld kommen. Schon bald sah ich so aus wie alle anderen. Innerlich blieb jedoch eine beklemmende Distanz. Es war, als nähme ich diese neue Welt durch eine Glasscheibe wahr, durch die sich zwar alles klar erkennen ließ, die mich aber dennoch von allem trennte. Ich war und blieb auf der anderen Seite, eine Fremde in der neuen, kalten Heimat.

Das lag natürlich nicht nur an der neuen Umgebung, sondern auch am Lebensrhythmus und den Wertvorstellungen, die hier hochgehalten wurden. Die Menschen in Deutschland besaßen so viel mehr als die Aparai. Ein eigenes Haus oder eine Wohnung, in der selten mehr als vier Menschen zusammenlebten, einen Garten vielleicht, der durch einen schnurgeraden Zaun von dem des Nachbarn abgetrennt war. Autos, Fahrräder, Kleidung, Möbel, Fernseher, Bücher und vieles mehr. In meinen Augen waren alle Menschen in Deutschland unermesslich reich. Und dennoch schien etwas zu fehlen, auch wenn ich als Kind nicht benennen konnte, was es war. Die Menschen kamen mir irgendwie unzufriedener vor, weniger fröhlich und schon gar nicht frei. Während am Amazonas kein Tag verging, an dem die Menschen nicht miteinander lachten, begegneten einem die meisten Menschen in Deutschland mit verschlossenen Gesichtern. In meinen Augen wirkten viele egoistisch, niemand schien wirklich gerne zu teilen, jeder war bemüht, so viel wie möglich anzuhäufen und alles für sich zu behalten. Und obwohl alle einigermaßen gut über die Runden kamen und keiner an Hunger litt, schien es große Unterschiede zu geben. In der neuen Welt war das Kind eines Anwalts, eines Arztes oder eines Bankiers ganz offensichtlich mehr wert als das Kind einer Putzfrau oder eines Bauarbeiters. Ein Junge aus meiner Schule wurde gehänselt, weil er nur zwei Cordhosen besaß, die er im Wechsel trug, und mit dem abgegriffenen Ranzen seiner älteren Brüder in den Unterricht kam. Wohingegen ein Mädchen mit akkuratem Pagenschnitt die Nase bemerkenswert hoch trug, weil ihre Eltern Bedienstete hatten und sie von ihrer Mutter in einem teuren Auto zur Schule kutschiert wurde. Irgendwie tat sie mir leid, weil sie nicht einmal mit den anderen Kindern gemeinsam zur Schule laufen durfte. Im Urwald gab es keinen, der sich für etwas Besseres hielt oder es nötig gehabt hätte, den anderen zu beweisen, dass sie weniger wert waren.

Trotz meiner Schwierigkeiten knüpfte ich bald Freundschaften, lernte Menschen kennen, die zu Vertrauten wurden. Einigen bin ich bis heute verbunden. Doch eine ähnliche Freude und

Unbefangenheit im Umgang wie mit Antonia und Araiba, Tan-shi, Sylvia, Mikulu, Koi, Malina und all den anderen wollte sich nicht so recht einstellen. Dazu war die Welt, in der ich mich nun bewegte, zu bedrückend. Anstelle von Ermutigungen hagelte es Verbote, gab es Regeln, die man befolgen musste, auch wenn sie in meinen Augen überhaupt keinen Sinn machten. »Betreten der Rasenfläche verboten!«, bellte ein Schild im städtischen Schloss-park. Weshalb gab es denn einen Rasen, wenn man nicht auf ihm laufen durfte? Ich wurde sogar verpetzt, als ich ihn dennoch ein-mal betrat. Noch dazu barfuß und im Herbst. Im Urwald hatten wir Kinder alle Freiheiten genossen, der Respekt und die Unter-stützung der Erwachsenen waren uns sicher gewesen. Es hatte keine Pflichten gegeben und keine direkten Verbote, eher Emp-fehlungen. Wir wurden geführt, aber nicht »erzogen«.

Noch heute mag ich das Wort erziehen nicht, weil es bedeutet, dass man so lange an einem Kind herumzerrt, bis die Erwachse-nen es für richtig befinden. Eltern, Lehrer, die Gesellschaft. Ein Kind ist aber kein Kaugummi, den man nach Belieben ziehen und anschließend in eine Form pressen kann. Auch kein Papagei, dem man vorgibt, was er artig nachzuplappern hat. Kinder haben ih-ren eigenen Kopf. Ich fand es furchtbar, dass ich in Deutschland meinen eigenen Willen dem anderer unterzuordnen hatte. In Ma-shipurimo hatte ich mit dem Essen aufhören dürfen, wenn ich satt war. In Deutschland musste man den Teller leer essen, selbst wenn einem danach schlecht wurde. Gekrönt von dem Spruch, dass andernfalls am nächsten Tag die Sonne nicht scheine. Im Urwald hatten wir in Begleitung anderer Kinder alleine schwim-men gehen, im Wald auf Bäume klettern und mit Pfeil und Bogen schießen üben dürfen. In Deutschland schienen Kinder rein gar nichts zu dürfen, ohne vorher um Erlaubnis zu fragen. Erwach-sene bestimmten und entschieden über alles, als hätten Kinder überhaupt keine Rechte.

Als wir einmal auf der Anliegerstraße vor unserem Haus

Brennball spielten, schrie uns ein Nachbar an, wir sollten das gefälligst lassen.

»Hört sofort auf damit, hört ihr?«

Erschrocken ließen wir den Ball fallen. »Aber warum denn?«, fragte ich irritiert. »Wir machen doch gar nichts Schlimmes!«

»Weiiiil iiiich das saage!«, brüllte der Mann nunmehr mit puterrotem Kopf, da ich es gewagt hatte, seine Anweisung vor den anderen Kindern zu hinterfragen. Offenbar hatte er Angst, dass sein neues Auto eine Beule abbekam, dabei hatten wir weit genug davon entfernt gespielt.

Betroffen über den rüden Ton und das unsinnige Verbot ging ich nach Hause. Alles, was Spaß machte, schien hier verboten.

Ein anderes Mal wollte ich mit einigen Kindern aus der Nachbarschaft an einem Hochsommertag ins örtliche Schwimmbad gehen. Die Eltern hatten jedem ein paar Markstücke mitgegeben, genug für den Eintritt und eine Limonade. Doch die Badeanstalt war wegen Renovierungsarbeiten geschlossen, und alle machten betrübte Gesichter. Da ich es bisher gewohnt gewesen war, selbständig Entscheidungen zu treffen, nahmen wir kurzerhand die nächste Straßenbahn und fuhren ein paar Stationen zu einem kleinen Hallenbad, das wir vom Schwimmunterricht unserer Schule kannten. Schon oft waren wir die Strecke mit unserer Lehrerin gefahren. Artig zahlten wir unseren Eintritt, wir schwammen, duschten, trockneten uns ab und fuhren wieder heim. Ein schöner Tag. Dachte ich zumindest. Bis es am Abend wütende Anrufe unserer Nachbarn hagelte. Sie schimpften und beschwerten sich darüber, dass wir es gewagt hatten, allein und ohne Aufsicht von Erwachsenen in das weit entfernte Schwimmbad zu fahren. An all dem sei einzig und allein ich schuld; ich hätte die anderen Kinder überredet, so etwas Unerhörtes und Verantwortungsloses zu tun. Einige Eltern verboten ihren Kindern daraufhin sogar, künftig mit mir zu spielen. Meine Eltern ertrugen die Vorwürfe mit Fassung. Nur eine einzige Nachbarin hatte die Reaktionen der anderen lächerlich und überzogen gefunden und mich sogar ausdrücklich für mein vorbildliches Verhalten gelobt. Ihre Tochter hatte ihr erzählt, dass ich fast die ganze Zeit am Beckenrand verbracht hatte, um aufzupassen, dass nichts passierte. Ich hatte mich genau so verhalten, wie ich es im Urwald gelernt hatte.

Ich muss damals ungefähr acht oder neun Jahre alt gewesen sein, und die hysterischen Reaktionen der Nachbarn versetzten mir einen tiefen Schock. Ich fühlte mich wie ein Nagel in einem Holzbrett, den man immer weiter hineinschlug, bis er vollkommen verschwunden war. Nur nicht aufmucken, nur nichts machen, ohne vorher um Erlaubnis zu fragen. Sich nur nicht gegen die auflehnen, die vermeintlich über einem standen, sonst bekam man eins übergebraten. Selbständiges Denken und Handeln waren nicht gefragt, immer schön in der Reihe bleiben. Wer sagte, was er wirklich dachte, galt schnell als rebellisch oder wenigstens als unbequem. Spätestens nach dem Schwimmbadausflug begriff ich, dass sich Kinder in Deutschland auf einem Minenfeld von Verboten und Regeln bewegten; die Regeln gaben diejenigen vor, die sich kaum noch in Kinder hineinversetzen konnten. Im ständigen Bemühen, nichts falsch zu machen, nicht anzuecken, die Vorgaben der Erwachsenen zu erfüllen, verlernten die Kinder, auf ihre innere Stimme zu hören und sich auf ihre eigenen Stärken zu besinnen. Heute sind es eher die Eltern, die verlernt haben, auf ihre innere Stimme zu hören und Halt suchen bei Ratgebern und Experten.

Nicht lange nach unserer Rückkehr begann für mich mit der Einschulung der »Ernst des Lebens«. Während der ersten Schuljahre brauchte ich nur aus dem Fenster des Klassenzimmers im ersten Stock zu schauen, in die Baumkronen der alten Kastanien, deren Blätter sanft im Wind wehten, um an den Urwald zu denken. In meiner Wahrnehmung wurden die Sätze unserer Lehrerin, die

In meinen Tagträumen bin ich in Mashipurimo

unermüdlich dozierte, leiser und leiser, bis ich kein Wort mehr davon vernahm. Der Anblick des grünen Laubs versetzte mich in eine andere Welt – das Rauschen der großen Stromschnelle von Mashipurimo drang an mein Ohr, ich hörte das Gelächter von Tanshi, Koi und Sylvia. Ich lief mit ihnen durch das Dorf, planschte im Fluss herum und lauschte dem Knistern des großen Abendfeuers. Ich hoffe, dass mir meine Lehrerin die Tagträumereien inzwischen verziehen hat. Doch ohne die Erinnerung an den Urwald wäre ich in der neuen Heimat verwelkt wie eine Blume, die nicht mehr genug Licht und Wasser bekommt. Diese Gedankenausflüge gehörten nur mir. Sie waren wie ein verborgener Garten, den niemand außer mir betreten konnte. Umgeben von einer hohen Mauer, die alles beschützte, was sich im Innern befand. In meinen Tagträumen wünschte ich mich in die Welt meiner Aparai-Familie zurück und füllte meine innere Leere mit

Körperpflege auf Indianisch

der Erinnerung an jene Geborgenheit, die unter den Aparai so selbstverständlich gewesen war.

Oft riss mich erst der schrille Ton der Pausenklingel aus meinen Gedanken. Endlich durften wir aufstehen, uns bewegen – das stundenlange Stillsitzen fiel mir furchtbar schwer.

Ich lernte, dass man in der Schule gute Zensuren brauchte, auch wenn einen das, was dort gelehrt wurde, nur in Ansätzen weiterbrachte. Lesen und Schreiben fand ich prima, alles andere erschien mir teilweise wie die reinste Zeitverschwendung. Die monotone Paukerei im Klassenzimmer bereitete uns nicht wirklich auf das Leben vor.

Was aber war das echte Leben? Nach außen Harmonie heucheln und jeden Samstag den Bürgersteig kehren, während drinnen der Haussegen schief hing und pausenlos der Fernseher lief? Ein teures Auto fahren, um zu zeigen, dass man es geschafft

Kinderhüten ist ...

hatte? Sich kaputt arbeiten, um immer mehr und mehr zu besitzen, nur um anschließend alles einsperren und mit einer Alarmanlage schützen zu müssen? Im Gegensatz zu den Männern der Aparai, die sich nach ihrer Heimkehr von der Jagd liebevoll um ihre Babys kümmerten, die ihre Kinder von klein auf mit in den Urwald nahmen, um ihnen beizubringen, was sie fürs Leben brauchten, hatten die meisten Väter in unserer Nachbarschaft überhaupt keine Zeit für ihre Kinder. Sie kamen erst heim, wenn ihre Töchter und Söhne schon längst im Bett lagen. Wochenendpapis, Hausfrauen- oder Halbtagsmamis, diese Rollenverteilung erschien mir verquer. Überhaupt drehte sich bei den Erwachsenen alles um den Job, das Privatleben musste sich – so schien es mir zumindest – dem Beruf unterordnen. Bei allem ging es weniger darum, was einen erfüllte, sondern was Geld und Ansehen brachte. Wer Karriere machte und Wohlstand anhäufte, hatte etwas aus seinem Leben gemacht. Die anderen galten schnell als Verlierer. Das Gemeinschaftsgefühl, das bei den Aparai alles zusammenhielt, das Gefühl, von den anderen getragen zu werden, ganz gleich in welcher Situation, suchte ich hier vergebens. Ich, ich und noch mal ich – danach kam lange nichts.

Als ich älter wurde und mich wieder freier bewegen durfte, begann ich mich schließlich heimischer zu fühlen. Auch weil meine Umgebung kritischer wurde, politischer, auf jeden Fall aber sensibler. Eine schichtenübergreifende Umweltbewegung formierte sich, die anschwoll wie ein gewaltiger Strom. Wir lebten in der Angst vor einem Atomkrieg, was die Menschen dazu brachte, auf die Straßen zu gehen und »Pershing, nein danke« und »Nie wieder Krieg« zu skandieren. Viele trugen Buttons mit Friedenstauben am Revers und auch solche, auf denen »Atomkraft, nein danke« stand. Die Bürger formierten sich, forderten die Industrie auf, keine Abwässer mehr in die Flüsse zu leiten und die qualmenden Schlote der Fabriken mit Schadstofffiltern zu versehen, um das Waldsterben zu stoppen. Es gab sogar einen autofreien Sonntag, bei dem die meisten Menschen freiwillig und mit einiger Begeisterung mitmachten. Nie wieder war Fahrradfahren so schön wie damals, als die Hauptstraßen fast nur uns gehörten.

... auch Männersache

In dieser Phase hatte ich kurz das Gefühl, dass die Menschen langsam begriffen, was die Indianer schon seit jeher wussten: Dass wir uns selbst zugrunde richteten, wenn wir die fortschreitende Zerstörung unseres Planeten nicht stoppten. Ein indianischer Spruch machte sogar Karriere, eine Prophezeiung der nordamerikanischen Cree-Indianer, die scheinbar unaufhaltsam zur Realität wurde: »Erst wenn der letzte Baum gerodet, der letzte Fluss vergiftet, der letzte Fisch gefangen ist, werdet ihr feststellen, dass man Geld nicht essen kann.«

Ein kurzes Strohfeuer, sehr viel mehr war es damals leider nicht, denn die Zerstörung unseres Planeten ging weiter; ihre Auswirkungen sehen wir bereits heute und werden sie in Zukunft noch stärker erleben, sehr viel mehr, als den meisten Menschen zum jetzigen Zeitpunkt bewusst sein dürfte. Was werden unsere Nachfahren wohl über unsere Epoche sagen? Ob sie aus unseren Fehlern lernen werden?

Mit Sylvia und ihren Kindern, 18 Jahre später

Rückkehr nach Jahrzehnten

Fast zwei Jahrzehnte nach unserem Abschied kehrte ich noch einmal an den Amazonas zurück. Zuletzt hatte ich selbst kaum noch daran geglaubt, so viel Zeit war inzwischen vergangen. Mein Leben unterschied sich grundlegend von dem jener Menschen, die mich in meiner frühen Kindheit begleitet hatten. Während meine indianischen Freundinnen allesamt und sehr früh Familien gegründet und eine Schar von Töchtern und Söhnen in die Welt gesetzt hatten, führte ich noch ein improvisiertes Studentendasein. Mit Anfang, Mitte zwanzig, stand ich erst am Beginn meines Lebens als Erwachsene, während die Aparai-Wajana in diesem Alter ihren Zenit bereits überschritten haben. Mit vierzig, spätestens 45 Jahren treten sie, so war es zumindest früher, in die letzte Phase – das Alter – ein.

Als feststand, dass ich an den Amazonas zurückkehren würde, erfasste mich eine unbeschreibliche Vorfreude. Aber auch ein Anflug von leisen Zweifeln. Was mich wohl im Urwald erwartete? Ob es dort annähernd so aussah wie in meiner Erinnerung? Ob mich die Menschen, mit denen ich gemeinsam aufgewachsen war, überhaupt noch erkannten? Oder war inzwischen einfach zu viel Zeit vergangen? Würde die Rückkehr in den Urwald meine positiven Erinnerungen zerstören, weil sich inzwischen alles grundlegend verändert hatte?

Die Wochen der Vorbereitung vergingen wie im Flug, und im Nachhinein bin ich selbst darüber erstaunt, wie routiniert und mühelos alles vonstatten ging. Die Impfungen und Untersuchungen überstand ich ohne Probleme, sogar die viel gescholtene Bürokratie spielte mit. Alle erforderlichen Stempel waren im Pass, nur ein Schnupfen hätte meine Pläne jetzt noch ins Wanken bringen können. Sechs Wochen lang musste ich erkältungsfrei bleiben, um das Volk meiner Kindheit nicht durch eingeschleppte Viren zu gefährden. Doch anders als jeden Winter zuvor und auch danach blieb ich kerngesund.

Als ich endlich in Brasilien eintraf, herrschte in Europa bereits tiefster Winter. Die feuchtheiße Tropenhitze, die mir schon auf dem Flughafen wie ein nasses Handtuch entgegenschlug, war für mich wie ein lang ersehntes Geschenk. Es fühlte sich gut an, nicht mehr frieren zu müssen und dicke Pullis gegen luftige T-Shirts tauschen zu können. Auch die chronische Müdigkeit, die mich sonst nach längeren Flügen erfasste, war auf einmal wie weggeblasen.

Meine Reise führte mich über Rio de Janeiro in die Äquatorstadt Macapá im Bundesstaat Amapá, der durch seine geografische Lage im Nordosten Brasiliens zu einer Art Drehkreuz für Amazonasreisende geworden ist. Im Norden grenzt die Region an Französisch-Guayana und Surinam, an ihren Westausläufern und im Süden an den brasilianischen Bundesstaat Pará, in dem mein eigentliches Ziel lag.

Nach rund vier Stunden Wartezeit, einer Verspätung, die in Brasilien kaum der Rede wert ist, saß ich endlich in dem einmotorigen Lufttaxi. Gespannt wie ein Flitzebogen, aber auch ein wenig nervös. Man brauchte schon ein bisschen Mut, wenn man sich in solch eine Maschine begab. Und großes Vertrauen in die Fähigkeiten desjenigen, der das Flugzeug über den Regenwald steuerte. Da mir einige Flüge aus Kindertagen noch in bester Erinnerung waren, bohrte ich die Fingernägel in den kunstledernen Bezug der Sitze. Einer der Piloten hatte sich bei einem unserer Flüge unentwegt bekreuzigt, während er nebenbei immer wieder einen kräftigen Schluck aus seinem Flachmann nahm. Schon als er uns begrüßte, umwehte ihn eine Fahne aus Eau de Cologne, vermischt mit dem bitteren Geruch von Selbstgebranntem. Ein anderer Pilot, der meinen Vater einmal geflogen hatte, war sogar am Steuer eingeschlafen.

Doch all meine Bedenken waren wie weggefegt, als der Pilot der kleinen Maschine einen Bilderbuch-Start hinlegte. Je höher wir stiegen, umso grandioser wurde die Aussicht. Unter uns erstreckte sich der majestätische Regenwald, der Schatten unseres Flugzeugs zeichnete sich auf dem Waldteppich wie der Umriss eines großen Vogels ab. Ein Meer aus Baumkronen, deren verschiedene Grünschattierungen beinahe nahtlos ineinander übergingen. Die Völker des Regenwaldes kennen Hunderte verschiedener Bezeichnungen für das eine Wort »grün«. Endlich entdeckte ich das bräunliche Wasser des Amazonas. Sanft mäanderte er durch die Landschaft, wie eine von den Göttern auf den Boden geworfene Schlange. Ein gewaltiger Strom, der wasserreichste Fluss der Erde, der Fluss aller Flüsse mit seinen unzähligen Nebenarmen, die das gesamte Amazonasgebiet, die grüne Lunge der Welt, wie ein gigantisches Kapillarsystem durchziehen.

Während ich meine Stirn gegen das zerkratzte Glas der wackelnden Fensterscheibe presste, umfing mich ein vertrautes Gefühl, das sich auch im Nachhinein nur schwer in Worte fassen lässt. Es war, als ob der Anblick des Regenwalds einen Schalter in meinem Kopf umlegte. Es fühlte sich richtig an, wieder hier zu sein. Das warme Tropenlicht der Gegenwart war genauso wie in meiner kindlichen Erinnerung. Und die Baumkronen des Regenwalds glichen dem Bild, das sich seit dem Tag unserer Abreise in mein Gedächtnis eingebrannt hatte. Es war beinahe so, als ob ich geradewegs in die Vergangenheit hineinflog.

Unter dem Bauch unseres Flugzeugs tauchte unvermittelt eine Gruppe buntgefiederter Aras auf, die unbeeindruckt vom Brummen des Motors ihre Kreise zogen. Nicht viel später sah ich eine erste dunkle Rauchwolke über den Bäumen. Groß, bedrohlich, mitten im Urwald. Während wir Kilometer um Kilometer unserem eigentlichen Ziel näher kamen, entdeckte ich immer häufiger Feuer. Kleinere und größere und solche, deren Ausmaße sich nur schwer schätzen ließen, weil der Rauch die Sicht behinderte. Rund ein Dutzend Brandherde zählte ich insgesamt, die meisten davon wohl illegal gelegt, um dem Regenwald Stück für Stück mehr Land abzutrotzen.

Der Amazonas umfasst etwa 4,1 Millionen Quadratkilometer und bedeckt fast 60 Prozent der Fläche Brasiliens. Pro Minute fällt nach offiziellen Angaben heute eine Fläche von vier Fußballfeldern den Flammen zum Opfer, was im Jahr in etwa der Größe von Nordrhein-Westfalen entspricht. Nach einem kurzfristigen Rückgang steigt die Abholzung gegenwärtig wieder dramatisch an. Eine tickende Zeitbombe für unser Weltklima. Für die Region selbst sind die Folgen schlichtweg verheerend: Das Amazonasgebiet ist für seine nährstoffarme Bodenschicht bekannt, die ohne schützendes Wurzelwerk vom nächsten Regenguss ausgeschwemmt wird. Manche Umweltschützer befürchten deshalb, dass durch die Erosion bereits mehr als ein Fünftel des Regenwaldes verloren ist. Für immer.

Es fällt nicht schwer, die Großgrundbesitzer für diese Zerstörung verantwortlich zu machen. Die Gier nach Anbauflächen für das Futter ihrer Rinderherden ist grenzenlos. Dabei bedienen sie nur den wachsenden Appetit der Welt auf Fleisch. Endlose Sojafelder rauben dem Wald so seinen Boden, riesige Anbauflächen für Biosprit kommen inzwischen hinzu.

Es ist auch einfach, auf illegale Bergarbeiter zu schimpfen, auf Goldsucher, Holzfäller und Glücksritter jeder Couleur, die den Urwald besiedeln, um ihn auszubeuten. Sie zerstören ihn weniger in böser Absicht, sondern hoffen vielmehr, dadurch dem Elend zu entfliehen, der Armut, der Perspektivlosigkeit. Wer heute Not leidet, denkt kaum an morgen.

Wir stellen auch gern die Politiker an den Pranger, die so etwas geschehen lassen. Und die Großkonzerne, die sich aus purer

Profitgier beteiligen. Doch die Nachfrage nach Rohstoffen wird auch von uns angeheizt. Wir betrachten es als unser selbstverständliches Recht, preiswertes Fleisch zu kaufen, Kaffee, Rohrzucker, Kakao, Palmöl und vieles mehr, was direkt oder über Umwege aus dem Urwald kommt. Unsere Industrie verlangt nach Eisenerzen, Mangan, Zinn und Bauxit. Nach Erdöl, tropischem Hartholz, nach Gold, unzähligen anderen Rohstoffen und Edelsteinen. Kein Berg, kein Meer, kein Regenwald, dem sich nicht doch noch ein paar Rohstoffe entlocken ließen. Die Ironie der Geschichte ist, dass ausgerechnet jene Völker die Rechnung für unseren Lebensstil bezahlen, die es als Einzige über Jahrtausende verstanden haben, im Einklang mit der Natur zu leben, ohne sie dabei zu zerstören.

All diese Zusammenhänge kennt man, zumindest in der Theorie. Und doch ignorieren wir sie nach Kräften. Etwas völlig anderes ist es, die dramatischen Folgen an Ort und Stelle zu sehen – wie ich während meines rund zweistündigen Fluges. Die aufgekratzte, rotbraune Erde zu überfliegen, die sich wie eine klaffende Wunde durch die Landschaft zog. Rauchschwaden und Flammen zu beobachten, die sich tiefer und tiefer in den Regenwald hineinfraßen.

»Der Urwald weint«, notierte ich in mein Tagebuch.

Als das Lufttaxi langsam in den Sinkflug überging, wischte die Freude über das Wiedersehen mit den Aparai-Wajana meine trüben Gedanken beiseite. Mit ein paar kurzen Hopsern setzte die Maschine auf der Landepiste auf. Noch während wir über die buckelige Piste von Aldeia Bona holperten, rannten von allen Seiten Indianer auf unser Flugzeug zu. Keine zwei Minuten nachdem ich mich etwas schwerfällig aus dem kunstledernen Sessel gepellt hatte, der inzwischen wie Tesa an meiner Haut klebte, stand ich auf dem staubigen Boden, den ich vor beinahe zwei Jahrzehnten verlassen hatte.

Tanshi mit ihrem jüngsten Spross

Auf den ersten Blick sah alles unverändert aus. Dieselben, mit Palmblättern gedeckten Dächer wie einst, derselbe Horizont hinter der Savanne, auf der das Dorf errichtet worden war. Während sich einige Aparai aus dem Begrüßungskomitee daranmachten, die Gepäckluke des kleinen Fliegers zu entsichern, stürzte ein kleines Wesen auf mich zu und rannte mich fast um. Als ich mich wieder gefangen hatte, blickte ich in ein Paar strahlende Augen. An der rechten Brust der jungen Frau, die mich derart stürmisch umklammerte, hing ein winziges Baby, das mich neugierig musterte. Ich musste lachen, als ich erkannte, um wen es sich bei dessen temperamentvoller Mama handelte: Meine kleine Patenschwester Tanshi, die ich inzwischen um anderthalb Köpfe überragte! Wir lachten und weinten vor Freude, umarmten uns und hüpften wild im Kreis herum. Beinah wie früher.

Als wir uns etwas beruhigt hatten, zog mich Tanshi zu sich hinunter und strich mir immer wieder über das Haar, ganz sanft und so, als könne sie immer noch nicht recht glauben, dass Katarischi endlich zu ihr zurückgefunden hatte.

Es dauerte eine Weile, bis ich die Frau neben ihr bemerkte. Sie musterte mich eindringlich, dann nahm sie meine Hände, um sie ganz fest zu drücken. Belustigt über meinen erstaunten Gesichtsausdruck prustete sie los. Das war ja Sylvia! Dieselben wachen Züge wie früher, dieselben wissenden Augen. Wenn ich an die Sylvia meiner Kindheit zurückdenke, fallen mir sofort zwei Eigenschaften ein: Verantwortungsbewusst und grenzenlos gutmütig. Und genau das strahlte sie immer noch aus.

Sylvia und Tanshi im Arm entdeckte ich Koi, die sich zu einer anmutigen Schönheit mit glänzenden langen Haaren gemausert hatte. Ein ebenmäßiges Gesicht mit feinen Zügen, das jedoch hin und wieder einen verhaltenen, schüchternen Ausdruck annahm. Das verschmitzte, charmante Strahlen war einem gewissen Ernst gewichen. Eine flüchtige Beobachtung, ein kurzer, erster Eindruck, mehr nicht. Vielleicht hatte ich mich auch getäuscht, und sie war nur angespannt, weil unser Wiedersehen so viele Erinnerungen wachrief.

Sylvia, Tanshi und ich nahmen Koi in unsere Mitte und schlenderten über das provisorische Rollfeld. Nun gab es kein Halten mehr. An die vierzig Aparai-Wajana stürmten auf mich zu. Ich wurde an den Haaren berührt von all denen, die mir früher nahegestanden hatten. Andere versuchten, mir die Schulter zu tätscheln, Kinder, die mich nur vom Hörensagen kannten, umringten mich tanzend, sprachen meinen Namen aus, als hätten sie ihn schon hundertmal gehört. Die älteren Herrschaften begrüßten mich, indem sie die Hand hoben oder mir über die Wangen strichen. Einige schüttelten mir sogar die Hand, was unter Amazonasindianern eigentlich unüblich ist.

»Kennst du mich noch?«

»Katarischi, Katarischi, bist du zurückgekommen, um zu bleiben?«

Diese Frage wurde mir in den kommenden Tagen so häufig gestellt, dass ich irgendwann selbst begann, mir auszumalen, wie das wäre. Was, wenn ich einfach nicht mehr nach Deutschland zurückkehrte? Könnte ich überhaupt noch hier leben?

»Nein, wie groß sie doch geworden ist!« Eine ältere Tirio schlug sich lachend auf die Schenkel. Im Vergleich zu den zierlichen Aparai war ich wirklich riesig. »Damals warst du soooo klein, und jetzt bist du dreimal so hoch!« Schallendes Gelächter. Schüchtern drückte mir ein Mann die Hand, dessen Gesicht mir irgendwie bekannt vorkam. Häuptling Chico, der mit seiner ganzen Sippe aus Mashipurimo angereist war. Nach dem Tod seines Vaters Kulapalewa war das Amt des Würdenträgers auf ihn übergegangen. Beinahe verlegen stellte er sich als neuer Dorfchef vor – er, der früher fast eine Art großer Cousin für mich gewesen war. Chico hatte sich kaum verändert. Seine Haare waren kürzer, die Lachfältchen unter den Augen mehr geworden. Ansonsten war er derselbe wie früher. Hinter ihm stand Jam, die ich auf Anhieb erkannte. Das gleiche ansteckende Lachen wie einst. Unkompliziert, offen und frei. Eine Frau zum Pferdestehlen. Aus ihr und Chico war tatsächlich ein Paar geworden, mit vielen gemeinsamen Kindern. Sie waren ein gutes Gespann, es war schön zu sehen, wie behutsam sie miteinander umgingen.

Am bewegendsten und verstörendsten zugleich war das Wiedersehen mit Antonia und Araiba. Antonia begrüßte mich wie eine verlorene Tochter, sie umarmte und herzte mich und wich fortan keine Sekunde mehr von meiner Seite. Sie begleitete mich später sogar zum Gästehaus, obwohl das eigentlich die Angelegenheit des Großhäuptlings von Aldeia Bona, Tuuwonno, gewesen wäre. Erfreulicherweise blieb mir die langwierige Begrüßungszeremonie im Rundhaus erspart. Ich wurde weniger als Gast denn als heimkehrendes Familienmitglied betrachtet. Ein beruhigender Gedanke.

Araiba hingegen verharrte in einiger Entfernung, nachdem er mir kurz die Hand gereicht und mich von Kopf bis Fuß gemustert hatte. Während der letzten Jahre hatte er über meinen Vater wiederholt Grüße an mich ausrichten lassen. Noch zwei Mal war mein Vater an den Amazonas zurückgekehrt; in der Zeit zwischen seinen Besuchen hatte er Kontakt über die Indianerschutzbehörde gehalten. Araibas sehnlichster Wunsch war es gewesen, mich noch einmal zu sehen, bevor er starb. Und nun so etwas. Aus der Entfernung verfolgte ich, wie er, äußerlich kaum verändert, nur noch dürrer, über das Rollfeld davoneilte, um anschließend in Richtung Fluss zu verschwinden. Weg war er. Damit hatte ich nicht gerechnet. Hatte ich als erwachsene Frau denn keinen Platz mehr in seinem Herzen?

Von Antonia und den engsten Mitgliedern meiner Wahlfamilie begleitet, machte ich mich auf den Weg zum Gästehaus. Ich bemühte mich, meine Enttäuschung über das Wiedersehen mit Großvater Araiba zu verbergen. Ich hatte mich so auf ihn gefreut. Antonia knuffte mich aufmunternd in die Seite. Sie strahlte über das ganze Gesicht.

Wie schön, dass sie ihre Gefühle so klar und eindeutig zeigen konnte. In meinem Innern hingegen herrschte Chaos. Ich war erleichtert über den bewegenden Empfang, das Gefühl, nach wie vor dazuzugehören. Ich war nach Hause gekommen, es schien, als könnte ich die Zeit, die uns voneinander getrennt hatte, abstreifen wie eine Schlangenhaut. Allein Araibas befremdliches Verhalten war ein erster Vorbote dessen, dass sich zwanzig Jahre nicht einfach so wegwischen ließen.

Mashipurimo, das Dorf meiner Kindheit, gab es schon lange nicht mehr. Nach dem letzten großen Überfall einer Armada von Blattschneiderameisen, dem zweiten innerhalb eines einzigen Jahres, hatten die Aparai unser Flussdorf aufgegeben. Nicht lange nach unserer Abreise nach Deutschland. Eine Ära war zu Ende gegangen, aber es sollte wohl so sein. Auf der gegenüberliegenden Seite des Paru war ein neues Dorf errichtet worden. Allerdings ohne *Polootoppo,* was bedeuten konnte, dass sich die Bewohner immer noch ihrer alten Umgebung verbunden fühlten. Antonia versprach mir, dass wir bald das alte und das neue Mashipurimo besuchen würden. Ich sollte meine Heimat wiedersehen, aber zuerst sollte ich erst einmal richtig ankommen … und was wäre dafür besser geeignet als ein gutes Essen? Ein vertrauter Geruch stieg mir in die Nase. Irgendwo brannte ein Feuer, brutzelte Fleisch in Pfeffersud. »*Alimi*«, bestätigte meine große Mutter mit

319

Meine Freundin Koi

einem Augenzwinkern. Eine bessere Begrüßungsmahlzeit konnte ich mir kaum vorstellen.

Die ersten Nächte in Bona waren anstrengender als erwartet. Mein Rücken fand keine rechte Position in der Hängematte, egal, wie ich mich auch hinlegte, es war und blieb unbequem. Stunde um Stunde verbrachte ich im Halbschlaf, mich hin- und herdrehend, wie eine Larve in ihrem Kokon. Erst spät in der Nacht schlief ich vor lauter Erschöpfung dann doch noch ein. So tief, dass ich panisch hochschreckte, als mir etwas über das Gesicht und die vollkommen verschwitzten Haare fuhr. Hinter meinem türkisfarbenen Moskitonetz, über das sich am Abend der ganze Stamm lustig gemacht hatte, zeichnete sich das Gesicht von Antonia ab. Beruhigend strich sie mir mit ihren rauen Händen über die Stirn. Wie lange mochte sie wohl schon dagestanden haben?

»Kind. Mein Kind«, flüsterte sie. »Katarischi, du bist wirklich zurückgekommen.«

Ob ich noch etwas brauchte? Einen Schluck Wasser vielleicht? *Tuna?*

Ich schüttelte den Kopf und bedankte mich für ihre Fürsorge. Da beugte sie sich durch das Moskitonetz zu mir herunter und hauchte mir einen Kuss auf die Stirn. Für einen Augenblick fühlte ich mich wieder wie das kleine Mädchen im Urwald. Vollkommen geborgen.

Antonia verschwand genauso lautlos, wie sie gekommen war. Der Boden unter meiner Hängematte war inzwischen über und über mit warzigen Kröten bedeckt, während es über mir im

Gebälk vertraut flatterte. Fledermäuse. Durch einen schmalen Korridor, der die Kammer meiner Gästehütte vom Mehr-Generationen-Schlafraum meiner Aparai-Familie trennte, zog der Rauch des Nachtfeuers, der die meisten Moskitos fernhielt. Der Duft meiner Kindheit. Begleitet vom vertrauten Hustkonzert der Nacht, sank ich erneut in einen traumlosen Schlaf. Durch ein kleines Loch im Dach funkelten die Sterne. In der Ferne erklang das Bellen von Hunden, die anschlugen, wenn sich ein wildes Tier näherte oder ein Fremder, der hier nichts zu suchen hatte.

Die folgenden Wochen gehörten zu den intensivsten, die ich je erlebt habe. Es war wie ein fortwährendes Déjà-vu. Der Geschmack der Speisen, die Geräusche des Dorfes, der modrige Geruch des lauwarmen Flusswassers beim Morgenbad. Das sanfte Murmeln der Stimmen, wenn bis zu fünf Generationen beieinanderhockten und über die wichtigen und nichtigen Dinge des Lebens palaverten. Die Berührungen von Menschen, die auf engstem Raum zusammenlebten, inmitten einer überbordenden Natur. Die Aparai und Wajana nahmen mich wie eine verlorene Tochter in ihrer Mitte auf und bewirteten mich großzügig, obwohl die Trockenzeit beinahe ihren Höhepunkt erreicht hatte.

Ständig wurden Anekdoten aus meiner Kindheit erzählt. »Weißt du noch, wie deine Mutter gefüllte Nudeln gemacht hat, und du vorgegeben hast, satt zu sein, weil du das europäische Essen nicht mochtest? Und dann hat dich *Tam* immer bei uns gefunden, wo du mit vollen Backen Affenfleisch geschmatzt hast.«

Großes Gelächter.

Weißt du noch, weißt du noch, weißt du noch … Geschichten, die allen so präsent waren, als wäre ich lediglich aus einem längeren Sommerurlaub heimgekehrt. Meine zwei Jahrzehnte in der hochtechnisierten Welt waren auf einmal wie weggewischt. Als wären sie nur Kreidezeichnungen auf einer Tafel gewesen.

Jeden Tag traf ich mich mit Sylvia, Koi oder Tanshi, die alle inzwischen Kinder hatten. Ein kleiner Schwatz hier und da, ein Spaziergang zum Fluss, genau wie früher. Sylvias Tochter Talomo wurde zu einer meiner Lieblingsnichten. Möglicherweise, weil sie das Abbild ihrer Mutter als kleines Mädchen war, gesegnet mit der Weisheit ihres Urgroßvaters Araiba. Tanshi hatte ihr sonniges Gemüt bewahrt, das sie schon als Kind so liebenswürdig gemacht hatte. Keiner konnte ihrem Charme widerstehen. Sie blieb für mich die kleine Schwester, die sie einst gewesen war. Sie strahlte eine tiefe Zufriedenheit aus und wollte alles über mein Leben erfahren. Als sie hörte, dass ich noch keine Kinder hatte, wollte sie mir eines der ihren schenken, damit ich so glücklich würde wie sie. Sie könne ja jederzeit ein neues machen, meinte sie mit einem Augenzwinkern. Als ich merkte, dass das Angebot kein Witz war, protestierte ich. Woraufhin Tanshi mir vorschlug, ich solle das Kind wenigstens so lange bei mir behalten, bis ich ein eigenes bekäme. Ich versprach, darüber nachzudenken, war aber sehr froh, als sie einsah, dass ihr Kind es in Deutschland niemals so gut haben würde wie bei ihr im Urwald.

Zwischen mir und Koi, der mir Ebenbürtigen, die mir als Kind so nah gewesen war, kehrte die alte Vertrautheit leider nicht ganz zurück. Trotz unserer regelmäßigen gegenseitigen Besuche blieb sie mir gegenüber reservierter als meine beiden anderen Freundinnen. Sie wirkte in sich gekehrt, ohne dass ich den Grund dafür hätte benennen können. Wo war bloß ihre Frechheit geblieben, ihre Lebendigkeit? Bedrückte sie etwas? Die Vorahnung, dass meine Rückkehr nur eine auf Zeit sein würde? Wann immer ich sie darauf ansprach, wich sie mir aus. Meine Sprachkenntnisse reichten leider nicht mehr aus, um der Sache wirklich auf den Grund zu gehen. Inzwischen denke ich, dass Koi damals schon ahnte, dass sie krank war. Aparai haben oftmals Vorahnungen, die mit unserem rationalen Blick auf die Welt nur schwer zu begreifen sind. Ihre Instinkte und Sinne sind geschärft und noch nicht von unzähligen Eindrücken überflutet wie die unsrigen.

Nach und nach erfuhr ich auch etwas über die anderen Dorfbewohner. Tante Malina erzählte mir, was in der Zwischenzeit geschehen war. Ihre Ohren waren überall. Und sie hatte die Gabe, Wesentliches von Unwesentlichem zu trennen. Die Aparai erzählen gerne und viel, doch sie mögen weder Belanglosigkeiten noch falsches Geschwätz. Hinterhältigkeiten sind ihnen fremd. Selbst tragische Geschichten haben oft eine witzige Pointe. Sie würden nie etwas über jemanden erzählen, was sie demjenigen nicht auch direkt ins Gesicht sagen würden. Wer es hingegen wagte, sie zu hintergehen, der wurde bitter bestraft. Es gab Menschen, die durchaus wirksame Flüche und Verwünschungen ausstoßen konnten. Auch wenn heutzutage niemand mehr gerne darüber spricht.

Ich war beeindruckt, wie gut Malina mit der inzwischen gealterten Pulupulu, der Erstfrau ihres verstorbenen Gemahls Kulapalewa, zurande kam. Beide waren Witwen desselben Mannes, was sie zusammenschweißte wie Schwestern. Pulupulu, die mich ebenfalls mit offenen Armen empfing, nannte ich fortan »Urgroßmutter«. Eine Würdigung ihres Alters. Dass die Großfamilie tatsächlich fest zusammenhielt, mochte auch an Chicos besonnener Art liegen, der es als Oberhaupt seines Clans ausgezeichnet verstand, jede noch so kleine Spur von Neid oder Missgunst im Keim zu ersticken. Es war ihm gelungen, mit der Vergangenheit Frieden zu schließen. Der einstige Liebling Kulapalewas war inzwischen aus dem Schatten seines verstorbenen Vaters herausgetreten. Er hatte Verantwortung übernommen und war in sein Amt als Dorfchef hineingewachsen. Geblieben waren seine Schüchternheit und sein bescheidenes Auftreten. Als ich ihn einmal für sein Talent als Jäger lobte, senkte er beschämt seinen Blick und sagte: »Ich jage doch nur ein klein bisschen gut.« Was mehr als untertrieben war: Schon als Jugendlicher hatte Chico, wenn er es darauf anlegte, eine Libelle mit einem Pfeil abschießen können.

323

Ich erfuhr, dass Sylvias älterer Bruder Inaina inzwischen mit einer Wajana verheiratet war, der er nach Französisch-Guyana gefolgt war. Die Mädchen von Mashipurimo und Bona blieben allesamt bei ihren Eltern, nur die Männer zogen fort, um bei der Familie der Braut zu leben. Es gab nur wenige Gründe, weshalb eine junge Frau vom Ort ihrer Eltern fortzog: die Hochzeit mit einem Stammeshäuptling oder Zauberer/Schamanen oder ein unüberwindbarer Streit. Inaina schien es bei seiner neuen Familie gut zu gehen. Denn der einst so schöne Jüngling war inzwischen ein wenig fülliger geworden. »Wie ein wohl genährter Tapir«, sagte eine Frau und zeigte mir ihr Zahnlückengrinsen.

Mikulu war mit der Familie seiner Frau ebenfalls in ein weiter entferntes Wajana-Dorf gezogen. Ob es in Brasilien lag, in Französisch-Guayana oder im ehemals niederländischen Surinam, konnte ich in den Gesprächen nicht herausfinden. Für die meisten Ureinwohner sind Landesgrenzen nicht relevant. Das Land ihrer Vorfahren kannte keine Demarkationslinien.

Eines Morgens bemerkte ich, dass ich Araiba doch nicht so gleichgültig war, wie ich das nach meiner Ankunft befürchtet hatte. Ein Handtuch um die Schultern gelegt, machte ich mich auf den Weg zum Fluss, nicht ohne vorher an der Feuerstelle von Araiba vorbeizuschlendern. Als ich ihn beim Anzünden des Morgenfeuers entdeckte, zog er mit aufmunternden Worten ein Bänkchen an seine Seite und bedeutete mir, mich zu setzen. Dann machte er sich daran, mir ein Frühstück zuzubereiten, so fürsorglich und liebevoll, dass ich keine Zweifel mehr hatte, ob ich in seiner Nähe willkommen war. Fisch mit Maniokgrieß.

»Pfeffer? Salz?«

Ich nickte. Das Salz aus der Stadt war sein wohlgehüteter Schatz, und er teilte ihn mit mir, auch wenn er selbst kaum genug davon hatte. Salz war etwas sehr Wertvolles. In alter Zeit hatte man ein bestimmtes Holz verbrennen müssen, um ein wenig Salz aus der Asche zu gewinnen. Was für ein Luxus, wenn man inzwischen einen richtigen Salzstreuer besaß.

In ganz Bona stieß ich auf solche Anzeichen der »Zivilisation«, die manchmal auch mit den Bildern, die ich aus der Vergangenheit im Kopf hatte, kollidierten. Das Wrack eines vergammelten Jeeps war inzwischen die Attraktion des Dorfes, die Kinder benutzten es als Klettergerüst. Irgendein tropenfieberkrankes Genie hatte es tatsächlich fertiggebracht, einen amerikanischen Jeep in den Urwald mitzunehmen. Da es außer der kleinen Flugpiste keinen befahrbaren Untergrund gab und Benzin wie auch Ersatzteile rar waren, war der Jeep nicht über Bona hinausgekommen. Damit er nicht vollends verrostete, hatten die Männer ihn in eine Hütte geschoben. Dort gammelte er nun vor sich hin, wie so vieles aus der Zivilisation, das bald seinen Reiz verlor, weil es im Urwald nicht wirklich benötigt wurde. Ansonsten war mir alles vertraut. Der Tagesablauf, der Humor, die Freundlichkeit, die Selbstverständlichkeit im Umgang miteinander und vor allem die Kinderliebe. Ein Dorf voller ausgeglichener, glücklicher, stolzer Aparai-Kinder, die den ganzen Tag herumtobten und, wenn sie schon ein wenig größer waren, den Erwachsenen mit einer solchen Begeisterung bei den täglichen Aufgaben halfen, als handle es sich um ein spannendes Spiel. Es war faszinierend zu sehen, wie geduldig die Erwachsenen mit Kindern umgingen, mit welchem Respekt selbst die Kleinsten behandelt wurden. Bei uns heißt es, man müsse Vater und Mutter ehren, am Amazonas würde es heißen, man solle seine Kinder ehren. Schließlich gehört ihnen die Zukunft.

Merry Christmas am Amazonas

Eine gute Woche war ich nun schon in Aldeia Bona. Von morgens bis abends war ich nichts als verwöhnt worden und insofern richtig erleichtert, als mir Antonia endlich erlaubte, den anderen ein wenig zur Hand zu gehen. Bloß überanstrengen sollte ich mich nicht. Dabei ließ sich mein Bewegungsdrang kaum noch in Zaum halten. Am liebsten hätte ich Holz gehackt oder wäre einen Marathon gelaufen. Prompt bekam ich beim Maniokschälen Blasen an den Händen, worüber sich die Frauen herzlich amüsierten. »Nur schön weitermachen, Katarischi, bald sind deine Hände wieder so kräftig wie unsere.« Nachsichtig betrachteten sie meine Finger. Arbeitshände sahen anders aus. Das Baumwollspinnen hingegen ging mir besser von der Hand. Während die Spule am drehenden Faden rauf und runter tänzelte, kam ich etwas zur Ruhe. Meine Gedanken hüpften zwischen Deutschland und dem Amazonas hin und her. Hier die tägliche Begrüßung beim Morgenfeuer, der kurze Schwatz, die Besuche meiner Freundinnen, die mir ihre Kinder zum Hüten vorbeibrachten, die rituellen Essenseinladungen bei den verschiedenen Aparai-Familien. Dort mein »altes Leben« in Deutschland, das mir plötzlich so fremd war. Studium, Beruf, Bausparvertrag? Wozu das alles? Um ein Leben lang einem Bürojob nachzugehen, bis irgendwann die Rente kam, wenn man bereits den Großteil des Lebens hinter sich hatte? Wertvolle Lebenszeit in sinnlosen Konferenzen abzusitzen? Um ein- oder zweimal im Jahr einen durchorganisierten Urlaub zu machen, bei dem man sich von den Strapazen des Alltags erholte? Das erschien mir auf einmal vollkommen absurd. War das das echte Leben? Oder fand es hier statt? Die hektische Welt da draußen drehte sich weiter, und sie brauchte mich nicht. Und ich vermisste sie auch nicht. Hier ähnelte ein Tag dem anderen, und ich merkte, wie sich meine Gedanken entschleunigten, wie ich aufhörte, darüber nachzugrübeln, was wohl heute in den Zeitungen stand oder morgen in den Nachrichten lief. Oder wer auf dem Anrufbeantworter eine Nachricht hinterlassen hatte. Meine Armbanduhr wanderte in das Seitenfach meines Koffers, wo sie für den Rest meines Aufenthalts blieb. Wozu auf die Zeit achten, wenn man plötzlich genug davon hatte?

Und doch hatte sich etwas verändert. Ich war zwar Teil der großen Aparai-Familie, doch ich hatte keine wirkliche Aufgabe in der Gemeinschaft. Ich war ein Puzzleteil, das nicht mehr so recht ins Bild passen wollte. Zumindest nicht in das Bild, das ich noch im Kopf hatte. Die alten Traditionen der Aparai, die mich als Kind so beeindruckt hatten, waren inzwischen durch neue Riten und Gepflogenheiten ersetzt worden. Nichts belegte das besser als jenes Fest, weswegen unsere Abreise nach Mashipurimo noch warten musste: »Christmas.«

Ein fremder Geist hatte sich unter den Aparai breitgemacht. Die meisten Aparai, Wajana und Tirio, die ich von früher kannte, waren inzwischen zu Christen geworden. Was sich auch darin äußerte, dass die Frauen ihre traditionellen Lendenschurze mit den schönen Perlenmustern gegen Röcke oder Hüfttücher eingetauscht hatten. Ich erfuhr, dass es inzwischen eine »Sünde« war, seine vier Buchstaben unbekleidet zu zeigen. Das Gleiche galt für den Busen, bei dessen Anblick sich früher kein Mensch etwas gedacht hatte. Für Christen war ein blanker Busen hingegen tabu, wie so vieles andere auch. Die Mehrehe war verboten. Die alten Tänze durften allenfalls noch zur Belustigung der Kinder aufgeführt werden. Eine uralte Kultur, degradiert zur Showeinlage. Selbst die alten Lieder waren christlichem Liedgut gewichen. Fröhliche Weihnachten am Amazonas.

Es war beinahe surreal. Das gesamte Dorf schien besessen von der täglichen, manchmal mehrstündigen Beterei, die mich an fanatische Gottesdienste erinnerte, die man hierzulande eher Sekten zuschreiben würde. Fast alle machten mit. Einige enthusiastisch, andere notgedrungen, damit sie nicht ausgegrenzt wurden. Ein halbes Dutzend verschiedener amerikanischer Glaubensgemeinschaften evangelikaler Prägung trieben allein am Paru ihr Unwesen, wie mir eine ältere Tirio empört berichtete. Sie nannte sie die »sechste Kolonie«. Diesen Begriff hörte ich mehrmals während meines Aufenthalts. Die Bibeln, die jede Familie nun ihr Eigen nannte, hatten alle eine ähnliche Aufmachung. Sie waren in Plastikumschläge eingeschweißt und so farbenfroh wie in Deutschland Bilderbücher für Kleinkinder. Inhaltlich unterschieden sie sich nur wenig, es schien, als drücke jede »Kirche« nur ihren Stempel auf den Einband, geeint in dem Anliegen, die indianischen Gebiete möglichst flächendeckend zu bekehren.

Die Mythen und Märchen aus meinen Kindertagen wurden schon lange nicht mehr erzählt. Sie galten inzwischen als »heidnisch«. Araiba und Antonia waren neben einer älteren Tirio-Familie so ziemlich die Letzten, die an ihrer traditionellen Lebensweise festhielten. Die sich sämtlichen Versuchen, sie zur öffentlichen Taufe im Fluss zu bekehren, standhaft widersetzt hatten. Sie nahmen nicht an den Gottesdiensten teil und blieben ihren eigenen Traditionen treu, allen Versprechungen und Drohungen zum Trotz.

Das ständige Gerede von Wiedergeburt, Erlösung, den Wundern und *Jäääsuu* jagte mir einen kalten Schauer über den Rücken. Der Fanatismus, der mir hier begegnete, hatte nicht viel mit dem Glauben gemein, den ich aus meiner Schulzeit kannte. Aus Gottesdiensten mit meiner katholischen Großmutter, aus Messen, die ich mit meinen evangelischen Schulfreunden besucht hatte, aus den Sommerferien in einem christlichen Ferienlager, bei dem es vollkommen gleich war, welcher Religion man angehörte. Ich hatte eine Form des Christentums kennengelernt, die andere Glaubensgemeinschaften tolerierte und sie als Bereicherung erkannte.

Hier hingegen ging es nicht um Toleranz, sondern um die Anzahl bekehrter Seelen. Bilder farbenfroher »indianischer« Gottesdienste zierten Publikationen, die amerikanischen Gläubigen in der »ersten Welt« wie Trophäen präsentiert wurden. Ein ganzer Stamm bekehrter Amazonasindianer machte sich offenbar prima in der öffentlichen Wahrnehmung. Die Kreuzritter der Gegenwart benutzten dabei weder Waffen noch rohe Gewalt. Ihre Methoden waren viel subtiler – was sie nicht minder gefährlich machte. Die nordamerikanische Missionarsfamilie, der ich während meiner Kindheit begegnet war, hatte das Land schon lange verlassen. Ihre Botschaft jedoch war geblieben. Nach ihnen waren andere gekommen und hatten den Weg für eine Entwicklung geebnet, die nicht mehr aufzuhalten gewesen war und die zur Spaltung bis dahin funktionierender Gemeinschaften geführt hatte. Uraltes indianisches Gedankengut war Schritt für Schritt unterwandert worden. Erst abgelöst, dann ausgelöscht. Inzwischen wurden die Messen von geschulten indianischen Predigern gehalten, die in regelmäßigen Abständen neue »Anweisungen« aus Amerika erhielten. Nebst einer angemessenen Bezahlung, versteht sich. Einer jener Prediger gab auf meine kritischen Nachfragen hin zu, dass er diese neue Religion auch nicht so recht verstand. Aber was zählte, sei schließlich, dass man als bekennender Christ in den Himmel komme, während alle Nicht-Christen später in der Hölle schmoren würden.

Begleitet von aufmunternden Worten wurden schließlich auch mir diverse bunte Plastikbibeln in die Hand gedrückt. Sie enthielten Geschichten über die Sündhaftigkeit der Menschen und verbreiteten die Kunde des nahenden Weltuntergangs. Sie waren derart wild illustriert, dass ich Mühe hatte, beim Durchblättern ein ernstes Gesicht zu machen. Ich wollte niemanden beleidigen, doch ich war ein genauso hoffnungsloser Fall wie Großvater Araiba. Er schien unglaublich erleichtert, als er bemerkte, dass auch ich für derartige Bekehrungsversuche nicht empfänglich war. Eines Abends erzählte er mir im Vertrauen, dass die anderen ihn einen »Teufelssohn« nannten. Antonia schüttelte verärgert den Kopf. Den würdevollen und weisen alten Araiba als Sohn des Satans zu verunglimpfen! So eine Frechheit, das hätte früher keiner gewagt. Ich verstand die Welt nicht mehr. Als ich spürte, wie tief ihn diese Sache traf, meinte ich lachend: »Na, dann hat der Teufelssohn wohl gerade Verstärkung aus Deutschland bekommen.«

Mashipurimo heute

Einige Tage später erwachte ich bereits um fünf Uhr morgens durch lautes Gepolter. Alle waren längst auf den Beinen und am Packen. Nach einem starken Morgenkaffee von Araiba, einer tiefschwarzen Brühe mit viel Zucker darin, erwartete uns der gute alte Jackä an seinem Boot. Inzwischen hatte er nur noch zwei Zähne im Mund. Nach wie vor zog er als fliegender Händler von Dorf zu Dorf, und die speckige Baseballmütze auf seinem Kopf sah genauso aus wie jene, die er am Tag des Hornissenüberfalls getragen hatte.

Jackä kannte den neuesten Klatsch und Tratsch ebenso wie die aktuellen Goldsucherplätze, an denen illegale Schürfer mal wieder ihr Glück im Urwald suchten. Mit reichlich Quecksilber. Auf diese Weise war er zu einer Art »Frühwarnsystem« für die am Paru lebenden Menschen geworden.

»Kann ich hier das Wasser direkt aus dem Fluss trinken?«, erkundigte ich mich.

»Jaja«, bedeutete mir Jackä mit einem eifrigen Nicken. Die Goldschürfer seien momentan weit weg und das Flusswasser noch recht sauber an dieser Stelle. Ich beugte mich hinunter, schöpfte eine Handvoll Wasser und trank aus der Handfläche. Wer brauchte schon ein Glas, wenn er den ganzen Fluss zum Trinken hatte?

Kurz darauf machten wir uns auf den Weg nach Mashipurimo. Das Einbaumkanu meiner Wahlfamilie wäre mir ohne Technik bedeutend lieber gewesen, doch mit einem Motor an Bord ging es schneller. Sechs Stunden flussaufwärts zu paddeln war in der brütenden Tropenhitze wahrlich kein Spaß. Mit dem Außenborder schafften wir es in etwas mehr als einer Stunde.

»Dickicht zieht vorüber, die Baum- und Luftwurzeln ragen kreideweiß aus dem Wasser heraus, ein typisches Bild während der Trockenzeit. Hellblauer Himmel, kleine weiße Wölkchen, eine herrliche Bootsfahrt in die Vergangenheit. Hier und dort überholen wir einen Einbaum mit einem angelnden Indianer, der uns freundlich grüßt. Antonia verpflegt uns reihum mit goldgelben, überreifen, süßlich duftenden Mangos«, schrieb ich in mein Tagebuch.

Nach einer knappen Stunde veränderte sich die Flusslandschaft. Die Wälder wurden höher, wir passierten hügelige Felslandschaften, und selbst das Wasser nahm eine neue Schattierung an. Ein glasklares Hellbraun anstelle von trübem Dunkelgrün. Im Zickzack-Kurs navigierte uns Jackä an riesigen Sandbänken vorbei, um kugelige Felsen herum. Vorbei an schroffen Unterwasserfelsen, die nur ein geschultes Auge erkennen konnte. Überdimensionale Basaltsteine lagen wie von Göttern achtlos in den Fluss geworfene Murmeln im Flussbett.

An der linken Uferseite machten wir schließlich Halt. Um die gewaltige Stromschnelle Mashipurimos zu überwinden, hätten wir das Boot ausladen und über Land tragen müssen. Mit Schrecken dachte ich an meine Rückenschmerzen. Antonia lachte, als sie meinen Gesichtsausdruck bemerkte. »Keine Bange, wir kommen bequem weiter.« Gleich oberhalb der Stromschnelle lag ein verborgenes Einbaumboot. Versteckt hinter Gestrüpp. Nach einem kurzen Bootswechsel ging es weiter. Ins alte Mashipurimo.

Der Lebensmittelpunkt meiner Kindheit hatte sich inzwischen zu einem bis zur Unkenntlichkeit überwucherten Geisterdorf gewandelt. Nur die verlassenen Pflanzungen erinnerten noch daran, dass hier einmal Menschen ein Stück Land im Urwald kultiviert hatten. Die Hütten hingegen waren längst vom Urwald verschluckt, von Termiten zu Holzstaub zerfressen worden. Hier hatten einmal Menschen gelebt, Kinder waren hier geboren worden, Alte hier verstorben, hier hatte auch eine Familie aus dem fernen Deutschland einige sehr glückliche Jahre verbracht. Irgendwo tief unter der Erde ruhte noch ein Schatz, der darüber eine Geschichte erzählen konnte.

Nachdem wir eine ganze Weile auf die einstige Heimat geblickt hatten, steuerte Jackä eine kleinere Bucht auf der gegenüberliegenden Flussseite an. Antonia nahm mich beim Aussteigen an die Hand wie ein kleines Kind. Sie bedeutete mir, ihr zu folgen, sie wollte mir unbedingt etwas zeigen. Ein paar Schritte weiter bahnten wir uns den Weg durch einen Vorhang aus Schlingpflanzen. Dahinter ein umwerfender Ausblick. Die Hütten sahen genauso aus wie die Häuser in unserem alten Dorf. Sie waren kleiner als die in die Jahre gekommenen Hütten Aldeia Bonas, allerdings auch deutlich schmucker. Die meisten waren Pfahlbauten mit hochgelegten Böden, andere hatten Schutzwände aus geflochtenen Palmblättern. Das also war Neu-Mashipurimo, der Ort, in dem jetzt Chico der Dorfchef war.

»Wie kleine Streichholzschachteln stehen die Hütten aneinandergereiht, mitten in den steilen Hang hineingebaut. Geschützt vom undurchdringlichen Urwald auf der einen Seite, gut an die Wasserstraße angebunden durch eine einladende Bucht auf der anderen Seite. Goldgelb glänzen die frisch gedeckten Dächer. Beschattet von dicht gepflanzten Mangobäumen, unter deren Sonnenschutz es sich in der tropischen Hitze vortrefflich aushalten lässt. Überhaupt gibt es überall Mangobäume in den Dörfern. Die gab es in den siebziger Jahren noch nicht«, notierte ich in krakeligen Lettern in mein Tagebuch.

Zwei imposante Bauten fielen mir ins Auge: einer für Chicos Clan, zu dem nach wie vor Koi und Tanshi zählten, dazu Jam, Chicos Ehefrau, sowie zahlreiche Kinder, Enkel und Urenkel. Nur Malina hatte eine eigene Schlafhütte, eine Wohnhütte und ein Backhaus. Als Witwe des ehemaligen Häuptlings stand ihr das zu. Das andere Haupthaus gehörte Antonias Sippe, mit Sylvia, Araiba und all den anderen. Dazwischen kleine ebenerdige Backstuben, in denen riesige Pfannen an den Stützpfählen lehnten.

Alles wirkte gepflegt und frisch gefegt. Ich hockte mich auf

Neu-Mashipurimo, in der Mitte Antonias Haus

den Boden und ließ das Bild auf mich wirken. Wie schön es hier doch war. Araiba musterte mich eine Weile, dann machte er mir ein Angebot: Falls ich mich entschied zu bleiben oder bald wieder zurückzukehren, sollte ein Haus für mich gebaut werden. Ein eigenes Haus für Katarischi in Neu-Mashipurimo.

Während ich darüber nachdachte, ließ ich meinen Blick über den Fluss schweifen. Dort drüben, am anderen Ufer, war vor langer Zeit mein Zuhause gewesen. Ich streifte meine Schuhe von den Füßen, zog mich aus und stieg in das eiskalte Wasser. Hier oben war der Fluss deutlich kühler als in Bona. Besorgt schauten mir Antonia und Araiba hinterher. Das Tosen der nahen Stromschnelle dröhnte in meinen Ohren. Ich kniff die Augen zusammen, um besser sehen zu können. Ich entdeckte den alten, inzwischen versandeten Hafen. Die Planken der Anlegestellen waren schon lange vermodert. Nach ein paar Schwimmzügen kehrte ich um und stieg aus dem Wasser. Antonia wartete bereits in einem kleinen Boot auf mich. Ein Ausflug zur Insel stand an. Zur Insel der Frauen, auf der Tanshi vor vielen Jahren vor meinen Augen auf die Welt gekommen war.

Als wir ausstiegen, bot sich uns ein zauberhafter Anblick. Fünf kleine Hütten, im Halbkreis angeordnet, dazwischen verstreut ein paar Mangobäume. Das war also die neue Sommerresidenz von Antonia und Araiba. Da die Frauen zum Entbinden ihrer Kinder inzwischen in die Klinik in der Stadt flogen oder zur Krankenstation in Bona gingen, war der einst verbotene Ort aufgegeben worden. Zu schade, hatten Araiba und Antonia befunden. Und so hatten sie ihr »Ferienhaus« auf der Fraueninsel errichtet, ihrer normalen Wohnstätte direkt gegenüber. Der Blick, den man von hier über die weite Bucht von Mashipurimo hatte, war atemberaubend. Antonia holte einige Bastmatten aus der Hütte, damit wir bequem sitzen konnten. Araiba wollte noch einmal wissen, ob ich mir vorstellen konnte, für immer an den Amazonas zurückzukehren. Doch während mein Herz längst wieder Wurzeln geschlagen hatte, sagte mir mein Kopf, dass es nicht geht.

Nach rund sechs Wochen Aufenthalt im Urwald bestieg ich schließlich ein zweites Mal das Lufttaxi Richtung Heimat. Diesmal war Araiba mit zum Flugplatz gekommen. Er hatte seinen schönsten Feiertagslatz angelegt, dazu Perlenschmuck. Als wir uns verabschiedeten, hatte er ein Lächeln auf den Lippen. Gleichwohl war uns beiden bewusst, dass es der letzte Abschied sein würde. »Wenn du wieder zurückkehrst, werde ich schon nicht mehr hier sein«, sagte er. Ich wollte protestieren, doch ich wusste, dass er Recht hatte.

Antonia gab mir eine Liste mit, was ich das nächste Mal mitbringen sollte. Ein Mittel, das die Haare auch im Alter schwarz hielt, ein paar größere Kochkessel und andere Gebrauchsgegen-

Letzter Abschied von Araiba

stände. Und mein künftiges Kind, damit sie es segnen konnte. Sie rang mir ein Versprechen ab: Ich sollte den Menschen da draußen von den Aparai-Wajana im Urwald erzählen. Von ihrer uralten Kultur, an die sich die eigenen Nachfahren schon bald nicht mehr erinnern würden. Von Menschen, die vielleicht schon bald nicht mehr hier leben würden, weil ihre Umwelt bedroht war. Ich sollte die Geschichte ihres Volkes erzählen, die auch Teil meiner eigenen Geschichte geworden war.

Haben die Urvölker Amazoniens noch eine Zukunft?

Nachtrag: Zerstörung oder Zukunft?

»Und wann fahren wir nun endlich an den Amazonas?«, will meine Tochter heute von mir wissen. Wenn ich sehe, mit welcher Begeisterung sie sich für die Indianer interessiert, für ihre Lebensweise, ihre Kunst, ihre Überlieferungen, dann habe ich Hoffnung, dass doch noch nicht alles verloren ist. Dass künftige Generationen aus den Fehlern der vergangenen lernen werden – damit sie eine Zukunft haben.

Wenn ich heute allerdings die Zeitungen aufschlage oder die Nachrichten anschaue, vergeht mir rasch der Optimismus. Wir erleben gegenwärtig, wie sich eine der letzten Urlandschaften unserer Erde in eine Mondlandschaft verwandelt. Quadratkilometer für Quadratkilometer wird der Regenwald gerodet, um dort endlose Felder mit Soja, Mais oder Zuckerrohr anzulegen. Staudämme der Superlative bringen das fragile Gleichgewicht ins Wanken, ganze Landstriche drohen zu veröden, die Lebensgrundlage vieler Tausender Ureinwohner ist gefährdet. Obwohl Fachleute und selbst ehemalige Befürworter den wirtschaftlichen Erfolg und den Nutzen inzwischen offen anzweifeln und auf die katastrophalen ökologischen Auswirkungen hinweisen, wird weiterhin an Prestige-Projekten wie dem Staudamm Belo Monte festgehalten, an dem auch europäische Unternehmen beteiligt sind. Zwangsumsiedlungen, Krankheiten und steigende Selbstmordraten unter Ureinwohnern sind Folgen der Zerstörung. Wo vorher Millionen verschiedenster Pflanzen- und Tierarten lebten, entstehen Großbaustellen und wild wuchernde Städte.

Die indigenen Völker werden zu Zuschauern der Zerstörung degradiert, ohnmächtig müssen sie mitansehen, wie die

Hauptschlagader ihres Lebensraums, der Amazonas, durchtrennt wird.

Die Missionierung und Unterwerfung ihrer einzigartigen Kultur hat ehemals stolze, freie Völker abhängig gemacht. Kontrollierbar, empfänglich für die Versprechen der Zivilisation, die sie früher oder später ins Verderben stürzten. Völker, die früher selbstbewusst und mit geeinter Stimme sprachen, werden gegeneinander aufgehetzt und ausgespielt – wer seinen Grund und Boden veräußert, der hofft vergeblich auf Wohlstand. Anstelle von Einigkeit und Zusammenhalt sprießen Misstrauen und Zwietracht, Habgier und Eifersucht. Dass die indigenen Völker mit der Aufgabe ihres ureigenen Bodens und ihrer Heimat gleichzeitig ihre Kultur verlieren, wird von Politik und Wirtschaft stillschweigend übergangen. Ungeachtet dessen, dass der Urwald eigentlich den Indianern gehören müsste, locken sie mit trügerischen Versprechen. Auf die Fragen, was später mit den verödeten, verdreckten und vergifteten Landschaften passieren soll und wovon die Menschen dann noch leben sollen, darauf geben sie keine Antwort.

Der Urwald ist zum Selbstbedienungsladen unserer Wachstumsgesellschaft geworden. Dabei vernichtet seine Zerstörung mehr als nur ein unwiederbringliches Naturparadies. Stirbt der Regenwald, heizt sich unsere Erde weiter auf, werden Stürme und Überschwemmungen der Welt millionenfaches Elend und Leid bescheren.

Es gibt Tage, an denen ich niedergeschlagen bin, weil mir bewusst wird, dass sich dieser Prozess kaum noch aufhalten lässt. Der Kampf einer verschwindend kleinen Gruppe von mutigen Forschern, Umweltschützern und Menschenrechtsaktivisten gegen die geballte Macht internationaler Konzerne gleicht dem Kampf Davids gegen Goliath. Dem Hunger nach globalem »Fortschritt«, dem Streben nach Profit ist nur wenig entgegenzusetzen, zumal, wenn man nur an Verantwortung und Vernunft appelliert.

338

Ich habe keine Patentlösungen parat, wie der Urwald noch zu retten ist. Doch ich glaube an die Macht mündiger Konsumenten, die durch bewussteres Verhalten zu einem Umdenken beitragen können. Was sich nicht verkauft, wird irgendwann nicht mehr produziert werden. Rohstoffe, die keinen Abnehmer finden, werden nicht mehr abgebaut. Wer einmal gesehen hat, unter welch katastrophalen Bedingungen Gold am Amazonas geschürft wird, dürfte seinen Schmuck mit anderen Augen betrachten.

Dennoch sind wir immer noch weit davon entfernt, dass aus der kritischen Haltung Einzelner eine Bewegung würde, die unsere ganze Gesellschaft zum Umdenken bringen könnte. Und selbst dann stellt sich die Frage, ob dieser Paradigmenwechsel nicht viel zu spät käme.

Wenn ich an die Völker meiner Kindheit denke, dann schwanke ich zwischen Hoffnung und Resignation. Uraltes indianisches Wissen ist vielerorts verschüttet. Was nicht heißt, dass es sich nicht wieder freilegen ließe. Wer vermag schon mit Sicherheit zu sagen, dass sich künftige Generationen nicht wieder verstärkt auf ihre Wurzeln zurückbesinnen? Und unserer wachstumsgläubigen Gesellschaft endlich beweisen, dass wir mehr von den Urvölkern lernen können als sie von uns.

Wenn ich an den Urwald denke, an das Paradies meiner Kindheit, dann frage ich mich, wie hoch der Nutzen kurzfristiger Ausbeutung und Zerstörung sein kann – verglichen mit dem Potenzial, das ein intakter Regenwald bietet. Was wäre, wenn es gelänge, den Amazonas als Klimamaschine und größten Wasserspeicher unserer Erde zu erhalten? Die Regenwälder mit ihrer unschätzbaren Artenvielfalt zu schützen? Die meisten Heilpflanzen sind noch nicht einmal annähernd bekannt. Renommierte Ethnobotaniker bauen seit Langem darauf, dass der Schlüssel zur Heilung vieler Zivilisationskrankheiten wie Krebs und Aids im Urwald liegen könnte. Klimaforscher rechnen vor, dass es keinen preiswerteren und nachhaltigeren Weg zur Vermeidung der weltweiten CO_2-Emissionen gibt, als der Zerstörung der Urwälder Einhalt zu gebieten.

Schneller Profit mit kurzfristigen Renditen und danach ökonomischer Absturz, menschliches Elend und ökologische Apokalypse? Oder langfristige Investitionen mit dauerhafter Verzinsung und der Aussicht auf eine nachhaltige Entwicklung, und das für alle Beteiligten? Wofür werden wir uns entscheiden?

Großvater Araiba hätte keine Sekunde mit der Antwort gezögert.

Menschen wie ihm widme ich dieses Buch.

Araiba, mein Lebensberater

Anhang

Über die Aparai-Wajana

Einst war ganz Amerika von Indianern besiedelt. Schätzungen zufolge lebten vor Kolumbus 30 bis 75 Millionen Menschen auf dem amerikanischen Kontinent. Über 2000 Sprachen wurden gesprochen und der gesamte Kontinent war von Handelsnetzen überzogen. Dabei entwickelten die Ureinwohner von Nord- über Mittel- bis nach Südamerika die unterschiedlichsten wirtschaftlichen und gesellschaftlichen Strukturen und passten sich jeweils den Bedingungen ihrer neuen Umwelt an. Die meisten lebten als nomadische Wildbeuter, Fischer, Jäger und Sammler und später auch zunehmend als sesshafte Ackerbauern. In einigen Gebieten entwickelten sich sogar urbane Kulturen mit Städten von mehreren tausend Einwohnern. Viele unserer heutigen Lebensmittel haben wir übrigens den Indianern zu verdanken: Die indigenen Völker von Südamerika bis weit in den Norden des Kontinents begannen um ca. 7000 v. Chr. Pflanzen wie Mais, Kürbis und Kartoffeln zu züchten, was die Landschaft vermutlich in einem viel stärkeren Ausmaß veränderte als bislang angenommen.

Die Aparai-Wajana (Wayana) im Norden Amazoniens gehören der Sprache nach zu den (Nord-)Kariben, die einst zu den verbreitetsten Völkern der neuen Welt zählten. Die Eroberung Amerikas durch die Spanier und Portugiesen bereitete ihrem Wirken ein grausames Ende; die verheerenden Folgen der Kolonisierung des südamerikanischen Kontinents wirken bis heute bei seinen Ureinwohnern nach.

Während der Botaniker Jean Baptiste Le Blond 1788 die Bevölkerung der Aparai-Wajana noch auf 4000 schätzte, kam der Geograf und Südamerikaforscher Henri Coudreau Ende des

19. Jahrhunderts nur noch auf 1500 Bewohner, verteilt auf 35 Dörfer, in denen um die 25 bis 30 Einwohner lebten. Anfang des 20. Jahrhunderts hatte sich die Bevölkerungszahl noch weiter reduziert. Der Kartograf und Anthropologe Claudius Henricus De Goeje bezifferte die Population der Aparai-Wajana auf maximal 1000; 600 davon lebten in Brasilien, 300 in Surinam und 100 in Guayana.

Als Manfred Rauschert (der Vater der Autorin) im Rahmen seiner Forschungen auch die Siedlungsgebiete der Aparai-Wajana untersuchte, war die Zahl um weitere 300 gesunken. Seit den 1980er Jahren ist wieder ein leichter Anstieg zu verzeichnen. Aktuellen Schätzungen zufolge leben heute rund 1400 bis 1600 Aparai-Wajana über drei Landesgrenzen hinweg verstreut in kleineren Gruppierungen. Im Grenzgebiet von Brasilien (am östlichen Rio Paru im Bundesstaat Pará), in Surinam (am Rio Tapanahoni und am Rio Paloemeu) sowie zunehmend in Französisch-Guayana (am oberen Rio Maroni und an dessen Zuflüssen Rio Tampok und Rio Marouini).

Die Aparai-Wajana sind ein halbsesshaftes Volk, entsprechend häufig sind sie unterwegs, um freundschaftliche Kontakte zu ihren Nachbarn und Verwandten zu pflegen oder um Handel unter ihresgleichen zu betreiben, was eine verlässliche Volkszählung nahezu unmöglich macht, da sie manchmal wochen-, wenn nicht monatelang unterwegs sind. Obwohl die Aparai-Wajana (andere Schreibweisen: Apalai, Wayana) gemeinhin als ein Volk betrachtet werden, handelt es sich ursprünglich um einen Zusammenschluss von zwei unterschiedlichen Stämmen, die wiederum aus mehreren kleineren Untergruppierungen hervorgegangen sind. Zu ersten Mischehen zwischen Aparai und Wajana kam es vermutlich erst im 18. Jahrhundert.

Heute leben die Aparai zum Großteil auf brasilianischem Gebiet, während sich die Wajana überwiegend in Französisch-Guayana und in Surinam niedergelassen haben. In Brasilien verteilen

sich die Aparai und Wajana auf etwa 16 Dörfer, die sich hauptsächlich am oberen und mittleren Lauf des Rio Paru innerhalb zweier Indianerschutzgebiete befinden - dem »Parque Indigena do Tumucumaque« und der »Terra Indigena Rio Pau D'Este«. In diesen Schutzgebieten leben neben zahlreichen anderen ethnischen Gruppen auch die Tirio und die Wajapi.

Die Aparai-Wajana betrachten sich inzwischen zwar überwiegend als »gemischt«, dennoch wird Wert auf die jeweils eigene Abstammung gelegt. Ist die Mutter eines Kindes eine Wajana und der Vater ein Aparai, wird der Sprössling eher als erste Sprache Aparai lernen, Wajana als zweite. Neben der eigenen Sprache beherrschen die Aparai-Wajana meist mindestens zwei bis drei weitere indigene und manchmal auch europäische Sprachen. In vielen Fällen Tirio, Wajapi und Portugiesisch, aber auch Französisch und Niederländisch sowie Sprachen und Dialekte aus der jeweiligen näheren Umgebung. Diese Art des Multilingualismus ist für die Völker Amazoniens nicht außergewöhnlich. Obwohl die Wajana heute die Mehrheit stellen – »echte« Aparai dürfte es inzwischen weit weniger als 200 geben (andere Schätzungen sprechen von maximal 400) –, verbreitet sich zumindest innerhalb Brasiliens die Sprache der Aparai auch und gerade unter anderen Ethnien. Diese Kuriosität dürfte auf die Alphabetisierung durch evangelikale Missionare aus Nordamerika zurückzuführen sein, die zwischen 1968 und 1992 die christliche Bibel in Aparai übersetzt haben. Eine Sprache, die wie viele andere Amazoniens bis dahin keinerlei Schriftform kannte. Die Mythen und Traditionen der Aparai und der Wajana wurden über Jahrhunderte, wenn nicht über Jahrtausende, ausschließlich durch mündliche Überlieferung von Generation zu Generation weitergegeben.

Vereinzelte Begegnungen der Aparai-Wajana mit »Fremden« gab es durch Entdeckungsreisende vermutlich bereits im 18. Jahr-

346

hundert. Es sollten jedoch noch fast hundert Jahre vergehen, bis der Marinearzt Dr. Jules Crevaux im Jahre 1877 erste gezielte Forschungen vornahm. Claudius Henricus de Goeje, der 1903 in das Gebiet der Wajana und Tirio reiste, war einer der ersten Wissenschaftler, die aus rein völkerkundlichem Interesse in das Amazonasgebiet kamen. Schon diese ersten Begegnungen mit Menschen aus der Zivilisation führten dazu, dass sich große Bevölkerungsgruppen der Aparai und Wajana für längere Zeit tief in den Urwald zurückzogen. Der Kontakt mit den Amazonasreisenden war vielfach der Auslöser für verheerende Epidemien, welche die eigene Bevölkerung stark dezimierten.

Gegen Ende der 1930er Jahre gelangte Otto Schulz-Kampfhenkel als Leiter der Deutschen Amazonas-Jary-Expedition in den brasilianischen Urwald. Die NS-Regierung unterstützte den Forscher, angeblich auch, um die Möglichkeiten eines deutschen Brückenkopfes in Südamerika zu erkunden. Schulz-Kampfhenkels Expeditionsbericht »Rätsel der Urwaldhölle« sowie der gleichnamige UFA-Film wurden Kassenschlager. Auf seiner Reise kam der Forscher auch in Kontakt mit Aparai, er lebte sogar eine Zeitlang unter ihnen in einem kleinen Dorf.

Erst in den 1950er Jahren begann die Zeit der systematischen ethnographischen Erforschung der Amazonasvölker. Ab 1951 trat Manfred Rauschert eine Reihe von Expeditionen an, seit 1954 u.a. auch im Auftrag der Deutschen Forschungsgemeinschaft und der Bundesländer Nordrhein-Westfalen und Hessen. Diese Reisen bildeten den Ausgangspunkt für seine Forschungstätigkeit, die sich über insgesamt beinahe fünf Jahrzehnte erstreckte und das Leben und die Kultur des südamerikanischen Tieflandvolks bis in die heutige Zeit auf einzigartige Weise dokumentiert. Sein Nachlass, die »Sammlung Rauschert«, umfasst annähernd 3000 ethnographische Objekte sowie tausende bislang unveröffentlichter Fotografien, Fotoserien und Filme.

Im Gegensatz etwa zu den Yanomami haben die Aparai-Wajana bis heute noch nicht den Weg ins Bewusstsein der breiten europäischen Öffentlichkeit gefunden. In Fachkreisen sind sie hingegen bekannt für ihr herausragendes Kunsthandwerk. Heutzutage fertigen sie ihre traditionellen Kunstgegenstände allerdings zum Großteil für den Export, wobei die mythische Bedeutung mehr und mehr in Vergessenheit gerät, da die alten Riten infolge der christlichen Missionierung nur noch selten praktiziert werden. Flecht- und Töpferwaren, Perlen- und Federschmuck, geschnitzte Pfeile und Paddel, aber auch mit mythischen Tierfiguren bemalte Gegenstände jeglicher Art haben ihren Weg in die Touristenläden und Galerien der Welt gefunden, während die eigene Kultur und damit die eigene Identität zunehmend schwindet.

Heute leben in ganz Amazonien – dem größten Regenwaldgebiet der Erde, das sich über eine Fläche von sieben Millionen Quadratkilometern erstreckt – noch schätzungsweise 300 Indianerstämme, insgesamt etwa eine halbe Million Menschen. Davon allein in Brasilien laut Angaben von Nichtregierungsorganisationen an die 350 000 Indianer in über 200 verschiedenen Völkern. Viele davon sind durch die fortschreitende Umweltzerstörung, die massive Abholzung der Wälder und den fortgesetzten Landraub in ihrer Existenz bedroht. Der Raubbau an der Natur, gepaart mit der Verdrängung der Ureinwohner aus ihrem angestammten Gebiet, lässt sich kaum noch aufhalten, auch deshalb nicht, weil die verheerenden Konsequenzen oftmals viel zu spät an die Öffentlichkeit gelangen. Der Rassismus, der den Ureinwohnern in ihrer Heimat entgegenschlägt, ist ebenfalls unverändert groß. Nach brasilianischem Gesetz gelten Indianer immer noch als unmündig - was nichts anderes bedeutet, als dass ihnen die Selbstbestimmung weiterhin verwehrt bleibt. Nicht einmal über die Bodenschätze in ihren Schutzgebieten dürfen die Indianer selbst verfügen. Im Fall einer Ausbeutung durch die Regierung können die indigenen Völker zwangsumgesiedelt werden. Ein Todesurteil auf Raten.

Gerade deshalb ist die Arbeit vieler Nichtregierungsorganisationen, die sich unermüdlich für den Schutz der letzten Urvölker auf unserem Planeten einsetzen, von unschätzbarem Wert.

btb

Ursula Priess

Mitte der Welt
Erkundungen in Istanbul

ca. 200 Seiten
ISBN 978-3-442-75299-7
bei btb im Hardcover im März 2011

Eine Frau ist in Istanbul auf der Suche nach der Mitte
der Welt. Was sie findet, sind Geschichten von Künstlern
und Schriftstellern, von Gemüsehändlern und
Antiquitätenverkäufern, von einem Gefängnisarzt, der
Ulysses liest, von einer Fee, die einstmals vom Schwarzen
Meer kam. Und vom Geliebten, der die Geliebte Granat-
apfelblüte nennt – und zum Ende hin fragt: Wirst du später
einmal, wenn du über Istanbul schreibst, auch über uns
und unsere Liebe schreiben? Und auch von jener Über-
setzerin, die weiß: Wer über andere schreibt, sagt am
meisten über sich selbst. Ein Buch über Istanbul, über das
Schreiben und über die Liebe, »die eben doch sterblich ist;
nur in der Erinnerung ewig – oder in guten Geschichten,
falls sie gelingen«.

www.btb-verlag.de

btb

Sue Monk Kidd
Ann Kidd Taylor

Granatapfeljahre
Vom Glück, unterwegs zu sein

384 Seiten
ISBN 978-3-442-74084-0

Dieses Buch ist mehr als ein Reisebericht:
Es ist eine Suche nach dem Glück, ein Plädoyer
für die Weiblichkeit, das Zeugnis einer tiefen
Mutter-Tochter-Bindung. Es gibt uns ein Rezept
an die Hand, wie wir den Weg zu uns selbst am
besten beschreiten. Es handelt vom Glück,
unterwegs zu sein.

New-York-Times-Bestseller

»Nachdenklich, ehrlich, anregend.«
New York Times

»Ein berührendes Buch über das Verhältnis zwischen
Mutter und Tochter, das Altern und die Kunst, sich
selbst zu finden.« *Freundin Donna*

www.btb-verlag.de

**Fabio Geda
Im Meer schwimmen Krokodile**

Die Reise eines Jungen, den man niemals vergessen wird.
Eine wahre Geschichte.

Als der kleine Enaiat eines Morgens erwacht, ist er
mutterseelenallein. Mit dem Ziel, ein besseres Leben
zu finden, begibt er sich auf eine lange Reise Richtung
Westen. Er hat nichts, woran er sich halten könnte, außer
das Versprechen, das er seiner Mutter beim Abschied
gegeben hat: Jeden Tag nach einem Grund zu suchen,
um glücklich zu sein.

„Fabio Geda erzählt vom unfassbaren
Glück, am Leben zu sein."
Brigitte

Fabio Geda
Im Meer schwimmen Krokodile
Knaus Verlag
192 Seiten
978-3-8135-0404-0